LA REPRÉSENTATION COMMERCIALE

LES VOYAGEURS DE COMMERCE

LA POLITESSE, LE SAVOIR-VIVRE

PAR

GEORGES VINET

EX-REPRÉSENTANT ET VOYAGEUR

PRÉFACE

De A.-J. VERRIER, officier d'Académie, auteur de *Vive l'Anjou !* du *Lierre*, du *Paludier du Bourg de-Batz*, etc.

PRIX : 3 FRANCS

ANGERS
LACHÈSE ET DOLBEAU
IMPRIMEURS-LIBRAIRES
4, Chaussée Saint-Pierre, 4

PARIS
LIBRAIRIE DE LA BOURSE DE COMMERCE
33, rue Jean-Jacques-Rousseau, 33

1891

LA

REPRÉSENTATION

COMMERCIALE

LES VOYAGEURS

DE COMMERCE

LA POLITESSE, LE SAVOIR-VIVRE

LA

REPRÉSENTATION
COMMERCIALE

LES VOYAGEURS
DE COMMERCE

LA POLITESSE, LE SAVOIR-VIVRE

PAR

GEORGES VINET

EX-REPRÉSENTANT ET VOYAGEUR

PRÉFACE

De A.-J. VERRIER, officier d'Académie, auteur de : *Vive l'Anjou!* du *Lierre*, du *Paludier du Bourg de Batz*, etc.

PRIX : 3 FRANCS

ANGERS
LACHÈSE ET DOLBEAU
IMPRIMEURS-LIBRAIRES
4, Chaussée Saint-Pierre, 4

PARIS
LIBRAIRIE DE LA BOURSE DE COMMERCE
33, rue Jean-Jacques-Rousseau, 33

1891

A LA MÉMOIRE DE MON PÈRE ET DE MA MÈRE

A MA FAMILLE

A MES AMIS

A MES COLLÈGUES

Représentants et Voyageurs

Chez lesquels j'ai toujours trouvé le plus sympathique accueil et auxquels j'espère que ce livre pourra rendre quelques services.

PRÉFACE

MON CHER AMI,

Vous m'avez prié d'écrire quelques lignes pour présenter votre œuvre au public, et j'ai accepté consultant moins ma compétence en pareille matière, que le désir de vous être agréable.

J'ai pris ma première leçon de commerce dans l'Histoire sainte : « Un jour qu'Esaü ren- « trait de la chasse, il dit à Jacob qui s'était pré- « paré un plat de lentilles : « Cédez-moi ce « mets, car je reviens des champs exténué de « fatigue. » — Jacob lui répondit : « Cédez-moi « alors votre droit d'aînesse. » — Volontiers, « repartit Esaü, car à quoi me servirait ce « droit ? voilà que je vais mourir. » Aussitôt « ayant pris du pain et le plat de lentilles, il

« *mangea, bui et se retira, sans prendre aucun* « *souci du droit qu'il venait de vendre.* »

Naïvement, j'avais tout d'abord approuvé Esaü trouvant qu'il avait fait là un excellent marché. Eh bien, pas du tout. On me fit observer qu'il avait conclu au contraire un marché détestable, car ce droit, auquel il renonçait si facilement, était d'une extrême importance et lui conférait de grands privilèges pour l'avenir.

De ce moment, je commençai à croire que je n'étais pas fait pour le commerce et je dirigeai mes efforts d'un autre côté.

Mais je n'ai point heureusement à discuter la partie technique de votre livre, mon cher ami, mon rôle est plus modeste; c'est un peu celui de ces mains représentées en peinture, l'index tendu vers une inscription : « *L'atelier* « *est au fond de la cour.* » *Et moi je dis aussi :* « *Ne vous attardez point à ces lignes, ami lec-* « *teur, le véritable livre est au bout de ma pré-* « *face.* »

Et je le dirai avec d'autant plus de plaisir, que j'ai lu avec un véritable intérêt votre manuscrit. J'avais entrepris, je vous l'avouerai, cette lecture, comme une de ces corvées que l'on ne peut refuser à un ami. Mais à mesure que les chapitres se succédaient, je me sentais de plus en plus séduit par ces tableaux de la vie de « voyageur de commerce » *qui se déroulaient si vivants sous mes yeux.*

Et vous aviez autorité pour les écrire; vous n'êtes pas un voyageur en chambre, vous qui, pendant vingt-sept ans, avez vécu cette vie que vous décrivez si bien.

La vie de « voyageur de commerce », *comme celle des artistes de théâtre, est peu connue. Le profane n'en voit que les côtés agréables. Moi, qui adore voyager, combien de fois n'ai-je pas envié le sort de ces heureux mortels qui, toute l'année, transportés du Nord au Midi et de l'Orient à l'Occident, aux frais de leurs patrons, voient sans cesse des villes et des pays nouveaux! Ils descendent dans les meilleurs hôtels, déjeunent bien, dînent mieux, fument d'excellents cigares et terminent leur agréable journée au théâtre, moelleusement enfoncés dans un bon fauteuil d'orchestre.*

Ça, c'est le côté « face » : *il y a malheureusement le côté* « pile », *et la même fée qui se donne le malin plaisir de toujours faire tomber les beurrées des enfants du côté des confitures, semble s'acharner à le faire apparaître plus souvent qu'à son tour.*

Je vois en effet qu'il faut en rabattre et que ces jouissances, que tous encore ne peuvent se procurer, sont bien chèrement achetées.

Les wagons ou les voitures? on y gèle en hiver, on y étouffe en été. Les repas? souvent expédiés en quelques minutes, dans la solitude de l'immense table d'hôte où les exigences de votre travail vous ont fait arriver deux heures en retard. Et les chambres d'hôtel? il faut en lire la description dans votre livre. Brrr!.....

Comme tout cela ne vaut pas le « home », *le doux chez soi, la petite chambre bien close où, devant un feu clair et pétillant, à la lueur d'une lampe, entre la femme qui fait* « courir son aiguille dans la laine » *et l'enfant qui étudie sa leçon, ou que vous faites chevaucher sur vos genoux, vous oubliez pour un moment, avec l'atmosphère surchauffée des cafés, l'éblouissement de leurs becs de gaz, et les impertinences des garçons ahuris, tous les soucis et les tracas de l'existence!*

La vie de famille!... elle est presque refusée au voyageur de commerce; il ne peut que s'en donner une décevante illusion en contemplant entre quatre murs froids et suintant l'humidité, les portraits chéris des siens qui semblent lui sourire et lui crier de loin : « Petit père, « prends courage en pensant à nous! »

Et dans ce tableau, qui ne laissera pas un seul de vos lecteurs insensible, je vous ai bien reconnu, mon cher ami, vous qui avez toujours eu à un si haut degré le culte de la famille. Vous vous êtes photographié vous-même.

Et quelle somme d'énergie, de travail, d'intelligence demande l'exercice de cette profession; que de tact, de délicatesse, de patience encore! Autant de clients, autant de caractères diffé-

rents auxquels il faut, coûte que coûte, essayer de conformer le sien propre.

Que de fois on a dû essuyer, la bouche en cœur, un rebuffade; congédié... poliment — ou autrement, — ne pas perdre courage et revenir en choisissant un moment plus opportun; si la porte reste fermée, ouvrir la fenêtre...

En vérité, en vérité je vous le dis, cette profession me semble exiger des qualités exceptionnelles.

Et avec les changements de toutes sortes qui se sont opérés depuis trente ans seulement dans la vie moderne, la corporation semble s'être transformée également.

L'illustre « Gaudissart » est un type disparu ou à peu près et nous ne devons pas trop le regretter.

Les rares disciples survivants de ce héros de Balzac, s'ils lisent votre livre — et ils le liront — feront un retour sur eux-mêmes et, profitant de vos sages observations, ne chercheront plus à se distinguer du commun des mortels par une tenue excentrique, des manières du plus mauvais goût, et des propos dénotant un manque complet d'éducation.

Je ne saurais trop approuver les conseils que vous donnez aux voyageurs de se fédérer en quelque sorte dans l'intérêt même de leur bien-être. Qu'ils les méditent sérieusement, leur nombre est légion, et nul doute qu'ils n'arrivent à obtenir des améliorations, dont le besoin se fait, paraît-il, absolument sentir.

La troisième partie de votre ouvrage sera consultée avec fruit par tous ceux dont l'éducation première a été négligée, et souvent sans qu'il y ait eu de leur faute assurément. Elle leur évitera bien de ces petits ennuis, bien de ces « impairs » *qui excitent le sourire et causent tant de souffrances à l'amour-propre.*

Qui mieux que vous pouvait parler de ces choses dont vous donnez à la fois le précepte et l'exemple ?

Mais mon amitié pour vous pourrait rendre suspects des éloges pourtant bien mérités et je terminerai en disant de votre œuvre ce qu'un poète disait d'un excellent livre :

« *C'est avoir profité que de savoir s'y plaire.* »

A.-J. Verrier.

INTRODUCTION

Labor improbus omnia vincit

Un travail opiniâtre surmonte tous les obstacles. Cela est vrai, et chacun de nous a pu s'en convaincre, soit par lui-même, soit par des exemples qui, Dieu merci, ne sont pas rares.

Il ne suffit pas cependant, pour arriver à un résultat sérieux de beaucoup travailler; il faut que la somme de travail dépensée le soit intelligemment. C'est-à-dire qu'il faut un but vers lequel tendent tous les efforts; et ce but il faut l'avoir constamment devant les yeux pour ne pas s'écarter du chemin, pouvoir surmonter tous les obstacles et vaincre toutes les difficultés.

En commençant ce livre, je ne me faisais pas beaucoup d'illusions sur les difficultés que je pouvais rencontrer; je les avais prévues, et je n'ai pas été étonné quand j'ai trouvé parmi les personnes de mon entourage et mes plus proches,

1.

une apathie, sinon une hostilité qui ne m'a pas découragé.

« Faire un livre ! Comment pouvais-je avoir « cette idée, moi, simple représentant de com« merce ? Comment pouvais-je avoir la prétention « de croire que quelqu'un lirait mon livre ? que « quelqu'un l'achèterait même ?

« Si ce livre avait été si utile, il y a longtemps « qu'il aurait été fait par des gens plus compétents « que moi, etc., etc. »

Toutes ces raisons qui n'étaient pas vraies ne me décourageaient pas et voici pourquoi.

Tout d'abord, par qui sont fait les livres en général ? par des spécialistes, par des gens du métier, l'ayant pratiqué plus ou moins longtemps, en ayant étudié le mécanisme, en connaissant les rouages, et capables par conséquent d'en parler en toute connaissance de cause.

Représentant depuis vingt-sept ans, j'ai vu et entendu beaucoup de choses, j'ai observé les caractères, la manière d'agir de tous les négociants, les fabricants et les représentants avec lesquels j'ai été en relations ; j'ai donc pu comparer les résultats obtenus par les uns et par les autres et c'est le fruit de cette longue expérience que je viens offrir à mes confrères et aux négociants que cela peut intéresser.

Je crois d'ailleurs avoir autant que qui que ce soit le droit d'écrire sur un sujet que j'ai longuement pratiqué et étudié, et cela d'autant plus que je ne fais qu'exposer mes idées sans établir des dogmes, ni vouloir faire passer ces idées pour des vérités infaillibles.

Il est tout aussi naturel de voir un représentant écrire sur la représentation, qu'un médecin sur la médecine, un compositeur sur la musique, un magistrat sur la jurisprudence, un officier sur l'art militaire; je dirai même qu'il paraît en général peu naturel que des écrits quelconques sortent de la plume de gens autres que ceux du métier; ce sont alors ou des compilations éhontées ou des ouvrages sans valeur.

Ayant le plus grand désir de m'instruire, j'ai cherché partout des ouvrages sur cette partie très importante du commerce : « *la Représentation commerciale.* » Je n'en ai trouvé aucun, je me suis donc vu forcé de compléter mon instruction moi-même en récapitulant tous les enseignements naturels fournis par une longue carrière, et y ajoutant le résultat de mes propres réflexions.

Ce rapide résumé sera, je crois, intéressant à plus d'un point de vue; il sera d'abord une innovation, et peut-être le point de départ d'ouvrages plus complets.

En effet, bien qu'ayant travaillé ce sujet sérieusement, et consigné dans mon livre toutes les idées qui me sont venues, je n'ai pas la prétention d'avoir dit sur la représentation tout ce qu'on peut dire, car il en est de ce sujet comme de tous les autres, chacun peut l'envisager à sa façon et en comprendre le mécanisme à son point de vue particulier, suivant les circonstances dans lesquelles il est à même de le pratiquer, suivant aussi son degré d'instruction, d'éducation, d'aptitudes physiques et morales, etc.

Toutes ces causes en effet, influent beaucoup sur la façon de pratiquer la représentation, c'est pourquoi je suis certain de n'avoir fait qu'ébaucher cette question, mais je le répète, c'est un début, une initiative qui, je l'espère, seront compris par cette intelligente et énergique classe de travailleurs, les représentants. Quand j'eus acquis la certitude qu'aucun livre n'avait été écrit sur la représentation commerciale, je me demandai pourquoi; et l'idée me vint d'en faire un.

Je notai alors presque jour par jour les incidents de ma vie de représentant; partout où j'avais quelques minutes de libre, chez moi, chez les clients, dans les gares, en chemin de fer, je transcrivais sur un petit cahier qui ne me quittait pas, toutes les idées qui me venaient sur la représentation et sur les faits et objets s'y rattachant.

Ce petit cahier que je pourrais appeler *le carnet de l'expérience*, a été le point de départ de mon ouvrage.

En effet, quand j'ai vu tout ce que la pratique de la représentation exigeait de travail, de persévérance, d'énergie, de tact, de savoir-faire, de connaissances, de qualités pour arriver à un résultat sérieux, je me suis dit qu'il pourrait être utile à tous les représentants débutants et même à beaucoup d'autres, de trouver consignés dans un livre des renseignements impartiaux écrits par un homme du métier et ayant par conséquent, à ce point de vue particulier, un degré de certitude absolue. J'ai alors tracé le plan de mon livre sur la représentation commerciale considérée au point de vue des relations pouvant ou devant exister : 1° entre le représentant et ses maisons ; 2° entre le représentant et ses clients ; 3° entre les représentants eux-mêmes.

J'ai indiqué quelles sont, à mon point de vue, les qualités que doit posséder un représentant et de quelle façon il peut les mettre en œuvre.

Je n'ai certes pas dit sur ce sujet tout ce qui peut être dit ; mais ce que j'ai écrit est exact, puisque c'est le résultat de vingt-sept ans d'expérience et de pratique.

Voulant rendre mon livre plus complet et plus instructif, j'ai fait une seconde partie intitulée « *les Voyageurs de commerce* » relatant la vie de voyages et tout ce qu'elle comporte de droits, de devoirs, de fatigues, de travail, d'ennuis, de résultats obtenus ou à obtenir.

Enfin, toujours guidé par le but d'être utile à mes concitoyens, et me rappelant moi-même combien j'avais été embarrassé dans certaines circonstances, faute d'avoir acquis une somme d'éducation suffisante, je résolus de joindre à mon livre une troisième partie qui est un abrégé de la Politesse et du Savoir-vivre.

Je n'ai point la prétention, qu'on veuille bien le croire, de donner des leçons de politesse à mes lecteurs; oh! non; mais seulement la *possibilité*, sans débourser plus d'argent, de connaître les lois qui régissent les rapports entre Français de bonne société.

Ceux qui n'auront pas besoin de s'instruire sur ce sujet, qui connaîtront à fond cette science du savoir-vivre, n'ont qu'à ne pas me lire; les livres ne sont pas faits pour ceux qui savent, mais bien pour ceux qui veulent apprendre, et ils sont nombreux, ceux-là.

Combien de livres ont été faits sur un même sujet, en littérature, sciences, musique, art militaire, jurisprudence! Malgré cela, il s'en fait tous les jours sur les mêmes sujets, qui sont lus avec intérêt par les personnes désireuses de s'instruire, et qui y trouvent des idées nouvelles et des aperçus différents de ceux qu'ils avaient lus jusqu'alors.

Les deux premières parties de mon livre sont absolument neuves, c'est-à-dire qu'il n'a jamais rien été publié sur ce sujet; quant à la troisième partie, elle a beaucoup d'idées communes à celles émises dans les livres parus sur ce sujet et qui eux-mêmes se ressemblent tous. Il n'en pouvait donc pas être autrement pour le mien, mais j'ai traité certains sujets qui ne l'avaient pas encore été dans ces livres, et j'en ai développé quelques autres plus largement qu'on ne l'avait fait jusqu'alors, parce que cela m'a paru présenter quelque utilité.

Mon livre sera critiqué, je le sais; quelle œuvre ne l'a pas été? car ainsi que l'a fort bien dit Molière : « Il n'y a chose si innocente où les « hommes ne puissent porter du crime, point « d'art si salutaire dont ils ne sont capables de « renverser les intentions; rien de si bon en soi « qu'ils ne puissent tourner à de mauvais « usages. »

La peur d'être critiqué doit-elle donc arrêter ceux qui ont la conviction de faire quelque chose de bien? Jamais! car à ce compte-là personne ne ferait rien de nouveau et nous en serions réduits à tourner toujours dans le même cercle, comme un écureuil dans sa cage; et alors, les critiqueurs, qui sont incapables d'avoir des idées à eux et vivent de la critique de celles des autres, que feraient-ils?

D'ailleurs les critiques, quand elles sont faites de bonne foi et..... poliment peuvent être utiles au lecteur qui, entre deux opinions opposées, finit par s'en faire une à lui, et qui peut être la bonne; pourquoi pas?

Les œuvres qui n'ont aucune valeur tombent d'elles-mêmes; si mon livre est dans cette catégorie, on le laissera de côté; si au contraire, il peut avoir quelqu'utilité, les représentants et les voyageurs sauront fort bien le reconnaître, ils ont qualité pour cela ; je les tiens pour les meilleurs juges en la matière, et je leur dédie ce premier essai, espérant qu'ils seront indulgents dans le jugement qu'ils en porteront et contre lequel personne n'aura le droit de s'insurger. En tout cas, j'ai fait mon possible pour arriver à un résultat sérieux ; si j'ai commis quelques oublis, quelques erreurs même, je serai reconnaissant à mes confrères ou à mes lecteurs de vouloir bien me les signaler, je les en remercie d'avance, et peut-être, toutes ces idées réunies, donneront-elles lieu à un autre volume plus complet et plus intéressant que celui-ci.

PREMIÈRE PARTIE

LA REPRÉSENTATION COMMERCIALE

DÉFINITION DE LA REPRÉSENTATION

Qu'est-ce que la représentation commerciale ?

La représentation commerciale consiste à vendre des marchandises pour le compte de fabricants, producteurs, importateurs ou négociants, moyennant une rétribution appelée commission ou provision.

Modes de représentation. — Il y a plusieurs genres de représentation, suivant la nature des opérations que l'on traite :

1° La représentation qui a pour objet de vendre à la maison de gros, pour le compte du fabricant, producteur ou importateur, les produits qu'elle revend aux détaillants;

2° La représentation dans laquelle, ne pouvant traiter avec la maison de gros, on visite la petite maison de détail ;

3° Celle qui, laissant de côté les commerçants, s'adresse directement aux consommateurs.

J'envisagerai seulement la représentation qui s'adresse à la maison de gros. Car c'est celle que j'ai pratiquée, et pour les articles d'épicerie.

Pour le gros. — Les représentants à la commission peuvent être sédentaires, c'est-à-dire ne visiter que les négociants du chef-lieu du département où ils résident, ou bien au contraire voyager dans tout le département ; ils ont intérêt à cela, car généralement, dans ce cas, sauf conventions contraires avec leurs maisons, la provision leur appartient aussi bien sur les ordres que les négociants transmettent directement, que sur ceux qu'ils ont remis au représentant à son passage. Cela est juste, car le représentant est obligé de payer les frais de voyages qui ont pour but d'aller visiter les clients du dehors, pour leur placer les marchandises de ses maisons ; s'il trouve les clients, il y a de sa part un travail effectif qui peut avoir un résultat immédiat, celui de prendre des ordres sur le moment, et d'implanter les articles de ses maisons à la place de ceux des maisons concurrentes ; les ordres directs qui seront transmis par la suite à la maison, seront la conséquence logique du premier travail du représentant ; il est donc naturel que la provision lui soit acquise comme sur les ordres pris par lui-même, puisque le résultat pour la maison est identique sans augmentation de frais pour elle.

Si dans ses voyages le représentant ne trouve pas ses clients chez eux, il a le soin de leur laisser par écrit les prix des articles qui peuvent les intéresser; s'il a des échantillons d'articles nouveaux, il les soumet à la femme de ses clients, au premier employé s'il y a lieu; dans ce cas encore, il fait le travail possible pour préparer un résultat, et alors il a droit à la provision sur les affaires qui seront la conséquence de ce travail; cela ne me semble pas contestable, autrement il aurait travaillé pour ses maisons sans autre résultat pour lui..... que d'avoir payé des frais de voyage.

Il peut arriver cependant que des conventions particulières modifient ces règles à peu près générales, et que, par exemple, les maisons accordent au représentant une provision plus forte sur les ordres qu'il prend lui-même, et rien sur les ordres passés directement par les clients; cette provision ainsi augmentée pour les ordres pris par lui en dehors du chef-lieu, vient compenser les frais de voyage; c'est au représentant de prier ses clients de lui adresser leurs ordres, ce que du reste ils font généralement avec beaucoup de bonne grâce.

Je crois qu'il vaut mieux obtenir de ses maisons la provision sur les ordres directs et indirects, cela est plus juste et les empêche de céder à certaines propositions, heureusement fort rares, qui peuvent leur être faites par les clients; quant à moi, dans les conventions passées avec mes maisons, j'avais mis cette clause que : la commission m'appartiendrait sur les ordres directs et indirects expédiés dans le département : et bien m'en a pris.

J'ai connu en effet des négociants qui, après avoir demandé à des représentants les prix de certains articles, écrivaient aux fabricants, leur proposant de traiter un marché aux cours donnés par les représentants, mais à condition que ceux-ci n'auraient rien et que bonification égale à la provision serait faite au négociant sur sa facture. Certaines maisons honnêtes acceptaient les marchés proposés par ces négociants, mais n'en donnaient pas moins aux représentants la provision légitimement due ; mais il en est qui, sans se soucier des engagements pris avec les représentants, ne mentionnaient même pas sur leurs relevés de compte les ordres transmis directement par les clients, frustrant ainsi leurs agents du bénéfice qui leur était dû.

Fabricants et négociants avaient tort, car d'un côté le fabricant manquait à ses engagements en ne donnant pas au représentant la provision convenue ; d'un autre côté le négociant commettait un acte peu délicat en enlevant au représentant le fruit légitime de son travail pour en bénéficier lui-même ; je m'empresse d'ajouter que ces cas sont fort rares et que j'ai toujours trouvé chez mes clients la plus grande loyauté et le plaisir non déguisé, de procurer aux représentants travailleurs le bénéfice dû à leur travail.

Ducroire. — Les représentants peuvent être irresponsables pécuniairement vis-à-vis de leurs maisons pour les affaires de leur rayon, ou responsables pour tout ou partie de ces mêmes affaires.

Dans le premier cas, et c'est le plus habituel, la provision est convenue d'un commun accord et payée intégralement soit par trimestre, soit par semestre, suivant les conventions établies entre les intéressés, et ce, sur toutes les affaires expédiées par les maisons pendant le trimestre ou le semestre dans la circonscription visitée par le représentant; les frais de correspondance sont généralement remboursés au représentant à chaque règlement.

Dans le second cas, le représentant est responsable pour tout ou partie de la valeur de ses placements; cela s'appelle *Ducroire;* mais alors la provision est augmentée dans une très large proportion, pour parer aux éventualités de pertes que peut avoir à supporter le représentant et dont par là-même, le vendeur se trouve garanti.

Je comprends que les vendeurs essaient d'imposer à leurs agents cette condition d'être *Ducroire,* mais je comprends aussi que les représentants essaient de se soustraire à cette obligation qui me fait l'effet d'une épée de Damoclès toujours suspendue au-dessus de leur tête et toujours prête à tomber.

Renseignements. — Cette situation de *Ducroire* me semblerait acceptable si le représentant pouvait se renseigner d'une façon absolument certaine sur la valeur et la position pécuniaire de ses clients; il pourrait se tenir parfaitement au courant de la situation de chacun d'eux et éviter les pertes en s'abstenant de voir les maisons dont la situation lui serait signalée comme étant embarrassée; mais cela est-il possible dans la plupart des cas? Evidemment non.

Nous avons bien la ressource de demander des renseignements aux banquiers, huissiers et hommes d'affaires des localités dans lesquelles nous avons des clients, et il est nécessaire de le faire souvent; mais, outre que ceux auxquels nous demandons des renseignements peuvent eux-mêmes n'être pas au courant de la situation exacte des clients, il peut arriver qu'ils soient intéressés à en fournir de bons quand il y aurait lieu d'en donner de mauvais, ou tout au moins de douteux.

Il existe aussi des agences commerciales qui, moyennant un prix annuel déterminé, se chargent de donner des renseignements sur la solvabilité et la moralité commerciale de chacun; mais ces renseignements ne sont pas, ne peuvent pas être d'une exactitude absolue, ils sont pris aux sources que j'indiquais plus haut; et d'ailleurs, vrais aujourd'hui, ces renseignements peuvent être faux demain.

En effet la situation pécuniaire d'un commerçant peut changer d'un jour à l'autre par suite d'événements de natures différentes arrivant soit par sa faute, soit par des causes indépendantes de sa volonté, telles que : baisse subite de marchandises achetées à la hausse, pertes subies dans sa clientèle, suppression de crédit chez son banquier, ou déconfiture de ce même banquier ; arrivée inopinée d'un concurrent qui, en enlevant une partie des affaires, diminuera la source des bénéfices en augmentant la proportion des frais généraux, etc., etc.

J'en ai connu un entre autres qui, établi depuis trente ans, semblait être dans une bonne position de fortune, jouissait d'une certaine considération et d'un certain crédit ; je ne sais pourquoi je n'avais aucune idée d'entamer des affaires avec lui ; je voyais pourtant tous mes confrères aller chez lui et y prendre des ordres, mais sa figure triste et son air préoccupé ne me plaisaient pas ; et un jour dans une conversation en tête-à-tête, il m'avoua ingénument qu'il se trouvait dans une position extrêmement gênée ; en effet, deux mois après, il se suicidait, laissant un passif relativement considérable, et tous mes confrères se trouvèrent pris parce qu'ils n'avaient pas eu la même défiance que moi.

Irresponsabilité. — Il est donc matériellement impossible à un représentant d'être certain de l'entière solvabilité de tous les négociants avec lesquels il est en relations d'affaires et, par cela seul, il agit prudemment en tenant à rester complètement irresponsable et à n'accepter que l'aléa de perte de sa provision sur les mauvaises affaires qui pourraient être supportées par ses maisons dans son rayon ; c'est, je crois, très suffisant.

Il est d'autant plus logique de laisser à la maison

expéditrice toute la responsabilité pécuniaire des ventes, qu'elle peut, qu'elle doit même se tenir parfaitement au courant de la valeur morale et pécuniaire de ses clients et cela, non seulement par les indications de ses représentants, mais encore par tous les moyens de renseignements dont elle peut disposer. Si donc une maison expédie de la marchandise à un client, c'est qu'elle le croit solvable d'après les renseignements qu'elle a dû prendre ; le représentant ne peut être rendu responsable, parce qu'en transmettant l'ordre, il n'avait pas qualité pour forcer la maison à expédier ; et que d'un autre côté, il n'avait pas garanti la solvabilité du client ; la maison avait donc la faculté absolue d'expédier ou de garder la marchandise et par conséquent agissait à ses risques et périls.

Avantages et Risques. — On m'objectera que la provision accordée au représentant *Ducroire* est beaucoup plus considérable que celle accordée au représentant irresponsable ; je le sais et ce n'est que juste ; car la maison se trouvant garantie dans une certaine mesure par l'engagement du représentant, doit offrir à celui-ci la contre-partie de cette sécurité, sous forme d'une augmentation sérieuse de provision.

Ce mode de représentation est donc incontestablement plus lucratif que la non-responsabilité et je connais des représentants qui se sont enrichis en peu de temps en le pratiquant, parce qu'ils ont eu la chance de n'avoir que fort peu de pertes dans leur clientèle, ou qu'ils ont su trier avec soin les bons payeurs, en s'abstenant rigoureusement de traiter avec tous ceux dont la solvabilité leur paraissait douteuse à un titre quelconque.

Par contre, je connais d'autres représentants qui, après avoir gagné beaucoup d'argent pendant quelques années, l'ont perdu en très peu de temps, par suite de mauvaises affaires qu'ils n'avaient pu ou su prévoir ni conjurer.

Aussi, que d'amères réflexions ! que de regrets tardifs, mais superflus ! Ils avaient par leur travail gagné une honnête aisance et conquis l'estime qui est accordée à tous ceux qui font loyalement leur position ; ils voyaient l'avenir s'ouvrir devant eux, ils avaient commencé l'instruction de leurs enfants dans de bonnes conditions et pris même pour l'avenir des engagements qu'ils se croyaient certains de pouvoir tenir ; et tout cela était perdu en quelques mois, par suite d'un manque de prudence dans les conventions passées avec leurs maisons, ou dans leur manière de travailler.

Où est donc alors pour le représentant le prétendu avantage de ce système de Ducroire ?

Si d'un côté il gagne plus, de l'autre il est exposé à perdre en totalité ou en partie, le gain qu'il aura fait, et cela peut-être par des causes indépendantes de sa volonté.

Le représentant irresponsable, au contraire, ne pouvant perdre sur les mauvaises affaires, que la provision à laquelle il avait droit, marche à coup sûr ; il gagne moins il est vrai, mais il n'est exposé à aucune perte ni à aucune désillusion ; cette tranquilité d'esprit a, selon moi, une grande valeur et devrait à elle seule faire pencher le représentant du côté de l'irresponsabilité dans les engagements qu'il contracte avec toutes ses maisons.

Nécessité et Avantages de la représentation. — La représentation à poste fixe et par départements est devenue aujourd'hui une nécessité commerciale de premier ordre pour certains articles parce que la concurrence est telle, que tous les commerçants étant astreints à se tenir au jour le jour au courant des prix pratiqués par les différents fabricants d'un même produit, sont souvent obligés de donner la préférence de leurs ordres à celui qui leur fait les meilleures conditions ; de là urgence absolue pour le fabricant d'être constamment en contact avec la clientèle et d'être tenu lui aussi, au jour le jour, au courant des besoins et des désirs de ses clients, et aussi des agissements de ses concurrents.

Vigilance. — Le fabricant doit donner à son représentant, outre la mission de vendre sa marchandise, celle de le tenir parfaitement au courant des conditions ou propositions faites par les concurrents, des produits nouveaux présentés à la clientèle, des appréciations de celle-ci sur ces produits, des désirs, observations, réflexions ou reproches exprimés par les négociants ou consommateurs, en un mot, de tout ce qui peut mettre un fabricant à même de soutenir la concurrence d'une façon suivie et efficace.

Il serait, je crois, très préjudiciable aux intérêts des fabricants de ne pas agir de la sorte, et toutes les bonnes maisons que j'ai vues implanter leurs marques et surtout les maintenir, donnaient à leurs représentants les instructions les plus détaillées à ce sujet, et leur savaient le plus grand gré quand ils les exécutaient soigneusement. Tandis qu'au contraire, de bonnes marques implantées par l'initiative des négociants ou l'énergique persévérance de leurs représentants, se voyaient peu à peu éliminées par suite de l'insouciance des fabricants qui, voyant leurs marques prises et demandées, se persuadaient à eux-mêmes que leur position était inattaquable et que leur avenir était assuré, sans qu'il fût nécessaire pour eux de travailler à maintenir cette vogue momentanée.

Dans ma carrière, déjà longue, de représentant de commerce, j'ai pu juger de la différence entre la manière d'agir de beaucoup de maisons de premier ordre, et apprécier les résultats obtenus par les unes et par les autres. Eh bien, je dois à la vérité de déclarer que la majeure partie de mes fabricants avaient eu au début de nos relations une grande confiance en moi; presque tous m'avaient prié de les renseigner de la façon la plus exacte et la plus suivie, sur les prix et conditions pratiqués par les concurrents, me remerciant avec la plus grande politesse toutes les fois que je leur transmettais un renseignement que je croyais pouvoir leur être utile.

Alors ces maisons renseignées sur les causes qui pouvaient enrayer la vente de leurs produits et aussi sur les procédés pratiqués par les concurrents pour faire prendre les leurs, agissaient en conséquence et modifiaient, suivant les besoins, leurs prix et leurs conditions, et même leurs produits, de façon à ne pas se laisser dépasser.

Me sentant soutenu, et fort des instructions nouvelles qui m'étaient fournies et des concessions que l'on m'autorisait à faire, je travaillais ferme les articles pour lesquels je me voyais bien placé et tout naturellement je réussissais à faire des affaires.

Orgueil. — Quelques-unes de mes maisons, au contraire, me firent comprendre dès le début qu'elles n'avaient pas l'habitude de demander des renseignements aux représentants, et qu'elles ne faisaient que ce qu'elles jugeaient à propos, sans se soucier autrement des idées, des désirs ou même des réclamations des clients; prétendant que c'était le client qui devait accepter les articles qu'on lui présentait et non le fabricant travailler au goût du client.

Conséquences. — C'était une erreur très grande et qui a eu pour quelques-unes d'entre elles des conséquences très fâcheuses mais inévitables, celles de leur aliéner peu à peu tous les clients aux réclamations desquels on n'avait pas fait droit ou dont on avait méprisé les avis.

Notre bon La Fontaine a dit :

« On a *souvent* besoin d'un plus petit que soi »,

je crois qu'il eût été plus juste de dire :

« On a *toujours* besoin d'un plus petit que soi ».

Il est en effet fort utile, sinon indispensable, pour un fabricant quelque important qu'il soit, de ne pas négliger les observations de ses clients, d'écouter avec attention leurs critiques et leurs avis, de les encourager à émettre et à développer leurs idées, de les remercier même d'avoir bien voulu lui en faire part, quitte à ne pas les mettre en pratique, s'il ne le juge pas utile à ses propres intérêts ou qu'il ne puisse le faire pour une cause ou pour une autre.

Fabricants et Commerçants. — Les fabricants sont tous certainement des gens intelligents, bien qu'à des degrés très différents; ce sont eux en effet qui, par leur initiative, par leurs inventions, mettent au jour tous les objets que les négociants et les commerçants répandent dans le monde, qui garnissent nos magasins, nos maisons, alimentent le commerce et augmentent notre bien-être en satisfaisant nos désirs, nos besoins et nos goûts; tous cherchent, ou doivent chercher à réaliser dans leur industrie le plus de progrès possible, de façon à dépasser leurs concurrents, soit par le bon marché en produisant davantage dans le même laps de temps, ce qui abaisse le prix de revient; soit en produisant mieux au même prix, ce qui est une autre façon, et non la moins bonne, de réaliser le vrai bon marché.

Le fabricant doit donc toujours avoir l'esprit en éveil pour trouver et mettre à profit des perfectionnements, soit dans l'achat de ses matières premières, soit dans son outillage, ses emballages, son mode d'expédition, sa tenue de livres, sa correspondance, etc., et il ne doit négliger aucun avis ni aucun renseignement, de quelque côté qu'il lui vienne; il doit tout noter avec soin; car tel renseignement dont il n'a pas besoin et qu'il ne peut utiliser aujourd'hui, peut demain lui être indispensable, et le mettre par son application, sinon au-dessus de tous ses concurrents, du moins au niveau de ceux contre lesquels il est obligé de lutter.

Il y a, ai-je dit, une source précieuse de renseignements qu'un fabricant avisé ne doit pas négliger, qu'il doit même être très heureux de pouvoir consulter tous les jours, puisque c'est de là que lui viendront les reproches si sa fabrication est défectueuse sur quelque point, les compliments s'il a réalisé des progrès, toujours des encouragements à faire mieux et fort souvent des idées qui pourront lui être très utiles.

Cette source de renseignements, ce sont les acheteurs eux-mêmes qui, comparant constamment les mêmes produits provenant de fabriques différentes, savent généralement distinguer les défauts et les qualités des uns et des autres et pourquoi ils donnent la préférence à celui-ci plutôt qu'à celui-là.

Les négociants sont renseignés eux-mêmes par les consommateurs qui sont des appréciateurs dont il y a lieu de tenir compte dans une large mesure.

Je ne veux pas dire par là que tous les consommateurs sont connaisseurs; hélas ! non; il s'en faut de beaucoup et il est bien certain que l'expérience qu'a pu acquérir un négociant ou un consommateur, ne peut lui tenir lieu de cette instruction technique et pratique qui constitue le vrai fabricant; c'est donc à ce dernier qu'il appartient de juger si une idée est bonne, et surtout si elle est pratique au point de vue commercial, car c'est là l'essentiel.

Il peut arriver en effet, qu'une personne étrangère à une fabrication ait une appréciation très juste sur les défauts d'un objet fabriqué et sur un progrès à réaliser, sans pouvoir, précisément parce qu'il n'est pas fabricant, indiquer le moyen de corriger ce défaut; le fabricant lui-même, peut très bien, tout en reconnaissant l'existence du défaut et l'utilité de le corriger, ne pas trouver de prime abord le moyen de le faire.

Mais par contre il peut arriver qu'une idée émise par une personne quelconque, de la partie ou non, soit un trait de lumière pour le fabricant ou producteur, et devienne le point de départ d'une réforme très utile et très productive. Cette idée provenant d'une personne ne connaissant pas la partie et n'ayant pas l'instruction professionnelle suffisante, sera forcément incomplète ; elle devra être travaillée, approfondie, retournée sous tous ses aspects avant de pouvoir être utilement exploitée ; cela me fait l'effet du diamant qui, à l'état brut, est enveloppé dans sa gangue, et ressemble pour le commun des mortels au premier caillou venu.

Le chercheur de profession qui le découvre, sait très bien qu'il a une valeur proportionnée à sa forme, à la pureté de son eau, au nombre de carats qu'il pèse, mais il ne peut tirer parti lui-même de la totalité de cette valeur, parce qu'il lui manque cette instruction technique, ce talent qui appartiennent aux tailleurs de diamants ; il sait bien que ce petit caillou qu'il vend bon marché aujourd'hui, vaudra dix fois, vingt fois, cent fois plus quand il aura été transformé, par le travail d'artistes, en un diamant aux feux éclatants.

Anecdote. — A ce sujet, je me rappelle ce que me dit un de mes fabricants pendant une de ses visites ; je le félicitais sur certain progrès réalisé par lui et qui avait facilité dans une très large mesure la vente d'un de ses produits : « Il ne faut pas, me « dit-il, me faire trop de compliments, car l'idée « première n'est pas de moi ; c'est un de mes « ouvriers qui me dit un jour : Mais, Monsieur, si « on faisait de telle façon plutôt que comme nous « faisons, il me semble que nous arriverions à tel « résultat.

« L'idée de cet ouvrier était très bonne, mais elle « était incomplète et il est certain que seul, il n'au-

« rait jamais pu arriver à en tirer parti, parce qu'il « n'avait pas une instruction suffisante pour la déga- « ger des difficultés matérielles qu'il ne voyait pas « mais qui l'empêchaient d'être une idée pratique, « immédiatement réalisable.

« Je travaillai cette idée, et à force de persévé- « rance, d'essais infructueux, de sacrifices de temps « et d'argent, j'arrivai au résultat que vous voyez ; « je fus très bien secondé par le père de mon idée, « qui était très étonné du travail supplémentaire « qu'il m'avait fallu faire pour amener son idée à « l'état de chose pratique.

« Il s'est parfaitement rendu compte de son « impuissance à réaliser le progrès qu'il n'avait fait « qu'entrevoir, et il a très bien compris que, s'il est « indispensable qu'il y ait des ouvriers pour exécu- « ter le travail manuel, il est plus utile encore qu'il « y ait à la tête de ces mêmes ouvriers des hommes « possédant les qualités intellectuelles, l'instruction, « la hardiesse, la fortune, qui leur permettent de « trouver et de faire exécuter, à leurs risques et « périls, ce que les ouvriers réalisent par le travail « manuel, et sans aucuns risques.

« J'ai donné à mon ouvrier une gratification de « mille francs et en ai fait un contre-maître inté- « ressé, position qu'il occupe avec beaucoup de « zèle et d'autorité, car ses compagnons d'autrefois, « sachant que je l'ai fait monter en grade parce qu'il « m'a été utile, lui montrent une déférence respec- « tueuse qui est loin d'être nuisible à mes intérêts ;

« Ils semblent même me savoir gré d'avoir récom-
« pensé un des leurs.

« Lui, de son côté, est devenu encore plus dévoué « pour moi qu'il ne l'était étant ouvrier, d'abord parce « qu'il est reconnaissant de ce que j'ai fait pour « lui et surtout, parce qu'il a parfaitement compris « que seul, il ne pouvait rien faire de son idée et « que ce n'est que grâce à mon travail supplémen- « taire et à l'argent que j'ai sacrifié pour faire des « essais coûteux, que cette idée est arrivée à voir « le jour. »

On pourrait tirer du fait que je viens de raconter, une morale inverse à celle de La Fontaine et dire avec beaucoup de raison :

« On a *toujours* besoin d'un plus grand que soi »,

mais je crois être dans le vrai en disant :

« Dans une société organisée, nous *avons tous* besoin les uns des autres ».

Si j'étais appelé à faire la preuve de cet axiome, je prouverais facilement que le maître a besoin du domestique, comme le domestique a besoin du maître ; que le maçon est aussi utile à l'architecte, que l'architecte au maçon ; le paysan aussi nécessaire à l'habitant de la ville, que ce dernier au paysan ; l'employé de commerce au commerçant, que le commerçant à l'employé, etc. Mais chacun de nous doit être bien persuadé que s'il est utile, peut-être même indispensable à *quelques-uns* de ses concitoyens, il a lui aussi, un besoin absolu du travail et des produits exécutés par tous, étant incapable de produire la majeure partie de ce qui lui est indispensable.

Ce que j'ai dit plus haut s'applique avec autant de justesse aux fabricants et aux représentants.

Fabricants et Représentants. — Oui, certes, les fabricants, grands producteurs ou grands commerçants, ont besoin plus que jamais d'avoir des représentants pour placer leurs produits dans les maisons de gros, car ils ne peuvent pas le faire eux-mêmes, à de rares exceptions près, étant absorbés par la surveillance et les travaux que nécessitent leur maison, leur fabrique, leur exploitation.

En effet, s'il est urgent de placer des marchandises, il est aussi nécessaire d'en surveiller la production, l'expédition, le règlement ; en un mot, il faut que toutes les opérations commerciales, depuis la plus petite jusqu'à la plus importante, soient exécutées avec le plus grand soin, car c'est là ce qui constitue la valeur commerciale d'une maison, et ce à quoi on reconnaît qu'elle est importante ou pourra le devenir.

Il est donc hors de doute que les producteurs, fabricants, importateurs, ont besoin de représentants pour leur créer une clientèle, la visiter régulièrement, l'attacher à leur maison de façon à assurer le placement régulier de leur produits ; et il est d'une absolue nécessité pour eux de choisir avec le plus grand soin ces collaborateurs qui peuvent être aussi nuisibles s'ils sont mauvais, qu'ils sont utiles quand ils sont convenables.

Qualités nécessaires aux Représentants. — Mais il n'est pas toujours facile pour une maison de trouver des représentants vraiment dignes de ce nom, car il faut, pour exercer cette profession, un ensemble de qualités qui se rencontrent très rarement de prime abord, mais qui peuvent, il est vrai, s'acquérir par une pratique consciencieuse du métier et avec le temps.

Travail. — La principale qualité nécessaire à un représentant c'est le travail, un travail suivi et incessant, qui le porte à étudier constamment son affaire, à ne négliger aucune occasion de s'instruire, à chercher sans cesse les meilleurs moyens de se présenter chez les clients, de leur parler, de les amener presque sans qu'ils s'en doutent à adopter les produits qu'il leur propose.

Mais le travail ne suffit pas, il faut qu'il soit secondé par des qualités qui, tout en étant naturelles, ont besoin de la pratique pour être développées et qui le sont d'autant plus que le métier est exercé plus longtemps.

Tact. — Une des qualités les plus utiles au représentant, mais aussi une des plus difficiles à acquérir, c'est le tact ; j'entends par là cette science presque indéfinissable qui permet au représentant de se présenter à son client, de lui parler, de solliciter la préférence de ses ordres, de le remercier et de se retirer, comme l'exigent la nature, l'instruction, l'âge, le tempérament et la position sociale de ce client, de façon à laisser dans son esprit après l'avoir quitté une impression absolument favorable qui peut se traduire par ces mots : Il est très bien ce représentant-là.

Cette impression produite sur l'esprit du client par le représentant est, sans contredit, une des meilleures recommandations pour lui et pour ses maisons et prépare très bien le terrain pour les affaires à venir, et c'est ce à quoi le représentant doit s'attacher tout d'abord. Mais on comprend la difficulté qu'il y a pour celui-ci à acquérir cette science qui est très complexe parce qu'elle exige une attention de tous les instants et un esprit d'observation continu de soi-même et des autres.

Je pourrais dire, parodiant un mot célèbre : « la représentation n'est pas ce qu'un vain peuple pense »; cela est absolument vrai, et plus d'un s'en est aperçu, qui n'y a pas réussi, uniquement parce qu'il manquait complètement de tact dans sa manière de se présenter ou de se conduire, et de mesure dans sa façon de s'exprimer; ces représentants pouvaient avoir beaucoup d'autres qualités, très sérieuses d'ailleurs, qui se trouvaient annihilées faute de ce tact qui leur aurait permis de les faire valoir auprès de tous leurs clients.

Il n'est certes pas facile pour un représentant de conformer son esprit, ses actes, ses paroles, à la manière de voir de tous ses clients et d'être constamment en communauté d'idées sur tous les sujets dont il peut avoir à s'entretenir avec eux ; chacun a, en effet, une éducation particulière, un degré d'instruction spécial, qui lui font envisager les choses à des points de vue très différents, et tenir des raisonnements qui quelquefois sont complètement erronés, mais n'en sont pas moins exprimés, la plupart du temps, avec la plus entière bonne foi et la plus grande conviction.

C'est là justement ce qui rend plus difficile la mission du représentant qui, chargé par ses maisons de placer leurs produits, doit employer tout son talent d'observation à étudier le caractère de son client et y conformer son raisonnement. Il lui faut démolir pièce à pièce une conviction établie, et faire adopter des idées quelquefois absolument opposées à celles qu'avait son client, changement d'idées dont la conséquence sera de l'amener à acheter le produit présenté, à la place de ceux qu'il avait auparavant, ou de lui faire reprendre un produit abandonné pour celui d'un autre fabricant.

Discrétion. — Cette qualité est, je crois, une des plus nécessaires aux représentants ; elle consiste dans le soin que l'on prend de cacher les affaires que l'on a traitées, c'est-à-dire de ne pas divulguer à un négociant les ordres qui lui ont été donnés par les autres.

Un représentant qui, pour enlever un ordre, pour finir de décider un client, lui dit : « Monsieur un

« tel m'en a acheté telle quantité, à tel prix » se met dans son tort, peut porter préjudice à celui qu'il cite, et aussi à lui-même.

En effet, divulguer une affaire traitée en citant le nom du traitant et les conditions de l'affaire, c'est léser la confiance de celui qui vous a remis cet ordre ; c'est pour ainsi dire trahir le secret professionnel; de plus c'est courir le risque d'indisposer le client auquel on s'adresse, car en vous entendant causer ainsi des affaires des autres, il peut penser que s'il vous confie un ordre, vous vous hâterez d'aller en parler à ses confrères, ce qui, sans aucun doute, le contrarierait.

Cette réflexion peut, dans une certaine mesure, le retenir et lui empêcher de confier un ordre à un représentant qu'il considère comme un bavard, de sorte que cette indiscrétion, commise dans le but d'enlever plus facilement une affaire par une sorte d'entraînement du négociant, est susceptible de l'empêcher d'acheter, et dans ce cas est nuisible au représentant; il a perdu son temps, porté préjudice à un client confiant, et acquis la réputation d'un homme indélicat, ou tout au moins d'un représentant indiscret et inexpérimenté.

J'ai connu des négociants qui hésitaient à traiter avec certains représentants dont ils connaissaient cependant la loyauté et les capacités mais qui redoutaient *en général* de confier des ordres à des représentants quelconques, dans la crainte de voir ces affaires divulguées; leur bureau était agencé de façon à éviter les indiscrétions, même de leurs employés; et ils fermaient leur porte avec le plus grand soin quand ils avaient des affaires à traiter; leur double de commissions ne restait jamais à la portée des yeux indiscrets; et quand ils remettaient des ordres, ils recommandaient bien aux représentants ou voyageurs de ne parler à qui que ce soit des affaires traitées avec eux; ils avaient absolument raison.

Si, par hasard, un négociant questionne un représentant pour savoir si cet article qu'il lui présente a été acheté par ses confrères, il est facile de lui faire comprendre que cela doit être un secret pour le représentant qui n'a pas le droit de dire quoi que ce soit à ce sujet, de peur de nuire à ses clients. Cette réserve et les motifs qui la justifient sont trop honorables pour n'être pas parfaitement compris par les négociants en général, qui savent gré aux représentants discrets et leur confieront des ordres bien plus facilement.

En effet, chaque négociant, en faisant ses achats, a pour but de dépister la concurrence et d'avoir des produits que les autres n'auront pas; il n'ira certes pas dire à ses confrères : « J'ai acheté ceci et cela, « j'ai obtenu telles conditions pour telle quantité. » Ce serait donner des bâtons pour se faire battre, ce qu'on n'aime généralement pas à faire. Eh bien, s'il ne le fait pas lui-même, ce qui serait absolument son droit s'il le jugeait convenable; si au contraire il cache avec le plus grand soin les achats qu'il fait et les conditions qu'il obtient des maisons auxquelles il remet ses ordres, de quel droit le représentant irait-il divulguer un secret qui ne lui appartient pas, et qu'on lui a confié bien souvent par amitié?

En résumé, un représentant peut toujours vanter les articles qu'il a à vendre, en faire ressortir les avantages pour les clients, au besoin même dire qu'il en a beaucoup vendu, mais ne doit jamais citer les noms de ses acheteurs, ni les quantités achetées, et les conditions obtenues par eux.

Déférence. — La façon de s'exprimer d'un représentant vis-à-vis d'un client doit nécessairement varier suivant l'âge réciproque de l'un et de l'autre.

Si le client est âgé et le représentant jeune, ce dernier ne devra pas, ne fût-ce que par déférence, lui tenir un raisonnement qui pourrait lui sembler un conseil, mais au contraire, ne le lui faire qu'à titre de renseignement tout en lui faisant valoir de son mieux les qualités de son produit, en mettant en lumière les avantages qu'il aurait à l'adopter de préférence à d'autres moins bien faits ou plus chers.

Le négociant âgé auquel un jeune représentant s'adressera avec tact, mesure et déférence, sera certainement sensible à cette façon de faire et son esprit sera bien disposé vis-à-vis de ce jeune représentant; il s'ingéniera à chercher le moyen d'entrer en relations avec lui; si une bonne maison vient à demander un représentant, il sera très heureux de pouvoir la lui faire avoir.

Si le représentant est du même âge que le client, la manière de l'aborder peut varier suivant le caractère de ce client et aussi, suivant le plus ou moins d'intimité qui existe entre eux; mais il est bien certain que la sympathie naît plus facilement entre deux personnes de même âge qu'entre deux personnes d'âges différents; les relations seront dans ce cas-là plus faciles à entamer et aussi à conserver; cette sympathie sera très précieuse pour le représentant, car elle lui facilitera beaucoup le règlement des affaires litigieuses qui ne manquent pas de se produire, quoi qu'on fasse, soit entre le fabricant et le commerçant, soit même entre le représentant et ses clients.

Il arrive enfin que le représentant est plus âgé que son client; dans ce cas, les relations sont forcément plus familières et auront généralement un caractère de déférence qui s'impose de la part d'une personne jeune, vis-à-vis d'une autre plus âgée et plus expérimentée; cela existera d'autant plus volontiers de la part du jeune négociant, que le représentant aura su par son travail et sa conduite acquérir une réputation plus considérable d'honnêteté et de compétence dans la partie; dans ce cas-là, le négociant ne peut certes que gagner à faire tourner à son profit l'expérience acquise par le représentant qui, du reste, a tout avantage à donner à son jeune client tous les renseignements de nature à l'éclairer et le guider dans ses opérations commerciales.

Pas de conseils. — Je dis renseignements et non conseils parce que le représentant avisé se garde avec le plus grand soin de donner des *conseils;* d'abord parce qu'en le faisant, il sort de son rôle, qui est d'être *intermédiaire* entre l'acheteur et le vendeur et, en second lieu, parce qu'il s'expose à des désagréments vis-à-vis de ses acheteurs.

Admettons en effet qu'un jeune client se laisse aller à suivre les *conseils* d'un représentant; si la marchandise monte, comme le négociant ne peut en profiter, que dans une très faible mesure, il ne peut en savoir beaucoup de gré au conseilleur; si au contraire la baisse survient pour une cause qu'il était impossible de prévoir, le négociant qui est obligé de perdre sur sa marchandise parce que ses propres clients le forcent à suivre cette baisse, se rappellera que c'est le représentant qui lui a *conseillé* de faire ce marché et sera peut-être tenté de lui en faire subir en quelque sorte la responsabilité morale. Il est donc urgent pour un représentant âgé de s'exprimer vis-à-vis des jeunes négociants de façon à ne pas *avoir l'air* de leur donner des *conseils,* mais bien des avis et renseignements qui, venant de sources certaines, leur permettront de prendre, à leurs risques et périls, toutes décisions qui leur paraîtront utiles, mais sans qu'ils puissent en faire retomber la responsabilité sur le représentant.

Cet inconvénient est moins à craindre chez des négociants expérimentés, qui acceptent très bien les renseignements et avis du représentant, mais contractent des marchés en toute connaissance de cause, et en toute liberté, sans penser à rendre le représentant responsable en quoi que ce soit des variations ultérieures quelles qu'elles soient.

Irresponsabilité vis-à-vis des Clients. — Le représentant, d'ailleurs, doit prendre grand soin de dégager sa responsabilité morale et matérielle aussi bien vis-à-vis de ses maisons que de ses clients; il doit établir nettement sa position de représentant, c'est-à-dire d'intermédiaire entre le vendeur et l'acheteur, mais intermédiaire responsable seulement des erreurs qu'il peut commettre dans le fonctionnement de sa position, et non des actes commis par les maisons qu'il représente, ou des erreurs des clients.

Cela est d'autant plus essentiel que quand un négociant a, pour une cause quelconque, un désagrément avec une maison, ce n'est pas seulement elle seule qui en souffre, mais aussi un peu toutes les maisons qu'a le représentant.

En effet, quand l'esprit d'un négociant est indisposé, à tort ou à raison, par la discussion d'une question litigieuse quelconque, il est bien difficile au représentant de faire cesser comme par enchantement la mauvaise humeur qui en résulte chez le client, et de l'entretenir immédiatement d'autres articles. Il faudrait beaucoup de tact et un grand savoir-faire pour arriver à se faire écouter, à lui enlever immédiatement le souvenir de ce désagrément et lui laisser l'esprit assez dispos pour lui permettre de traiter avec d'autres correspondants du représentant.

Anecdote instructive. — Voici un fait qui vient à l'appui de ce qui précède : « En 188..., j'avais en mains pour une maison de Marseille un échantillon de Moka cassé et un de Moka noir, deux lots très bon marché, eu égard aux cours des cafés dont les prix déjà très élevés devaient encore monter, disait-on; un de mes clients choisit les Mokas cassés dont il me prend une certaine quantité et en est très content, car ils étaient très bons et très parfumés.

Un an après environ, les cafés ayant encore monté, tous les négociants cherchaient des lots à bon marché; je reçois de la même maison de Marseille un lot de Moka noir ayant un excellent parfum, je le soumets au même client qui m'achète le lot, en me disant : Je le connais, ce café; j'en ai eu l'année dernière, il était excellent et j'en ai été très content.

Il est de fait, lui dis-je, que ceux auxquels j'en ai vendu l'année dernière ne m'en ont pas fait de reproches ; c'est le même genre, la même odeur, « ce doit être bon » ; mais en disant cela, je n'ai pas *garanti* la qualité bien entendu, ne la connaissant pas moi-même, n'ayant d'ailleurs jamais goûté cette sorte de café.

Lors de la première expédition de cinq fardes à valoir sur cet achat, la marchandise fut vérifiée à l'arrivée et reconnue conforme à l'échantillon-type; le négociant en envoya immédiatement à plusieurs de ses clients qui le lui renvoyèrent quelques jours après, et avec force reproches, en disant que ce café n'était pas buvable et que d'ailleurs, il répandait en brûlant, une odeur infecte, insupportable, ce qui était vrai. Mon acheteur me dit : Écrivez à la maison que son café n'est pas semblable à celui qu'elle m'a vendu l'année dernière et que je le lui laisse pour compte.

La maison répondit que l'affaire ayant été faite régulièrement, sur échantillon, sans autre garantie, et livrée conforme, elle ne pouvait l'annuler, car elle n'achetait elle-même cette espèce de marchandise que sur ordres fermes de ses clients ; d'un autre côté la marchandise avait baissé de 50 fr. par 100 kilos, ma maison aurait eu à subir cette perte totale, ce qu'elle ne voulait pas, évidemment.

Mon acheteur me fit alors proposer d'échanger ce Moka noir contre même quantité d'une autre sorte au cours du jour de l'achat.

La maison, malgré l'appui énergique que je donnai à cette proposition, refusa en disant qu'elle n'avait pas le placement facile de cette marchandise; j'eus beau lui représenter combien il serait fâcheux de perdre un client de l'importance de mon acheteur, le bruit qu'allait faire cette affaire à Angers et dans la contrée, rien n'y fit, et il me fut impossible de faire annuler cette affaire, ni même de la faire changer pour d'autre café à facturer au cours du jour de l'achat.

J'envoyai, sur la demande de mon client, un échantillon de ce café au Havre pour le faire expertiser par un courtier et savoir si c'était bien uniquement du Moka noir sans mélange de Rio ou d'autres mauvais cafés.

Dans ce cas-là, mon client aurait eu un motif valable de refus, puisque le café lui avait été vendu comme Moka noir ; on me répondit du Havre que ce café paraissait bien en effet n'être composé que de grains noirs de Moka, mais que cette sorte ne s'achetait jamais qu'après dégustation préalable, parce qu'il se trouvait des lots qui était bons et d'autres absolument invendables.

Je rendis compte de mes démarches à mon client en lui faisant voir les lettres que j'avais écrites pour arriver à une solution conforme à ses désirs et à ses intérêts ; il me dit alors : « Puisque votre maison ne veut pas annuler cette affaire, vous vous arrangerez avec elle ; quant à moi je ne veux pas me livrer, parce que c'est à vous que j'ai acheté ce café croyant qu'il était aussi bon que celui de l'année dernière, or comme vous ne m'avez pas prévenu qu'il était mauvais, je le refuse, faites-en ce que vous voudrez. »

Ce raisonnement aurait pu être juste dans une certaine mesure, si j'avais été le vendeur, mais je n'étais que le représentant, je vendais pour le compte d'autrui, sans autre responsabilité que celle qu'il me plairait d'assumer. J'ai bien donné pour cette affaire, comme pour les autres, le double contenant les conditions de vente, de livraison, de paiement; mais tout d'abord, cette vente, comme *toutes* celles faites par les représentants, n'était définitive qu'après confirmation de la maison; d'un autre côté, ni sur mon double, ni sur la confirmation de la maison n'était mentionnée la garantie de bon goût, et cela par une raison bien simple, c'est qu'on ne l'avait pas demandée et, que l'eût-on demandée, je ne l'aurais pas donnée.

Je n'avais donc rien garanti ni verbalement ni par écrit, je n'en avais d'ailleurs pas eu besoin, car mon client, persuadé que c'était le même café que celui qu'il avait eu l'année précédente et dont il avait été content, acheta le lot entier sans aucune difficulté et, comme on dit, les yeux fermés.

Ce négociant, trompé dans ses prévisions et n'ayant pas de moyens pratiques de forcer ma maison à le débarrasser de ce marché gênant, ne voulut pas admettre dans ce cas-là mon irresponsabilité que je soutins énergiquement; il me dit carrément que si je ne le débarrassais pas de ce marché, il ne ferait plus rien avec moi, et c'est ce qui arriva jusqu'au moment où je cédai mon portefeuille, c'est-à-dire pendant quelques mois.

Ce n'était évidemment pas juste, car le négociant voulait profiter de ma situation vis-à-vis de lui pour rejeter sur moi les conséquences d'une affaire dans laquelle mon rôle avait été rempli de la façon la plus correcte ; j'ai même tant insisté près de ma maison pour arranger l'affaire, que je me suis attiré le reproche de prendre les intérêts de mon client au détriment de ceux de la maison et la menace de me voir retirer la carte si je revenais sur ce sujet.

Mais le plus joli de l'affaire, c'est que ni mon client, ni ma maison, ni moi n'avions pris garde à ceci, que le premier achat avait été fait en Moka cassé et le second en Moka noir, ce qui n'est pas du tout la même chose ; mon client ne pouvait donc pas trouver dans son second achat la même qualité que dans le premier, car somme toute, les brisures de Moka sont bonnes, mais il n'en est pas de même des fèves noires qui peuvent *quelquefois être bonnes*, mais peuvent parfaitement aussi être mauvaises.

La réclamation de mon client tombait d'elle-même par suite de cette confusion, car il a acheté les deux sur échantillon, et il aurait dû s'apercevoir de la différence d'aspect faisant supposer une différence de qualité : les négociants n'ont pas l'habitude de fermer les yeux quand ils achètent des cafés et si leur mémoire leur fait défaut, ils en supportent les conséquences.

Mon client aura certainement reconnu son erreur, car c'était un parfait honnête homme, mais qui était buté à une idée fixe, celle de se débarrasser de ce marché onéreux, de quelque façon que ce fût ; il s'en était pris à la maison tant qu'il avait cru pouvoir par mon influence arriver à une solution, puis en désespoir de cause, il s'était retourné vers moi ; mais vaincu par l'évidence il a fini par comprendre qu'il devait arranger son affaire lui-même.

C'est le seul fait de cette nature qui se soit produit pendant ma carrière, mais j'ai cru utile de le mentionner tout au long pour prouver aux représentants combien il importe pour eux de dégager leur responsabilité et de bien faire ressortir qu'ils ne sont que des intermédiaires, nécessaires il est vrai, mais irresponsables des erreurs d'autrui.

Contestations. — Le représentant doit donc mettre la plus grande attention à éviter toute affaire pouvant donner lieu à une contestation entre ses maisons et ses clients ; pour cela, il n'a qu'à étudier sérieusement la nature des produits qu'on le charge de vendre, à bien noter les prix des différentes qualités de ces mêmes produits, les conditions de vente, de livraison, de règlement ; toutes conditions qui diffèrent suivant les maisons, les produits et les quantités traitées ; il doit en faire part aux clients et ne traiter une affaire ferme qu'en s'y conformant scrupuleusement, et en inscrivant sur le double de commission des négociants toutes les conditions de chaque vente.

Propositions. — Si les conditions offertes à un négociant ne lui conviennent pas, le représentant doit l'amener habilement à faire à sa maison des propositions qu'il suppose pouvoir être acceptées ; il les transmet par le télégraphe si le client est pressé d'être fixé, ou par lettre si cela est faisable et qu'il y ait à donner des explications trop longues pour être mises dans une dépêche.

Ces deux modes de transmission des propositions ont leur utilité suivant les cas, et doivent être employés judicieusement par le représentant et non indifféremment, mais le grand talent de celui-ci consiste à faire faire au négociant des propositions assez claires et assez précises pour pouvoir être transmises et acceptées par dépêche ; il a tout intérêt à cela, car les affaires les plus rondement menées, sont celles qui ont le plus de chance d'aboutir.

En effet, le négociant qui a fait une proposition est lié par elle jusqu'au moment où arrive la réponse, et ne peut loyalement renier sa parole si, dans l'intervalle de l'offre à la réponse, il lui a été fait des propositions meilleures, pas plus qu'il n'a le droit de se froisser si son offre n'est pas acceptée et si même il y est répondu par de la hausse.

Une proposition faite par un négociant, implique de sa part la non-acceptation des prix et conditions qui lui étaient offerts, et l'acceptation de ceux qu'il propose, s'ils lui sont confirmés par la maison à laquelle il les a faits.

Si l'article qu'il veut acheter a tendance à la baisse, le négociant qui le sait, a bien soin d'escompter cette baisse dans la proposition qu'il fait, en demandant des prix beaucoup plus bas que ceux que le représentant a en mains. Si l'offre n'est pas acceptée, c'est que la maison ne veut pas faire un rabais plus considérable que le cours actuel et qu'elle a l'espoir de voir les prix de la marchandise remonter dans un laps de temps plus ou moins éloigné. C'est le cas pour le représentant d'employer toute son influence auprès du négociant pour lui faire remplacer l'offre refusée par une autre à transmettre immédiatement, ou obtenir qu'il la lui laisse en mains de façon qu'il ait le temps d'écrire à la maison et d'amener celle-ci à accepter la proposition telle qu'elle est faite ou tout au moins à faire une concession qui permette au négociant de traiter l'affaire.

Le représentant, dans sa lettre, devra s'attacher à faire valoir les raisons qui peuvent déterminer sa maison à accepter la proposition du négociant, en parlant de l'importance de ce client et de l'avantage qu'il y aura pour la maison à traiter cette affaire, qui forcera le négociant à répandre dans son rayon cette marchandise à la place de celle des maisons concurrentes du fabricant, et aussi de la nécessité qu'il y a à traiter le plus souvent possible avec un négociant pour l'habituer à une marchandise plutôt qu'à une autre, etc., etc.

Il peut arriver qu'au moment où un négociant fait une proposition, l'article soit en hausse; le vendeur peut accepter l'offre s'il désire continuer des relations avec un bon client, ou en attirer un nouveau, mais il peut aussi refuser cette offre; c'est alors qu'il prévoit une hausse plus forte et qu'il veut en profiter dans une certaine mesure. Il faut donc que le représentant transmette immédiatement au négociant le refus de sa proposition et essaie de le faire arriver au prix que maintient le fabricant et dans ce cas, il doit transmettre autant que possible l'ordre par dépêche, pour éviter une nouvelle hausse que le client n'accepterait peut-être pas.

Le représentant doit évidemment appuyer de toutes ses forces les propositions que ses clients veulent bien lui confier et le fabricant ne peut l'en blâmer ni lui reprocher de ne pas prendre ses intérêts, au contraire ; en effet, les propositions qui lui sont faites sont le résultat *évident* du travail du représentant auprès de ses clients et des efforts qu'il fait pour attirer les affaires à sa maison de préférence aux maisons concurrentes.

Du moment où il y a proposition d'un client à un fabricant, il y a pour ce dernier *possibilité* de conclure un marché et par ce temps d'affaires difficiles, c'est déjà quelque chose d'être à même d'accepter des propositions ; beaucoup de maisons, et des meilleures, voudraient bien être à même d'accepter des offres, fût-ce à perte, soit pour écouler un stock trop important, soit même pour entretenir au jour le jour, leur matériel et leur personnel dans l'espoir d'un changement permettant un travail rémunérateur.

Il ne peut d'ailleurs y avoir aucun inconvénient pour le fabricant à lui transmettre les propositions des clients, car il a toujours la ressource de les refuser, si elles lui paraissent onéreuses.

De la Prudence. — Il est un écueil que le représentant doit éviter avec le plus grand soin, c'est de traiter ferme des affaires qui ne sont pas absolument conformes aux instructions qu'il a reçues; autrement, il s'expose à des mécomptes et à des désagréments certains.

En effet, admettez que le représentant prenne un ordre comportant des conditions de prix, d'escompte, de terme, autres que ceux qu'il a le droit d'accorder et cela, en se disant : il faudra bien que la maison accepte; il peut avoir raison, et la maison, soit par égard pour le représentant, soit pour faire plaisir à son client, peut se laisser forcer la main et accepter, quoique à contre-cœur, un ordre passé dans ces conditions; mais il peut arriver aussi que cet ordre soit refusé et alors le représentant se trouve, par sa faute, placé dans une fausse situation, et vis-à-vis de sa maison, et vis-à-vis de son client,

Il sera évidemment forcé de faire livrer par sa maison cet ordre mal pris; et alors celle-ci, ou facturera aux conditions faites par le représentant, en le débitant de la différence par lui consentie; ou bien facturera à ses conditions à elle, en laissant au représentant le soin de s'arranger avec son client.

Dans tous les cas, une affaire faite dans ces conditions-là est fâcheuse pour le représentant, non seulement au point de vue pécuniaire, mais encore et surtout, au point de vue moral.

En effet, que la maison accepte ou non un ordre mal pris, elle se dira que son représentant n'a pas agi convenablement vis-à-vis d'elle en essayant de lui faire accepter de force des conditions qu'elle ne l'avait pas autorisé à pratiquer, elle n'aura pas de lui une bonne opinion et pourra même lui faire à ce sujet des observations qu'il est toujours désagréable pour un représentant de recevoir.

Quant au client, bien que bénéficiant de la différence consentie par le représentant, il ne pourra s'empêcher intérieurement de blâmer sa conduite, et de penser que dans cette circonstance il n'a pas agi sérieusement, ce qui sera absolument vrai, et son estime pour lui n'en sera pas augmentée, bien au contraire.

En résumé, les affaires mal faites par le représentant lui sont préjudiciables à tous les points de vue : il peut perdre son temps, son argent et sa réputation d'homme sérieux, il doit donc les éviter puisque cela dépend uniquement de lui.

De la Loyauté. — Il y a encore une autre façon de faire des affaires qui ne peut être employée par des représentants sérieux ; c'est celle qui consiste, comme on dit vulgairement, à promettre plus de beurre que de pain, c'est-à-dire à offrir aux négociants certaines qualités de marchandises à des prix de beaucoup inférieurs à ce qu'elles valent, et auxquels il est possible de les livrer ; se fondant sur cette idée qu'il y a plus d'acheteurs que de connaisseurs, et aussi, sur ce que beaucoup de négociants, soit faute de temps, soit par négligence, ne vérifient pas toujours bien leurs marchandises à l'arrivée.

Des représentants qui agiraient de la sorte, ne pourraient le faire que s'ils étaient aidés ou même poussés dans cette voie par leurs maisons; mais à ceux-là je crierai : gare ! et je leur dirai hautement : ne vous laissez pas aller aux suggestions qui auraient pour but de vous lancer dans une mauvaise voie, résistez à la tentation du gain mal acquis, et persuadez-vous bien que les affaires loyalement faites sont les seules qui soient susceptibles de vous faire gagner de l'argent, de vous donner la tranquillité d'esprit, et de vous faire acquérir l'estime de vous-même et des autres qu'on ne peut obtenir autrement.

Certes, il pourra bien arriver que certaines affaires échappent, parce que des concurrents moins scrupuleux, viendront les traiter à des conditions impossibles à pratiquer honnêtement. Que le représentant sérieux ne regrette pas ces affaires-là, car elles ne pourraient être pour lui que la source de désagréments qu'il lui faut éviter à tout prix.

Un négociant qui verra un représentant agir loyalement et correctement lui en saura gré, et sa confiance en lui s'accroîtra d'autant; il lui facilitera les affaires autant que possible et lui donnera la préférence à prix égal dans la plupart des cas, ce qui est de la part d'un négociant, une grande preuve d'estime vis-à-vis du représentant.

Compétence. — La loyauté du représentant doit se manifester non seulement dans la vente de la marchandise, mais encore et surtout dans le soin qu'il mettra à s'assurer que le client a été bien livré, c'est-à-dire qu'il aura bien reçu la marchandise qui lui a été vendue. Pour cela, il doit examiner avec soin tous les produits dont ses maisons lui envoient les échantillons, s'habituer à bien juger la valeur de chaque qualité, en un mot, il lui faut, par un examen attentif et journalier et par la comparaison constante des produits qu'il a en mains et de ceux des concurrents, arriver à être *connaisseur*, de façon à pouvoir accepter en parfaite connaissance de cause, les réclamations qui peuvent lui être faites pour mauvaises livraisons et à pouvoir les appuyer avec d'autant plus d'énergie qu'il aura pu, par lui-même, les reconnaître justes.

Réclamations. — Mais il ne suffit pas qu'une livraison laisse à désirer pour que le représentant admette, les yeux fermés, et transmette sans examen à ses maisons les réclamations des clients; il doit se rappeler que s'il est le vendeur vis-à-vis de son client, il lui faut sauvegarder aussi les intérêts de ses maisons qui sont éloignées et ne peuvent le faire elles-mêmes. Il devra donc, pour tenir la balance égale entre ces deux intérêts opposés, vérifier avec la plus grande attention les réclamations auxquelles donneront lieu les expéditions défectueuses, examiner avec soin les avaries, constater les manques de poids, apprécier les différences de qualités, en un mot, vérifier les erreurs qui lui sont signalées de façon à ne faire à ses maisons que des réclamations parfaitement justifiées, et ne pas lui en adresser pour des faits auxquels elle serait absolument étrangère, ou même qui n'auraient pas du tout leur raison d'être.

Il m'est arrivé en effet plusieurs fois, en vérifiant des réclamations, de ne pas les trouver fondées, car les erreurs provenaient d'employés qui avaient mal compté les marchandises et fait faire au patron une réclamation qu'il était le premier à ne pas reconnaître justes.

Responsabilité des Transporteurs. — Le représentant devra bien s'assurer si la faute provient de sa maison, ou si elle est le fait des transporteurs : chemin de fer, bateau, messager, etc.

Dans le premier cas, c'est à la maison de réparer le dommage causé par sa faute ou celle de ses employés ; dans le second cas, c'est le transporteur qui est responsable, et il appartient au négociant de s'entendre directement avec lui sans que le représentant ait rien à y voir.

Dans ce cas, il ne peut adresser à sa maison une réclamation pour un fait qu'il était indépendant d'elle de prévoir ni d'empêcher ; la marchandise d'ailleurs voyage aux risques et périls des destinataires, sauf le cas où elle est expédiée franco.

Vérification des Marchandises. — Le représentant ne peut donc trop répéter au négociant de bien vérifier les colis avant d'en prendre livraison, afin de les refuser s'ils ne sont pas en bon état, ou tout au moins de ne les accepter que sous réserves. En effet si, faute de vérification à l'arrivée, et sans avoir fait les réserves nécessaires, le négociant reçoit dans ses magasins une marchandise avariée ou à laquelle il manque du poids, il n'est plus fondé à faire aucune réclamation ni au transporteur, ni au négociant expéditeur, sauf le cas bien entendu où cette réclamation pourrait être justifiée d'une façon absolument certaine.

Le représentant, encore dans ce cas-là, peut être fort utile au négociant négligent, car il pourra vérifier exactement le bien fondé de la réclamation et la faire accepter par sa maison qui, sans cela, aurait fort bien pu ne pas l'admettre, laissant au destinataire toutes les conséquences de sa négligence.

Responsabilité du Représentant. — La représentation n'est donc pas une sinécure, ni une inutilité ; elle exige au contraire pour être sérieusement pratiquée, un travail considérable et soutenu, une très grande régularité, une grande somme d'honnêteté, non seulement dans les rapports journaliers entre le représentant et ses clients, mais aussi dans la correspondance entre lui et ses maisons. Ses livres et surtout son copie de lettres doivent être tenus au jour le jour, de telle façon qu'en cas de contestation, il puisse s'y reporter immédiatement et vérifier si les erreurs commises l'ont été par son fait ou viennent d'une autre cause. S'il a commis une erreur ou une omission, il doit évidemment en supporter les conséqnences, quelque onéreuses qu'elles soient.

Une erreur. — Dans les commencements de

ma représentation, il s'est présenté un cas qui a eu pour moi d'heureuses conséquences. C'était dans un moment de forte hausse sur les cafés : je reçois de ma maison une lettre dans le cours de laquelle on me faisait supprimer plusieurs numéros de café ; il y avait onze numéros sur la même ligne et un au commencement de la ligne suivante ; faute d'attention, je ne supprimai pas ce dernier numéro.

Dès le lendemain matin, le premier numéro vendu fut naturellement celui qui aurait dû être supprimé, car son prix était avantageux ; je transmis l'ordre immédiatement par dépèche ; deux heures après on me répondait par la même voie : « lot tel numéro « soldé par notre lettre d'hier. »

J'avais vendu ferme, la faute venait de moi, mon client ne devait pas en supporter les conséquences ; je télégraphiai immédiatement à ma maison : « Ra- « chetez tel numéro à n'importe quel prix. » Cela m'a coûté 43 fr. il est vrai, mais m'a bien profité, car depuis ce moment-là, j'ai fait attention à mes affaires et il ne m'est plus arrivé de ces erreurs qui sont préjudiciables pécuniairement et moralement.

Le négociant qui m'avait acheté ce lot ne l'a su que six mois plus tard, et m'a blâmé de ne pas le lui avoir dit immédiatement, parce qu'il n'en aurait pas exigé la livraison ; je le savais fort bien, connaissant son caractère absolument loyal ; seulement je ne voulais pas qu'il s'aperçût de mon erreur et je voulais me donner à moi-même une leçon qui me fût profitable et c'est ce qui est arrivé.

Mon client d'ailleurs me fit bien regagner par la suite cette petite somme perdue, et c'est en grande partie à lui que j'ai dû d'arriver à une certaine situation, ce dont je lui suis très reconnaissant.

Responsabilité des Expéditeurs. — Mais si la faute provient de la maison, le négociant ne peut en rendre le représentant responsable ni moralement ni surtout pécuniairement, c'est la maison seule qui doit réparer le préjudice causé.

En effet, comme je l'ai déjà dit, le représentant est un simple intermédiaire entre le négociant et le fabricant, il se charge moyennant une rétribution convenue entre le vendeur et lui, d'offrir des marchandises, de soumettre et faire valoir de son mieux les échantillons qu'on lui confie ; de vendre, de transmettre les propositions, ordres ou réclamations des acheteurs, mais là se borne son rôle, car les ordres ne sont acceptés et les marchandises expédiées par le fabricant que s'il le juge convenable ; les factures sont faites, l'argent reçu, les pertes subies et les bénéfices encaissés par lui, sans aucune participation de la part du représentant.

C'est donc uniquement à lui que doit s'en prendre le négociant en cas de contestation, et si le représentant doit, dans la mesure du possible, aider ses clients à aplanir les difficultés qui peuvent surgir entre eux et les fabricants, il n'a pas qualité pour forcer ces derniers, par voie de justice ou autrement, à livrer ou à rembourser quoi que ce soit, pas plus qu'il n'a qualité pour forcer un négociant à payer à un fabricant une marchandise qu'il a reçue, ou à accepter des marchandises qui sembleraient à l'acheteur ne pas remplir les conditions de l'achat.

Le représentant doit bien, il est vrai, s'informer de la valeur morale et pécuniaire des maisons qu'il veut représenter et ne travailler pour elles que quand il a acquis la certitude que ce sont des maisons absolument honorables et habituées à expédier loyalement les ordres qui leur sont confiés ; mais malgré toutes les précautions, malgré l'absolue loyauté des négociants, des fabricants et des représentants, il peut survenir des contestations, soit par le fait d'employés maladroits ou malhonnêtes, soit par suite de détérioration de marchandises pendant le transport, de retard dans l'expédition ou la réception de marchandises, soit enfin pour une des mille et une causes que peuvent engendrer des relations commerciales multipliées.

C'est là que doit s'exercer encore et d'une façon particulière le tact du représentant qui, à vrai dire, a une position difficile, puisqu'il se trouve placé entre l'enclume et le marteau, mais qui ne doit jamais abandonner une affaire difficultueuse avant qu'elle ne soit définitivement réglée, autant que possible, à la satisfaction des deux parties, ou du moins à l'amiable et d'un commun accord, en faisant en sorte qu'il ne reste à chacun que la part de perte qui doit loyalement lui incomber.

De l'activité. — Outre le tact qui est absolument nécessaire au représentant pour se diriger dans les différentes circonstances où il peut se trouver dans l'exercice de sa profession, il lui faut une qualité sans laquelle toutes ses facultés, tout son talent sont annihilés, ne peuvent absolument rien produire ; cette qualité c'est l'activité, sans relâche, sans interruption, intellectuelle et physique, mettant en jeu toutes les facultés que l'homme possède, et les développant par cet exercice même.

Le représentant, en effet, qui a pour but de placer le plus de marchandises possible, doit voir ses clients souvent pour tâcher de surprendre leurs besoins et de se trouver là tout prêt à leur vendre au moment où il leur faut acheter ; or, comme en épicerie la marchandise s'écoule rapidement, les besoins se renouvellent à chaque instant, et par conséquent le représentant fait bien de voir ses clients le plus souvent possible, soit pour leur communiquer des échantillons nouveaux, soit pour leur faire part de variations de prix ou autres, dans les articles qu'il a en mains.

Moyens d'attaque. — Le représentant intelligent ne doit pas, en se présentant chez son client, lui demander à brûle-pourpoint s'il a besoin de quelque chose et s'en aller si la réponse est négative ; les affaires faites dans ces conditions-là sont rares et cela se comprend.

Le négociant, occupé par ses affaires, passe le moins de temps possible à ses achats, réservant la majeure partie de son temps à la réception de ses clients, à la vérification, la vente et l'expédition de ses marchandises, à l'examen de ses écritures, comptes de banque, etc.; travaux suffisants pour occuper grandement la journée d'un négociant actif.

Le grand talent du représentant doit donc être de renseigner ses clients, et d'enlever les ordres dans le moins de temps possible; pour cela, il faut qu'il ait fait un travail préliminaire, spécial pour chaque client; ce travail consiste à bien se rendre compte des produits qu'il est susceptible de vendre au négociant auquel il s'adresse, de lui parler d'abord de ceux-là, en lui indiquant les variations en hausse et en baisse et les tendances de ces articles, puis en lui faisant part aussi des renseignements qu'il a intérêt à connaître et que le représentant doit s'ingénier à obtenir de ses maisons, prendre dans les journaux spéciaux ou à toute autre source d'informations.

Un représentant qui connaît bien son métier et est toujours bien renseigné, acquiert une plus grande valeur aux yeux de ses clients qui voient en lui un homme travailleur et sérieux, désireux de s'instruire, et capable de rendre des services par cela même qu'il est bien renseigné et connaît son affaire.

Le travail du représentant doit donc être continu et incessant, c'est-à-dire qu'il ne doit pas perdre de vue un seul instant les articles dont il s'occupe, et cela se comprend; les produits les plus importants vendus dans le commerce de l'épicerie sont des articles de bourse et par là même, exposés à des variations journalières, il est donc indispensable que le représentant connaisse bien ces variations et les signale tous les jours aux négociants qu'elles peuvent intéresser.

Quelques négociants ont le temps de se renseigner et en prennent la peine; mais combien en est-il qui, trop occupés ou négligents, ne peuvent pas le faire ou ne le veulent pas ? C'est alors au représentant qu'incombe ce soin et il acquerra d'autant plus de valeur aux yeux de ses clients qu'il leur donnera plus souvent des renseignements qui leur permettront de traiter en temps utile de bonnes affaires, soit en achetant avant la hausse, soit en se débarrassant avant la baisse.

Le premier travail du représentant doit donc être de noter le matin et à l'arrivée de chacun de ses courriers, toutes les modifications de prix qui lui sont signalées par ses maisons et aussi la tendance des articles, en contrôlant autant que possible les renseignements que lui donnent ses maisons, au moyen des autres sources d'informations dont il peut disposer.

Il faut bien se rendre compte, en effet, que le fabricant, importateur ou gros négociant, qui est vendeur, voit la situation de son article à un point de vue particulier qui peut ne pas toujours être le vrai, généralement parlant, et le représentant agira prudemment en n'engageant que le moins possible sa responsabilité, en donnant comme certains des renseignements qui, tout en lui ayant été donnés de bonne foi, peuvent induire ses clients en erreur;

c'est encore là l'occasion pour le représentant de mettre en œuvre ce tact qui lui permettra de juger ce qu'il peut communiquer de ces renseignements, et ce qu'il ne doit pas en dire.

Garantie de baisse. — Ce dont un représentant doit se garder avec le plus grand soin, c'est de vendre un article quelconque avec garantie de baisse, à moins qu'il n'y soit autorisé par ses maisons.

Si en effet, il le fait de son plein gré, c'est évidemment qu'il a des renseignements qui lui permettent de croire à la hausse plutôt qu'à la baisse ; sans cela certainement, il ne vendrait pas dans ses conditions-là : mais, quelque bien fondées que soient ses prévisions, quelque certains que lui paraissent ses renseignements, la hausse prévue peut se changer en baisse par suite de circonstances qu'il était impossible de prévoir et qui viennent souvent déjouer les calculs des négociants les plus expérimentés.

Le représentant se trouve alors dans une situation désagréable, car : ou bien il sera cause que le négociant qu'il aura décidé à acheter, en lui garantissant la baisse, perdra sur son achat et lui en tiendra rigueur ; ou bien le négociant, se fondant sur la garantie de baisse offerte par le représentant, lui fera supporter la différence. J'ai eu connaissance d'un fait semblable où le représentant a été obligé de verser une somme de 2,500 fr. à un négociant auquel il avait garanti la baisse par écrit et certes la somme qu'il avait gagnée en faisant cette affaire était loin, bien loin, de compenser la perte qu'il a subie.

Dans l'un ou l'autre des cas ci-dessus, ce sera une affaire fâcheuse pour le représentant qui peut éviter ces ennuis avec de la prudence.

Des Doubles de Commission. — Il est une chose que le représentant devra faire avec beaucoup de soin, c'est le double de chaque commission qu'il prend ; ce double, qui reste entre les mains des négociants, a une utilité incontestable, puisqu'il relate la vente faite et toutes les conditions dans lesquelles elle l'a été ; mais il doit être libellé de façon à bien faire comprendre que cette vente a été faite par le représentant *au nom* de sa maison, et *non pour son propre compte*, et qu'alors il ne peut être rendu responsable, soit de la non-exécution, soit de l'expédition défectueuse.

Un cas s'est produit pour un de mes confrères qui, nouveau dans la représentation, avait mal libellé son double ; il put être rendu responsable par son client, et fut obligé de lui verser une somme assez forte, pour un fait dont la maison seule devait supporter les conséquences.

Ces cas sont rares, mais, comme ils peuvent se présenter, j'ai cru utile de les signaler pour bien faire ressortir toute l'importance que peut avoir à un moment donné un double mal fait.

Opinion du Représentant. — Il est quelquefois très difficile de ne pas exprimer son opinion, car beaucoup de négociants, sinon/tous, aimant à être renseignés, demandent fort souvent au représentant dans lequel ils ont confiance, leur appréciation sur les articles qui les intéressent et qu'ils ont l'intention d'acheter ; celui-ci ne peut évidemment se dispenser de le faire et de donner à ses clients tous les renseignements de nature à les éclairer, en leur indiquant, si cela est possible, d'où il les tient, de façon à bien dégager sa responsabilité vis-à-vis des négociants.

Cela est d'autant plus nécessaire, que si certains négociants acceptent franchement et loyalement les conséquences de leurs achats, il en est d'autres, en petit nombre heureusement, qui ne peuvent se décider à se convaincre qu'il peut leur arriver de se tromper, et qui essayent de rejeter sur leurs vendeurs la responsabilité et les conséquences de leurs erreurs.

Cela n'est évidemment pas juste, car en admettant même que le représentant, de bonne foi, je suppose, ait donné à son client des renseignements erronés, que l'expression de cette opinion ait décidé celui-ci à faire un achat qui ne lui ait pas réussi ; l'acheteur n'en avait pas moins, au moment où il a contracté son achat, la faculté de se renseigner à une autre source et de ne pas le faire. Il a donc agi dans la plénitude de son droit, et il est logique et juste qu'il supporte seul la perte qui pourra en résulter, de même qu'il aura seul les bénéfices si l'opération est bonne, c'est-à-dire si la hausse est venue après son achat fait, et dure assez longtemps pour lui permettre d'écouler ses marchandises en ajoutant cette hausse à son bénéfice ordinaire.

Situation des Marchés, leur exécution. — Le représentant sérieux doit toujours être au courant de la situation des marchés contractés par ses clients et faire son possible pour qu'ils soient liquidés aussi promptement que cela se pourra. Si la hausse vient à la suite de marchés contractés, le négociant en écoulant promptement se retrouvera plus tôt libre et fera un nouveau marché avec d'autant plus de plaisir qu'il aura eu plus de bénéfice sur le précédent; le représentant y gagnera, d'abord parce qu'il touchera sa provision plus tôt, et en second lieu, parce qu'en traitant un second marché il répandra davantage sa marque, ce qui doit être une de ses principales préoccupations.

Si la baisse venait après un achat fait, le représentant devrait encore engager fortement son client à écouler en suivant cette baisse, la devançant même, car plus tôt la marchandise part et moins le sacrifice à faire est grand. En cas de persistance de la baisse, le représentant devrait surtout bien lutter contre cette idée fausse que j'ai vu émettre et pratiquer par un négociant, et qui consiste à acheter certains articles au cours, en laissant de côté les marchés conclus à des prix plus élevés. Qu'arrivait-il alors? les fabricants, voyant qu'on ne prenait plus rien sur ces marchés, mettaient les négociants en demeure de les liquider, et ceux-ci perdaient d'un seul coup toute la différence entre le prix du marché et le cours du moment de la livraison, ce qui n'eût pas eu lieu si le marché eût été écoulé sans interruption; et le négociant aurait pu remplacer ce marché onéreux par un autre fait aux plus bas cours.

Politique. — Il est certaines questions dont le représentant sérieux ne devrait jamais s'occuper chez ses clients, ce sont les questions de politique et de religion.

La politique est une science complexe, qui exige de ceux qui veulent l'acquérir une très grande pratique, une instruction très étendue, puisqu'elle embrasse tous les sujets, beaucoup de bon sens, de réflexion, de calme et enfin... beaucoup de temps. Or un représentant qui veut s'occuper de ses affaires n'a pas le temps de faire de la politique; à peine a-t-il le temps de lire un journal.

Mais quelle que soit la valeur de ce journal, son opinion, il n'est pas probable qu'il sera toujours dans le vrai dans ses appréciations sur les faits de politique intérieure et extérieure; cela dépend de la source de ses renseignements, des appréciations de ses rédacteurs, de la ligne politique adoptée par la direction, etc., etc.

Chacun de nous achète le journal qui correspond le mieux à ses idées, à son opinion; c'est là que nous trouvons relatés, appréciés, commentés tous les faits de politique journalière dont se compose la vie des nations.

Si donc, après avoir lu notre journal, nous voulons causer de la politique, nous ne pouvons le faire que d'après les renseignements puisés dans ce journal, sans avoir pu les contrôler ; qu'on se trouve alors en présence de clients, renseignés d'une façon contradictoire, n'ayant pas la même opinion, la même manière de voir, la causerie peut dégénérer en discussion d'autant plus vive que la divergence de vues sera plus accentuée.

De semblables discussions ne peuvent être utiles en quoi que ce soit au représentant et au négociant, mais il y a une chose bien certaine, c'est qu'elles font perdre du temps aux deux sans profit pour personne, si ce n'est pour les concurrents qui, mieux avisés, feront des affaires au lieu de politique ; il est donc urgent d'éviter ces discussions qui, *tout au moins*, font perdre du temps, or le temps, c'est de l'argent.

Religion. — S'il est utile à un représentant de laisser de côté les questions politiques, à plus forte raison doit-il éviter avec le plus grand soin les questions religieuses ; car si, dans certains cas, la politique dirigée dans tel ou tel sens influe sur les affaires dans une mesure plus ou moins large, on ne peut guère alléguer ce motif pour la religion ; mais les raisons de s'abstenir de ce sujet de conversation n'en sont pas moins sérieuses.

Qu'est-ce, en effet, que la religion ? c'est l'ensemble des règles établies dans chaque culte pour adorer le Créateur.

Or il est facile de comprendre que là, comme en politique, les manières de voir varient à l'infini, suivant le milieu dans lequel on est né, on a été élevé, suivant le tempérament, le mode et le degré d'instruction que l'on a reçu, la position sociale que l'on occupe, le monde au milieu duquel on vit, etc.

Il est donc prudent, pour le représentant, de ne jamais aborder ces questions dont la discussion ne peut servir aussi qu'à faire perdre du temps sans aboutir à rien; car il n'est pas probable qu'une discussion engagée entre un client et un représentant sur la religion, fasse varier l'opinion de l'un ou l'autre des deux interlocuteurs.

De la Parole. — Un des principaux moyens de réussite pour le représentant, réside dans sa manière de s'exprimer; en effet, la façon dont il saura présenter aux clients les produits qu'il désire leur vendre, influera beaucoup sur leur décision; il est donc de toute nécessité que le représentant s'habitue à exprimer facilement ses idées, à pouvoir énumérer avec clarté et conviction les qualités des produits qu'il présente, à faire ressortir les différences entre les siens et les produits concurrents similaires.

Mais pour en arriver là, le représentant devra bien étudier la nature de ses produits, tâcher de découvrir les défauts qu'ils pourraient avoir; de prévoir les objections susceptibles de lui être faites et de s'habituer à y répondre. « Ce que l'on conçoit

« bien, s'énonce clairement, et les mots pour le dire « arrivent aisément », a dit Boileau.

La langue commerciale n'exige pas pour son expression qu'on emploie des fleurs de rhétorique; elle demande au contraire netteté et concision. Il est cependant des clients vis-à-vis desquels la brièveté de la parole ne réussirait pas dans la plupart des cas ; il faut alors causer, développer davantage son raisonnement, mais faire en sorte de ne pas s'éloigner de la logique et de la vérité ; car le négociant qui ne veut pas acheter, cherche le défaut du raisonnement, et est enchanté de pouvoir mettre son interlocuteur en contradiction avec le bon sens, sinon avec lui-même. Dans ce cas-là, l'affaire en vue peut être manquée, et le représentant n'a qu'à chercher une autre façon de présenter le même article à son client ; c'est là justement que s'exercera l'habileté du représentant, et ce qui prouvera sa valeur.

De la Médisance. — S'il est permis à un représentant de faire remarquer à un client les défauts qui existent dans les produits concurrents, et de bien mettre en lumière les qualités de ceux qu'il représente, il ne lui est pas permis de dire du mal des maisons concurrentes des siennes et qu'il ne connaît que par ouï-dire.

Quand bien même il aurait la certitude de faits de nature à nuire à ses concurrents, il ne doit pas les colporter de maison en maison, ne fût-ce que dans son propre intérêt, car les clients, tout en écoutant ce qui leur est dit pour en faire leur profit le cas échéant, ne peuvent s'empêcher intérieurement de blâmer celui qui se fait le colporteur de fâcheuses nouvelles, dans le but évident de profiter dans la plus large mesure du tort qu'elles peuvent faire à celui qu'elles concernent.

Un représentant actif, intelligent, loyal et honnête, n'a pas besoin pour réussir de recourir à de semblables moyens; il saura, par la mise en œuvre de toutes ses qualités, arriver à prendre dans l'esprit de ses clients une place de plus en plus grande, proportionnée à la somme de travail régulier et de persévérante honnêteté qu'il aura dépensés, et au moyen desquels il aura acquis une valeur qui lui vaudra la confiance des négociants.

De la Persévérance. — Il ne suffit pas à un représentant de travailler plus ou moins pendant quelque temps, pour penser que le succès complet doit récompenser immédiatement ses efforts; il faut beaucoup de persévérance dans le travail et un grand esprit de suite dans les idées, c'est-à-dire qu'il faut travailler tous les jours avec la même énergie, chez les mêmes clients, pour les mêmes articles; le succès viendra d'autant plus sûrement que par cette pratique incessante du métier, on en arrivera à le connaître plus sérieusement et à mieux approfondir les produits qu'on aura en mains.

Si on veut enfoncer un clou du premier coup de marteau, on ne réussit généralement qu'à casser le clou ou à fendre le bois dans lequel on veut le faire pénétrer; c'est à petits coups répétés qu'on obtient le meilleur résultat; de même quand on veut faire pénétrer une conviction dans l'esprit des clients, si pour un motif ou pour un autre on ne peut y parvenir du premier coup, il faut revenir à la charge avec persévérance et tâcher de découvrir le moyen d'arriver au succès.

Vis-à-vis des Confrères. — S'il n'est pas permis à un représentant de dire du mal des maisons concurrentes des siennes, à plus forte raison doit-il lui être interdit de déblatérer contre ses confrères, de colporter des bruits fâcheux, vrais ou faux, susceptibles de faire tort à leur honorabilité et peut-être aussi à leurs affaires.

Un personnage historique a dit : « Calomniez, il en restera toujours quelque chose. » Cela est malheureusement vrai; car la nature humaine est ainsi faite, qu'elle accueillera très facilement une calomnie, sans vérification aucune, tandis qu'elle se défiera de récits flatteurs et ne les acceptera que quand il sera impossible d'en douter, et encore !!!

Mais la calomnie est une arme à deux tranchants qui fait souvent plus de mal à ceux qui s'en servent qu'à ceux contre lesquels on la pratique.

Et d'ailleurs, les représentants, comme les autres hommes, ont très probablement tous leurs petits travers, peut-être même leurs défauts! Quel intérêt peuvent-ils bien avoir à ce que ces défauts soient connus de leurs clients? Aucun évidemment; au contraire, leur intérêt bien entendu exigerait que les clients fussent persuadés que *tous* les représentants sont des gens instruits, travailleurs, honnêtes, ce qui, du reste, est vrai ; il faut donc leur donner cette persuasion qui relèvera dans leur esprit le niveau moral des représentants en général, et les disposera à les recevoir comme ils doivent l'être, c'est-à-dire avec déférence et convenance.

Il est donc absolument indispensable que les représentants se conduisent les uns vis-à-vis des autres comme des gens civilisés et bien élevés.

Si l'un d'eux entend dire du mal d'un confrère par un client, qu'il se garde bien de faire chorus avec celui-ci et surtout de renchérir encore ; qu'il essaie au contraire d'atténuer ces critiques afin de faire sortir, s'il est possible, de l'esprit de son client, cette idée qu'un représentant puisse avoir mal agi ; car si la valeur morale d'un représentant est rabaissée, le corps entier des représentants l'est dans la même proportion.

Et puis, les représentants sont des confrères et non des ennemis, ils vendent des produits similaires, pour des maisons concurrentes, mais dont les patrons sont souvent fort bien ensemble ; pourquoi donc n'en serait-il pas de même des représentants qui, sans avoir les mêmes goûts, les mêmes idées, la même valeur, ont cependant un lien commun ? ils sont représentants ! Puis, ils voient les mêmes clients, vendent les mêmes articles, ont les mêmes occupations et préoccupations intellectuelles, toutes raisons qui doivent amener entre eux des relations plus sympathiques qu'avec des personnes étrangères à leur genre d'occupations et qui n'y comprennent absolument rien.

Je mets de côté la jalousie de métier qui, à mon avis, n'a pas de raison d'être, car si un jour les affaires sourient à l'un d'eux, le lendemain les ordres lui seront enlevés par un confrère qui aura obtenu des concessions de ses maisons, et ainsi de suite d'un bout de l'année à l'autre ; pourquoi donc se froisser d'un fait que chacun renouvelle à son tour et le plus souvent possible ?

J'ai entendu plusieurs fois des négociants exprimer leur opinion à ce sujet, et je puis dire hardiment, que *tous* aiment mieux voir les représentants agir entre eux comme de bons confrères, que comme des ennemis.

Une bonne occasion. — Presque au début de ma carrière de représentant, alors que je n'avais encore eu l'occasion de parler à aucun de mes confrères, je fus chargé par une de mes maisons du Havre de rédiger une pétition à la Chambre des Députés au sujet de l'interdiction d'entrée en France des viandes de porc américaines, prohibition nullement fondée, comme cela fut démontré à l'Académie des sciences, et qui nous a amené des représailles sérieuses de la part des Américains.

Ma maison me demandait de vouloir bien faire signer cette pétition par tous les représentants et négociants que cela intéressait et de la faire appuyer par les Députés de toutes opinions du département de Maine-et-Loire.

Je rédigeai cette pétition et j'écrivis à tous mes confrères, et aux négociants qui s'occupaient de l'article salaisons, leur donnant rendez-vous à une heure et en un endroit déterminés ; presque tous se rendirent à mon invitation ; ceux qui en furent empêchés m'écrivirent des lettres d'excuses fort aimables, qui me prouvèrent qu'il n'y avait pas de mauvaise volonté de leur part.

A cette réunion je communiquai à mes confrères et à mes clients la pétition que j'avais rédigée d'après les donnée fournies par ma maison, elle fut approuvée et j'en fis parvenir par des amis un exemplaire à nos Députés qui l'appuyèrent fortement.

Cette pétition n'eut pas à la Chambre le résultat que nous espérions, mais elle en eut un considérable pour moi, celui de me faire faire la connaissance de mes principaux confrères, tous gens fort aimables d'ailleurs, et avec lesquels j'ai entretenu d'excellentes relations pendant tout le temps que j'ai été représentant. Il m'arrivait fréquemment de me trouver à la porte d'un client avec un de ces confrères, entrant ou sortant ; nous nous serrions la main avec beaucoup de cordialité, en nous demandant des nouvelles de nos santés et je remarquais que les négociants semblaient heureux de cette entente qui les mettait plus à l'aise qu'une inimitié plus ou moins déguisée.

Cette façon de faire avait encore pour résultat de rehausser dans l'esprit des négociants la valeur morale des représentants en général, mais elle en eut un autre beaucoup plus considérable, ce fut de nous permettre à tous de nous apprécier, et de mettre fin complètement aux velléités que pouvaient avoir les uns et les autres de se déchirer réciproquement. Il est bien difficile en effet de dire du mal d'une personne à laquelle on vient de serrer la main cordialement, on courrait le risque de se faire remettre à sa place par les personnes auxquelles on s'adresserait.

De la Dignité. — J'ai dit précédemment que le représentant devait s'habituer à s'exprimer facilement, avec netteté et concision, mais il ne faut pas qu'il oublie de le faire avec dignité, je veux dire qu'il doit le faire de façon à ne pas laisser penser à son client qu'il vient lui demander la charité d'une commission, comme un pauvre demande un sou, car il courrait le risque qu'on lui répondit : « Passez « votre chemin, nous n'avons rien à vous donner. »

Le commerce est par lui-même fort honorable et absolument indispensable à la vie d'un peuple et de son gouvernement ; donc, tous ceux qui s'occupent de commerce, à un point de vue quelconque, sont respectables, mais à une condition, c'est qu'ils sauront vivre et agir de façon à se faire respecter.

Qu'est le représentant dans cette grande et intéressante famille du commerce ? Il en est un des rouages les plus indispensables, un des éléments les plus actifs ; c'est lui qui, par son travail infatigable, son intelligente initiative, sa persévérance, fait pénétrer dans le commerce les produits que crée l'industrie, que récoltent les cultivateurs, qu'importent les gros négociants de nos ports. Il lui faut travailler sans relâche pour étudier les produits, sans cesse changeants, dont on lui confie la vente, pour en découvrir les qualités, en expliquer l'emploi, en signaler les variations, en un mot pour arriver à les connaître assez pour pouvoir en parler sciemment et faire pénétrer dans l'esprit de ses clients ce dont il est persuadé lui-même ; il est donc une valeur sociale considérable.

Ce rôle est déjà assez beau pour que le représentant soit fier d'avoir à le remplir, mais la situation d'un représentant est encore augmentée par ce fait que des maisons d'une importance considérable lui font l'honneur de lui confier leurs intérêts, d'en faire leur porte-parole.

Ces maisons, avant d'accepter un représentant, prennent sur lui des renseignements sérieux, s'informent de ses capacités, de son honorabilité, de sa conduite et ce n'est que quand ces renseignements ont été bons, que le représentant est agréé. Il est facile de comprendre l'intérêt qu'ont à cela tous les fabricants, et par contre, la valeur morale que donne au représentant qui en est l'objet, cette marque de confiance répétée autant de fois qu'il a de maisons.

Est-ce que les patrons de ces maisons s'ils venaient eux-mêmes s'abaisseraient à supplier les négociants de leur remettre *un petit ordre ?* Je ne le crois pas, car ces fabricants, gros commerçants, importateurs, sont en général des gens riches, instruits, bien élevés qui parlent et agissent en hommes d'affaires; ils ne cherchent pas à apitoyer sur leur sort les négociants auxquels ils veulent enlever une affaire. Ils sont vendeurs, et essayent de trouver un acheteur dans chaque négociant; ils présentent leur article, en font ressortir en connaisseurs les avantages, mettant s'il y a lieu en parallèle les défauts des produits concurrents, mais tout cela avec calme, dignité. S'ils voient que le client ne veuille ou ne puisse pas absolument leur acheter, ils se retirent en remettant au représentant le soin de les remplacer et de soutenir leurs intérêts jusqu'à complète réussite.

De chez un client, ils passent chez un autre sans perdre de temps et renouvellent leurs propositions avec cette persévérance qui est la qualité maîtresse de l'homme d'affaires sérieux et ils finissent toujours par arriver à enlever quelques ordres, car les négociants ne sont pas tous pourvus de marchandises en quantités égales, ni dépourvus au même moment, ne voient pas les choses sous le même jour, n'ont pas les mêmes idées sur les mêmes produits; les uns croient à la hausse pendant que les autres sont persuadés que la baisse va venir. Certains négociants n'ayant pas envie d'acheter, mais désireux de s'instruire, écouteront ce qu'on leur dira, comprendront les raisonnements qu'on leur tiendra, apprécieront les avantages qu'on leur démontrera et finiront par acheter, soit en disponible, soit à livrer, des produits qui leur sembleront avantageux. Tandis que d'autres négociants, soit par insouciance, soit par parti pris, soit pour toute autre raison, ne feront pas attention à ce qui leur sera dit et laisseront passer l'occasion de s'instruire *gratis* et aussi de faire des achats avantageux ; enfin il y a toujours à faire pour qui veut travailler, pourvu que le travail soit approprié à la nature et aux capacités de celui qui l'entreprend.

Le représentant doit se bien persuader d'une chose, c'est qu'il est vendeur et qu'il se trouve en présence de gens qui sont acheteurs quand leur intérêt est en jeu ; mais le grand talent est de persuader à ces acheteurs qu'ils ont intérêt à prendre les articles qu'on leur offre, plutôt que ceux des concurrents.

De la Tenue. — Je ne parlerai que pour mémoire de la tenue du représentant, c'est-à-dire de sa façon de se vêtir pour se présenter journellement chez ses clients, c'est affaire de goût de chacun, quant à la nuance et à la forme des vêtements ; mais cependant, sans être vêtu à la dernière mode comme un jeune premier, il est nécessaire d'être mis convenablement et surtout proprement. Si en effet un représentant se présente mal soigné chez ses clients, ceux-ci tout d'abord ne le trouveront pas convenable parce que le représentant avant de sortir de chez lui doit prendre le temps de se nettoyer et qu'en ne le faisant pas, il semble ne pas comprendre son rôle vis-à-vis de ses clients. Ceux-ci sont en droit de penser que ce représentant peu soigneux de lui-même, devra l'être également peu des affaires des autres, ils hésiteront peut-être à lui confier leurs intérêts et à lui donner la préférence de leurs ordres. Mais cela n'est pas le défaut des représentants.

Une tenue excentrique, un soin trop méticuleux de sa personne, tout en étant absolument l'opposé du manque de soin, peuvent produire des effets identiques sur l'esprit de certains négociants.

Je crois donc qu'une tenue simple, correcte, propre, mais sans prétention, est le meilleur moyen de produire une bonne impression sur l'esprit de ses clients, de les bien disposer à première vue, et d'implanter immédiatement dans leur esprit cette idée qu'ils ont affaire à un homme sérieux.

Quant à la manière de se présenter chez les négociants, je n'entreprendrai pas de dire ce qu'il faut faire ou ne pas faire, dire ou ne pas dire, car tout cela dépend évidemment des conditions particulières dans lesquelles on se trouve vis-à-vis de ses clients; quelques indications seulement.

De la Politesse. — La première chose à faire, en entrant chez un négociant, est de s'assurer qu'il n'est pas occupé avec un confrère, car dans ce cas, il faut, ou attendre, ou aller chez un autre pour repasser chez ce même client à un moment plus propice.

J'ai vu des négociants rappeler vigoureusement cette règle de politesse à des personnes qui l'avaient oubliée.

Il est également de règle que les négociants ne

quittent pas un représentant avec lequel ils sont en affaire, pour aller parler plus ou moins longtemps avec un autre qui arrive, car ils font perdre inutilement au premier rendu tout le temps qu'ils passent avec le dernier arrivé, ce qui n'est pas juste.

J'ai connu des représentants qui entraient chez leurs clients le chapeau sur la tête, le cigare ou la cigarette à la bouche, exactement comme s'ils arrivaient chez eux. Ce sans-façon peut être admis dans certains pays, toléré par certains négociants vis-à-vis de représentants amis, mais il ne peut pas être pris comme règle générale, bien loin de là, et c'est une question sur laquelle doit s'exercer avec soin le tact du représentant.

On ne court jamais de risques à être poli et il ne viendra pas à l'idée d'un négociant de vous blâmer d'avoir éteint votre cigare avant d'entrer chez lui et de vous présenter le chapeau à la main : ce sont les règles élémentaires de la politesse, il est bon tout au moins d'avoir l'air de les connaître.

Un représentant agira très poliment en saluant tout d'abord la maîtresse de la maison, si elle se trouve au magasin, et s'en fera certainement une alliée, s'il est avec elle d'une politesse toujours respectueuse et correcte ; il n'y perdra pas comme affaires et y gagnera beaucoup en considération.

Il est encore certaines règles de politesse qu'il est bon de ne pas enfreindre vis-à-vis de ses clients ; comme d'assister à l'enterrement de leurs parents quand on y est convié, assister à la messe de mariage, soit d'eux-mêmes, soit de leurs enfants si on y est invité, envoyer des cartes ou faire des visites au premier de l'an ou dans les autres circonstances où il y a lieu de le faire.

De la Conduite. — L'observation de toutes les règles de la politesse et des convenances vis-à-vis de tous les clients, jointe à une vie de famille régulière et honorable, feront forcément acquérir au représentant l'estime de ceux avec lesquels il est en relations quotidiennes; tandis qu'au contraire un représentant dont la conduite laisserait à désirer courrait grand risque de voir peu à peu les portes se fermer devant lui et il ne pourrait s'en prendre qu'à lui-même.

A qui, en effet, ont affaire les représentants? A des négociants sérieux, mariés généralement, et qui, certes, n'aimeraient pas être en relations quotidiennes avec des représentants dont la conduite serait un sujet de scandale, et ne leur permettrait pas de leur parler dans la rue.

Mais je n'ai pas à m'appesantir sur ce sujet, d'ailleurs fort délicat, par cette raison bien simple que la plupart des représentants sont eux-mêmes mariés et passent pour d'excellents pères de famille et des gens fort honorables.

Ceux qui ne sont pas mariés sont des jeunes gens, ou qui viennent d'acheter des portefeuilles, ou qui essayent d'en créer un; mais dans tous les cas ce sont des travailleurs qui comprennent très bien généralement la responsabilité qui leur incombe, et les devoirs auxquels ils sont astreints.

Ils n'ont d'ailleurs pas le temps de se déranger, car les journées ne sont pas assez longues pour faire le travail nécessaire pour le bon fonctionnement de leur portefeuille, et il faudrait être doué d'une forte dose de négligence, pour ne pas faire consciencieusement un travail tout tracé, et dont la conséquence logique est d'agrandir la clientèle et de donner une plus grande valeur au portefeuille que l'on a en mains.

Du Portefeuille. — Je viens de parler du portefeuille qui s'accroît tous les jours par le travail, dont la conséquence première est l'augmentation des bénéfices.

Or aujourd'hui, il est parfaitement admis que les portefeuilles ont une valeur réelle dont la base semble assez bien établie, sans pouvoir toutefois être considérée comme une règle fixe.

J'ai connu plusieurs cessions de portefeuilles qui se sont faites sur la base de trois fois le bénéfice net *moyen* des cinq dernières années, c'est-à-dire que, si un portefeuille a rapporté, je suppose, 10,000 fr. nets, *en moyenne*, dans les cinq dernières années, le portefeuille peut être estimé 30,000 fr., payables bien entendu à des époques à déterminer entre le preneur et le cédant. Mais cette valeur qui sert de base peut être baissée, si le portefeuille n'était plus en pleine activité, c'est-à-dire si le titulaire cédant l'avait laissé péricliter, soit pour cause de santé. soit par insouciance. Le preneur, dans ce cas-là, aura évidemment à faire, pour remonter la valeur du portefeuille, un travail supplémentaire auquel il n'eût pas été obligé si les affaires n'eussent pas été négligées. Il est facile de voir si la valeur d'un portefeuille allait en diminuant : il suffit de constater si les bénéfices des dernières années étaient inférieurs à ceux des années précédentes.

Si au contraire le rendement du portefeuille, c'est-à-dire la somme des bénéfices nets a constamment, depuis cinq ans, été en augmentant, le cédant peut se prévaloir de cette circonstance pour vendre sur une base plus élevée.

Il est donc indispensable pour les représentants de tenir leurs écritures de façon à pouvoir, le cas échéant, fournir la preuve certaine de leur chiffre de bénéfices nets, c'est-à-dire de la somme exacte que leur rapporte leur portefeuille, puisque c'est là ce qui servira de base à l'évaluation de sa valeur lorsqu'ils voudront le céder, en tout ou en partie.

Je parle de céder le portefeuille ; or pour pouvoir faire cette cession, il faut évidemment en avoir le droit, c'est-à-dire qu'il faut que cette cession soit acceptée par toutes les maisons qui le composent ; mais si on attend le moment où l'on veut céder pour demander à chaque maison l'autorisation de le faire, on court grand risque d'avoir des refus qui viennent entraver la cession et par conséquent détruire vos espérances et annuler le résultat de votre travail.

Il faut donc prendre ses précautions à l'avance, c'est-à-dire dès qu'on entre en relations avec une maison ; c'est alors qu'il est bon de bien s'entendre sur les conditions dans lesquelles l'un accorde sa représentation et l'autre l'accepte; de cette façon, chacun des deux est fixé et les malentendus sont évités.

Constitution du Portefeuille. — Persuadé de cette idée, j'avais dès le début de ma représentation pour l'épicerie, rédigé un certain nombre de *conventions* que je soumettais à l'acceptation des maisons qui me demandaient à les représenter ou dont je sollicitais moi-même la représentation : et ces conventions une fois établies entre nous déterminaient parfaitement la nature de nos relations et empêchaient toute espèce de malentendus. Je ne crois pas inutile de les reproduire ici; chacun, bien entendu, les appréciera à sa façon, mais ce que je puis affirmer, c'est que pendant quinze ans d'exercice aussi bien qu'au moment de ma cession, elles ont été la règle de notre conduite vis-à-vis les uns des autres, sans donner lieu à aucune fausse interprétation.

Conventions : leur utilité, leur explication. — « 1° M. X... accepte M. V... comme repré-
« sentant dans le département de Maine-et-Loire et
« lui accorde une provision de... % sur toutes les

« affaires directes ou indirectes expédiées par la « maison dans le département.

« 2° Les frais de correspondance, envois d'échan- « tillons, seront à la charge de la maison.

« 3° La provision due à M. V... lui sera adressée « sans frais tous les trimestres, avec ses débours, « correspondances ou autres.

« 4° M. V... sera le seul représentant de la maison « dans le département, tant à poste fixe que voya- « geur.

« 5° M. V... ne sera pas responsable pécuniaire- « ment des mauvaises affaires que la maison pour- « rait avoir à supporter chez les négociants du « département; il perdra seulement sa provision « sur ces mauvaises affaires.

« 6° Quand M. V... cèdera son portefeuille, les « affaires entre la maison et son successeur conti- « nueront sur les mêmes bases. »

L'ensemble des acceptations de toutes mes maisons constituait mon portefeuille et me permettait de céder quand et à qui cela me conviendrait.

Tous les négociants n'ayant pas la même manière de voir, n'acceptèrent pas tous du premier coup ces conventions, il me fallut avec quelques-uns d'entre eux des correspondances répétées pour les faire arriver à les accepter toutes; je consentis moi-même à quelques modifications peu importantes qui ne changeaient pas d'une façon sérieuse mes dispositions.

L'article premier fut l'objet de bien des correspondances entre moi et plusieurs de mes maisons qui ne voulaient pas m'accorder la provision sur les commissions que leur adresseraient les négociants du département. Je finis par leur faire comprendre que mon travail auprès des clients du dehors étant le même que pour ceux d'Angers et ayant pour la maison le même résultat, il était logique et juste qu'il eût pour moi aussi les mêmes conséquences.

Le numéro 2 ne souleva aucune objection, car c'est, je crois, une règle générale que les frais de correspondance soient remboursés aux représentants. C'est peu de chose pour chaque maison, tandis que ce serait une affaire considérable pour le représentant s'il était obligé de supporter seul les frais de correspondance entre lui et ses maisons ; il a déjà assez de ceux que lui nécessite sa correspondance avec les clients du dehors.

Dans le numéro 3, j'ai indiqué le règlement par trimestre, parce que c'est celui qui avait lieu le plus souvent, mais quelques-unes de mes maisons m'ayant prié de ne pas changer leurs habitudes, j'avais adhéré au règlement semestriel, et cela d'autant mieux qu'il m'était loisible de demander de l'argent à ces maisons si j'en avais besoin, et à valoir sur ma provision.

Le numéro 4, stipulant que je serais le seul représentant de la maison tant à poste fixe que voyageur dans le département de Maine-et-Loire, n'avait pas été compris de quelques-unes de mes maisons qui croyaient que je voulais leur interdire de faire passer leurs voyageurs dans le département. Je leur expliquai que je désirais qu'il n'en vînt pas *à mon insu*, enlever les ordres que j'aurais préparés par un travail antérieur ; j'exprimai au contraire le plaisir que j'aurais à voir la clientèle *en compagnie* des voyageurs.

Représentants et Voyageurs. — Les maisons ont avantage à faire visiter leurs clients, à des intervalles plus ou moins éloignés, par leur voyageur assisté du représentant.

Ce dernier, par un travail quotidien auprès de ses clients, acquiert vis-à-vis d'eux une influence proportionnée à sa valeur ; cette influence il la met au service du voyageur qui, lui, y ajoute la sienne propre, résultant de sa connaissance approfondie de l'article qu'il vend et qu'il peut raisonner avec autorité.

Aussi les passages des voyageurs sont-ils généralement fructueux, parce que les représentants qui, en général, sont bien avec les voyageurs, préviennent leurs clients, quelques jours avant le passage de ces derniers, en les priant de faire une revue des articles qu'ils vendent.

Les négociants, ainsi prévenus, ont le temps de réfléchir à ce qu'ils doivent faire, de prendre des renseignements à d'autres sources, et se trouvent prêts à discuter leurs intérêts avec les voyageurs dont ils obtiennent généralement toutes les concessions que ceux-ci sont autorisés, par leurs maisons, à faire aux bons clients.

Le voyageur a donc tout intérêt à prévenir quelques jours à l'avance, le représentant, du moment à peu près exact de son passage, et surtout, à entretenir de bonnes relations avec lui, car l'influence de celui-ci est la principale cause de réussite et dans la plupart des cas, le voyageur ne prendrait pas d'ordres s'il allait voir les négociants seul, ceux-ci craindraient de voir le représentant frustré de sa commission.

Le représentant lui aussi, a intérêt à entretenir des relations amicales avec les voyageurs de ses maisons; il ne peut pas, en effet, avoir sur chacun des produits qui composent son portefeuille des connaissances aussi étendues et aussi complètes que les voyageurs, et il a tout à gagner à voir ceux-ci développer, chez les négociants, leurs idées sur les produits qu'ils connaissent parfaitement.

S'il y a des points sur lesquels les représentants désirent obtenir des renseignements, les voyageurs se font un plaisir de les leur donner, en leur indiquant aussi la façon d'agir vis-à-vis des maisons.

Ces conversations cordiales entre les voyageurs et les représentants sont utiles à tous les points de vue à ces derniers, et sont pour eux une source d'enseignements précieux, dont ils peuvent faire leur profit sans qu'il leur en coûte rien.

Que sont en effet les voyageurs des grandes maisons qui composent le portefeuille d'un représentant sérieux? Ce sont tous des hommes intelligents, travailleurs, instruits et généralement bien élevés, connaissant parfaitement leur métier et le pratiquant avec calme et dignité.

A ces qualités ils joignent une amabilité communicative, une rondeur, une franchise, qui rendent les rapports avec eux très agréables ; aussi les voit-on toujours avec un nouveau plaisir et fait-on le possible pour leur faire emporter le plus d'ordres que l'on peut récolter, soit au moment de leur passage, soit un ou deux jours avant ou après.

Je reviens au paragraphe 5 de mes conventions, celui où j'établis que je ne serai pas responsable des mauvaises affaires que la maison pourra avoir à supporter dans mon rayon, et que j'y perdrai seulement ma provision.

Cette clause me semblait utile à préciser, parce que, comme je le disais au commencement de ce livre, il est impossible à un représentant d'obtenir des renseignements exacts sur la solvabilité des négociants et cela, surtout parce qu'il habite la ville ; les hommes d'affaires auxquels il s'adresse, ou ont intérêt à ne rien dire qui puisse entraver le crédit qu'on peut faire aux négociants, ou craignent de se compromettre en disant à une personne du pays que la solvabilité de tel ou tel négociant est mauvaise ; ou bien encore donnent de bonne foi de bons renseignements, ignorant complètement les causes qui rendent la situation mauvaise.

Comment alors le représentant pourrait-il accepter une forte responsabilité quand une affaire est mauvaise, alors qu'il n'a qu'une faible rétribution si l'affaire est bonne, c'est-à-dire si le client paie bien ?

Cette clause n'a d'ailleurs rencontré aucune objection sérieuse de la part de mes maisons.

Mais il n'en fut pas de même du paragraphe 6 de mes conventions, celui où je dis : « Quand M. V... « cèdera son portefeuille, les relations entre son « successeur et la maison continueront sur les « mêmes bases. »

Cette dernière partie est sans contredit la plus importante, c'est elle qui donna de la valeur à mon portefeuille et me permit un jour de me choisir un successeur à ma convenance ; c'est elle aussi qui a motivé les correspondances les plus longues et les plus difficiles entre la plupart de mes maisons et moi.

Pourquoi cette convention n'était-elle pas acceptée comme les autres ? parce que les maisons qui la refusaient, ou n'en comprenaient pas le sens, ou s'en exagéraient la portée.

Il fallait bien en effet prévoir le cas où, pour une cause ou pour une autre, je cesserais la représentation, et alors de deux choses l'une : où je cèderais mon portefeuille, ou je le laisserais purement et simplement.

Dans le premier cas, je chercherais un successeur possédant les garanties de capacité, d'honorabilité, de travail et de solvabilité suffisantes pour lui confier les intérêts qui m'avaient été confiés à moi-même et me garantir le paiement de la somme qui me resterait due.

Or, le représentant qui cède est mieux placé que qui que ce soit pour obtenir tous ces renseignements, et il ne cèdera qu'à quelqu'un qu'il connaîtra bien, qu'il mettra au courant de la marche des affaires et qu'il présentera à la clientèle de façon à habituer celle-ci à voir son successeur avant de se retirer.

Cette façon de faire est certes la plus correcte et aussi la plus avantageuse pour les maisons, elle leur assure une représentation ininterrompue et les dispense de chercher elles-mêmes un représentant nouveau, travail difficile quand on est éloigné d'une place et qu'on ne peut y venir facilement soi-même.

Il faut alors s'adresser à des intermédiaires, clients ou hommes d'affaires, qui vous indiquent des personnes qui leur plaisent, auxquelles ils veulent rendre service, mais qui n'ont bien souvent ni les aptitudes, ni les capacités nécessaires à un bon représentant.

Et d'ailleurs, quelle garantie de réussite aura ce représentant-là de plus que celui choisi par le représentant cédant? Aucune probablement, et j'ajouterai qu'il en aura beaucoup moins à un certain point de vue.

En effet un représentant qui se trouve à la tête d'un portefeuille sérieux comprenant un bon nombre de bonnes maisons dont les marques sont bien prises sur une place, a certainement auprès de ses clients plus de poids, plus d'autorité qu'un autre qui n'en a que quelques-unes; chacune des maisons qui composent ce portefeuille bénéficie dans une certaine mesure de cette situation; il est donc plus avantageux pour toutes les maisons qu'un portefeuille passe en entier d'une main dans une autre, que de le voir disloqué à droite et à gauche.

D'un autre côté, pourquoi chaque maison refuserait-elle de donner à son représentant son approbation anticipée sur le choix de son successeur?

En acceptant les conventions que j'ai énoncées, chaque maison ne s'engage pas à garder pendant un laps de temps plus ou moins long le représentant auquel elle accorde sa confiance, pas plus que celui-ci ne s'interdit d'accepter une autre maison similaire s'il y trouve son avantage; donc liberté réciproque pleine et entière.

Mais si le représentant a rempli son mandat, pendant un laps de temps plus ou moins long, à la satisfaction d'une maison, s'il a fait prendre la marque, s'il a toujours agi loyalement, pourquoi cette maison irait-elle, au moment où il se retire, lui faire une sottise en acceptant un étranger à la place du successeur qu'il s'est choisi lui-même?

Ah! si l'engagement d'accepter un successeur impliquait celui de le garder quand même, je comprendrais cela, mais il n'en est rien puisque les conventions restent les mêmes entre la maison et le nouveau titulaire du portefeuille.

Si donc celui-ci travaille autant que son prédécesseur et réussit au gré de sa maison, il n'y aura pas lieu pour celle-ci de le remercier pour en prendre un autre, ce qu'elle sera toujours à même de faire dans le cas contraire.

Mais il n'est pas avantageux, pour une maison quelconque, de changer souvent de représentant ou de voyageur, car les négociants traitent fort souvent les affaires par camaraderie, mais encore faut-il qu'elle ait le temps de s'établir.

Toutes ces raisons, que j'avais développées à celles de mes maisons qui m'avaient refusé d'accepter cette dernière convention, ont fini par les convaincre et elles l'ont acceptée, reconnaissant qu'elle était au moins autant, sinon plus avantageuse pour elles que pour moi, puisqu'elle les mettait à l'abri d'une solution de continuité dans leur représentation pour le département de Maine-et-Loire.

Aussi quand j'ai cédé mon portefeuille, mon successeur n'a éprouvé aucune difficulté; mes maisons, à la réception de la circulaire, les informant de ma cession, ont à l'unanimité répondu qu'elles acceptaient avec plaisir le nouveau titulaire avec lequel elles espéraient entretenir des relations aussi agréables et aussi fructueuses que celles qu'elles avaient eues avec moi.

DEUXIÈME PARTIE

LES VOYAGEURS DE COMMERCE

J'ai considéré seulement jusqu'à présent la représentation à la commission, et localisée au chef-lieu d'un département ou au département tout entier, me réservant de parler ensuite de celle qui est pratiquée par les *Voyageurs de commerce.*

Le but dans les deux cas est absolument le même : la vente aux commerçants des articles fabriqués, importés, récoltés ou achetés par d'autres commerçants ; les qualités nécessaires aux autres représentants et énumérées précédemment sont donc également nécessaires aux voyageurs, mais peuvent être mises en œuvre de manières différentes.

Voyageurs en Titre ou à la Commission. — Parmi les voyageurs, les uns le sont *en titre* les autres à la *commission :* le voyageur en *titre* est attaché à sa maison, en fait pour ainsi dire partie intégrante et non la moins utile ; c'est lui en effet qui, par son travail incessant, amène journellement des ordres, dont l'exécution entretient la vie commerciale de sa maison ; plus les ordres sont nombreux, importants et multipliés, plus la maison voit croître le chiffre de ses affaires et aussi celui des bénéfices ; car, plus augmente le chiffre d'affaires avec le même personnel, et plus diminuent les frais généraux.

Le voyageur en titre a des frais de voyage, qui varient naturellement suivant le genre de commerce, la quantité d'échantillons, le nombre de clients qu'il doit voir, toutes causes qui influent sur la rapidité de sa marche et par conséquent sur ses frais de route ; de plus il a des appointements fixes et généralement un intérêt sur son chiffre d'affaires, mais il ne doit pas s'occuper d'autres articles que de ceux de sa maison.

Le voyageur à la commission lui, n'a pas de frais de voyage payés par ses maisons, il voyage à ses frais et n'a qu'une provision déterminée sur ce qu'il vend et, quand cela est convenu, sur ce que redemandent ses clients dans l'intervalle de ses passages; il peut représenter autant de maisons qu'il le veut, même plusieurs de produits similaires, il n'a à consulter que son intérêt particulier, sauf, bien entendu, conventions contraires.

Il ne m'appartient pas, évidemment, de conseiller l'un ou l'autre des deux modes de représentation, car ils sont très productifs tous les deux, quand on a la chance de représenter de bonnes maisons et qu'on travaille consciencieusement à faire adopter leurs produits.

Avantages, inconvénients. — Ces deux modes de représentation ont leurs avantages et leurs inconvénients pour les maisons qui les utilisent.

En effet, le voyageur en titre coûte des frais de voyage journaliers qui, à la fin de l'année, s'élèvent à un certain chiffre ; de plus il a ses appointements et une provision sur ses affaires ; mais d'un autre côté, ne s'occupant que de sa maison, ne travaillant que pour elle, il y apporte une somme d'affaires *quotidienne* qui alimente la maison, permet au patron d'acheter à l'avance et presque à coup sûr des articles dont il sait avoir l'écoulement par le fait même du travail incessant de son voyageur, dans un rayon dont il connaît les besoins et les goûts.

Le voyageur à la commission, il est vrai, ne coûte pas de frais de voyage, il n'a qu'une provision de tant pour cent (commission) qui grève la marchandise de frais fixes, déterminés, toujours les mêmes et qui sont une certitude pour le patron qui l'emploie, mais le voyageur à la commission, représentant plusieurs maisons, soit du même genre, soit de genres différents, va beaucoup moins vite, visite pour chacune d'elles un nombre de clients beaucoup moins grand et par conséquent lui apporte un chiffre d'affaires bien moins régulier et bien moins considérable que le voyageur en titre.

C'est donc l'affaire de chaque commerçant de peser le pour et le contre et d'apprécier s'il a avantage à se faire représenter par un voyageur en titre ou par un voyageur à la commission.

Qualités nécessaires aux Voyageurs. — Les qualités que j'ai énumérées comme étant nécessaires au représentant à poste fixe le sont aussi au voyageur de commerce, car le but poursuivi étant le même, les moyens d'action doivent être évidemment les mêmes.

Il y a cependant certaines différences dans la manière d'agir, mais elles tiennent à ce fait que le voyageur étant obligé constamment de changer de villes, n'a pas le temps de suivre son client comme peut le faire un représentant sur place, et qu'il doit travailler de façon à enlever séance tenante un ordre qu'il ne pourra pas prendre le lendemain puisqu'il ne sera plus là.

C'est donc ici que doit s'exercer ce tact dont j'ai parlé et qui lui permettra d'arriver adroitement au résultat désiré sans que le client s'aperçoive de l'insistance qu'il aura mise pour l'obtenir.

Toutes les autres qualités de travail, d'ordre, de persévérance, de compétence, de loyauté, de discrétion, etc., lui sont nécessaires au même titre qu'au représentant à poste fixe et contribueront d'autant plus à la réussite du voyageur qu'il les possédera à un plus haut degré et saura mieux les utiliser.

Vie de Voyage. — Si le but poursuivi par le voyageur est le même que pour le représentant à poste fixe, la vie est loin d'être semblable.

En effet, tandis que le représentant à poste fixe a la vie de famille, au milieu de laquelle il se retrouve aux repas et le soir quand ses courses sont finies, le voyageur lui, vit éloigné de la sienne pendant tout le temps de sa tournée; revient passer quelques jours au milieu des siens, part de nouveau pour refaire cette même tournée, et cela deux, trois, quatre fois pendant l'année, suivant le genre de commerce qu'il fait, la longueur du chemin à parcourir, le nombre de clients à voir, la saison, etc.

Les voyageurs de commerce sont généralement faciles à reconnaître; on les voit descendre d'omnibus, faire décharger avec soin leurs bagages, prendre leur billet, faire enregistrer leurs colis, et tout cela avec une aisance, une promptitude qui dénotent une grande habitude des voyages; ils sont comme on dit : *débrouillards*.

Presque tous sont munis de l'Indicateur des chemins de fer, sur lequel ils recherchent avec soin et trouvent promptement, les heures d'arrivée et de départ des trains, les correspondances, changements de lignes, enfin tout ce qui peut leur faciliter les transports et leur épargner des contre-marches et par conséquent des pertes de temps.

Foires et Marchés. — C'est là une préoccupation continuelle, car il arrive fréquemment que les foires et les marchés viennent déranger les calculs et forcer les voyageurs à modifier leur itinéraire sous peine de perdre du temps.

S'il y a en effet quelques localités où il est possible de voir les clients utilement les jours de foire et de marché, il en est beaucoup où cela est difficile, sinon impossible, et on le conçoit facilement, car ces jours-là sont, pour tous les commerçants, des jours de vente où ils ont affaire à des acheteurs des environs, auxquels il leur faut répondre immédiatement sous peine de manquer la vente et quelquefois de perdre la clientèle de ces acheteurs.

Il est donc tout naturel que ces clients occupés à recevoir les leurs, ne soient guère disposés à écouter ce que le voyageur peut leur dire, et à encombrer leurs magasins de ses caisses ; il leur faut, pour acheter convenablement, le temps de voir les échantillons et de réfléchir à ce qu'ils doivent acheter étant donné ce qui leur reste ; s'ils se voient de la vente à faire, ils répondront au voyageur qu'ils n'ont besoin de rien, ou bien lui remettront à la hâte un ordre qui ne sera assurément pas ce qu'il aurait pu être s'il eût été pris un autre jour.

Il est donc préférable à tous les points de vue d'éviter d'arriver ces jours-là dans les localités si, par des combinaisons de trains, on peut s'en dispenser.

Tenue soignée. — Les voyageurs de commerce sont en général très soignés et ils ont raison, car si « *l'habit ne fait pas le moine* », il est bien certain qu'une tenue soignée, sans exagération, produit toujours sur les clients une impression plus favorable qu'une tenue négligée, du linge sale, des vêtements tachés ou déchirés, des chaussures éculées ou malpropres, etc.

Ce soin d'eux-mêmes se manifeste chez les voyageurs, par les précautions qu'ils prennent pour éviter les taches et la poussière; ils endossent généralement au moment de leur départ de grands vêtements, cache-poussière en été, caoutchouc, macfarlane ou ulster en hiver.

Ces amples vêtements garantissent très bien les habillements de dessous et permettent aux voyageurs dès leur arrivée dans une localité, d'aller immédiatement chez leurs clients sans être obligés de procéder à une toilette et à un nettoyage auxquels les aurait forcés un défaut de soin, et qui leur feraient perdre beaucoup de temps.

En chemin de fer. — On voit généralement les voyageurs, avant de monter en wagon, inspecter les différents compartiments, choisir celui où il y a le moins de monde, de façon à pouvoir s'y installer le plus commodément possible sans gêner leurs voisins.

Tous, en effet, emportent avec eux dans leur compartiment, le plus de bagages qu'ils peuvent, de façon à s'éviter du supplément, et ils ont parfaitement raison, car on ne se fait pas idée de ce que font, à la fin de l'année, tous ces suppléments répétés plusieurs fois par jour.

Certes, ces bagages sont gênants, quand les compartiments sont complets, et chacun est obligé de se serrer un peu ; mais le cas ne se présente pas souvent ; cela n'a guère lieu que les jours de foire ou de marché et ne dure que le trajet d'une ou deux stations.

Le public qui, du reste, en fait souvent autant, ne songe pas à murmurer ni à se plaindre, car il comprend très bien que ce n'est pas pour leur plaisir, que les voyageurs de commerce se donnent la peine de porter avec eux tous ces fardeaux, mais bien par suite d'une économie sage et raisonnée.

Et d'ailleurs, on peut être complaisant pour les voyageurs de commerce, car eux-mêmes le sont autant que possible pour les autres voyageurs, les aidant à monter dans le train ou à en descendre, leur passant leurs bagages, leurs petits enfants, cédant au besoin leur place aux dames que le roulement du train incommode, et demandant poliment avant de fumer si cela gêne quelqu'un.

Souvent même, la conversation d'un voyageur, quand il sait la limiter à ce qu'il connaît bien, est intéressante et instructive, il fait paraître moins long le temps que l'on est obligé de passer en wagon.

En effet, le voyageur, par le fait même de sa position, parcourant beaucoup de pays, voit bien des choses que ne peuvent voir la plupart de ceux qui, retenus chez eux par leur situation, ne voyagent que fort peu et accidentellement ; il apprend donc s'il le veut, l'histoire des pays qu'il traverse, de leurs monuments, connaît les mœurs des habitants, les productions du sol, les moyens de communication, etc., et tout cela, naturellement, sans qu'il lui en coûte rien.

Il y a donc là pour le voyageur qui aime à causer, et qui en trouve l'occasion, ample matière à conversation, et j'en ai fort souvent entendu faire des récits très intéressants qui auraient certes pu passer pour d'agréables conférences.

Opinion erronée sur les Voyageurs. — Souvent aussi il m'est arrivé d'entendre certaines personnes, étrangères au commerce, s'exprimer d'une façon dédaigneuse au sujet des représentants de commerce, les mettant, comme on dit vulgairement, tous dans le même sac.

Ce sont, disait-on, des vantards, des bavards, qui causent à tort et à travers de tout ce qu'ils savent et surtout de ce qu'ils ne savent pas, malmenant tout le monde dans les hôtels, prenant partout les meilleures places et les meilleurs morceaux, parlant très haut à table d'hôte, exprimant leur opinion sur les conversations de leurs voisins, se permettant des réflexions déplacées devant des dames, lançant aux bonnes des plaisanteries croustillantes et à tous propos, etc., etc.

Je veux bien admettre qu'on rencontre encore ces voyageurs ayant quelques-uns de ces petits défauts, mais cela est de plus en plus rare, car le niveau moral des voyageurs s'est considérablement élevé depuis quelques années et peut certainement supporter la comparaison avec celui de n'importe quelle classe de la société.

Si en effet on rencontre quelques voyageurs offrant encore certaines ressemblances avec l'illustre Gaudissart, type des voyageurs d'autrefois, ils n'ont de commun avec lui que leur bonne humeur, leur franche cordialité et leur spirituelle jovialité; mais tous, ou à peu près, s'efforcent d'être bien élevés et de le paraître. Et d'ailleurs parmi les gens qui critiquent ou dénigrent les voyageurs, sans les connaître bien entendu, combien y en a-t-il qui seraient absolument incapables de gagner leur vie en travaillant? Ils sont riches! Mais la richesse ne tient pas lieu, que je sache, de toutes les capacités, de tous les talents, et beaucoup de gens riches ne le sont que parce qu'ils ont eu la chance de naître après leurs parents, ce n'est pas là, on en conviendra, une grande preuve de valeur personnelle. Et si on examinait leur vie à ces dédaigneux, il est bien probable qu'on y trouverait aussi quelques petites fautes contre la politesse, le savoir-vivre, la bienséance.

Eh bien! alors, de quel droit viennent-ils blâmer les voyageurs, qui eux au moins, rendent de très grands services à la société?

Classement. — Que sont en effet les voyageurs de commerce? On pourrait les classer en trois catégories : 1° les jeunes voyageurs, représentant en titre une maison et travaillant avec l'espoir de devenir un jour ou l'autre patrons eux-mêmes; 2° les voyageurs de profession, en titre ou à la commission et qui, mariés ou non, ont pour unique ambition d'être et de rester voyageurs de commerce; 3° enfin les fils de patron ou les patrons eux-mêmes, voyageant pour leur maison.

A quelque catégorie qu'ils appartiennent, ils ont assurément deux qualités communes, l'intelligence et le travail; c'est là d'ailleurs ce qui les a fait choisir par leurs maisons, de préférence à d'autres, pour les représenter.

Il ne faut pas croire en effet que le premier venu puisse être bon voyageur; il faut pour cela un ensemble de qualités qui ne se rencontre pas au même degré chez tous les employés de commerce; et tel fera un bon écrivain, un bon employé d'intérieur, qui ne pourrait pas faire un bon voyageur et réciproquement; le grand tact d'un patron est donc de savoir mettre chacun à la place où ses aptitudes peuvent être le mieux utilisées.

Instruction. — L'instruction des voyageurs n'est évidemment pas uniforme; tous ne sont pas bacheliers ès-lettres ou ès-sciences, ce qui n'est d'ailleurs pas nécessaire; mais on ne rencontre pas d'ignorants parmi les voyageurs; l'immense majorité au contraire possède une instruction première soignée et qui, doublée de l'instruction professionnelle, fait, des voyageurs en général, une catégorie de travailleurs sérieux et instruits.

Et la somme d'instruction qu'ils ont, ils font leur possible pour l'augmenter par un travail quotidien consistant dans la lecture de journaux spéciaux ou d'ouvrages en rapport avec leurs aptitudes et leurs goûts; il n'est pas rare même de rencontrer parmi les voyageurs des hommes lettrés, instruits et dont la compagnie est fort agréable; c'est une bonne fortune que, pour ma part, j'ai eue très fréquemment et toujours avec un nouveau plaisir.

Education. — Quant à l'éducation proprement dite, c'est-à dire à cette science si utile, qui consiste à savoir se conduire, dans toutes les circonstances de la vie, suivant les règles adoptées en France dans la bonne société, chacun de nous, voyageur ou non, n'en sait que ce qu'il a pu en apprendre dans les milieux qu'il a habités.

Il peut arriver assurément que des voyageurs pèchent contre les règles du savoir-vivre dans certaines circonstances de leur vie, mais dans tous les cas, c'est de bonne foi et faute de savoir; et d'ailleurs cela ne leur est pas particulier et je puis affirmer qu'il n'existe pas de classe de la société dont tous les membres connaissent à fond et mettent constamment en pratique *toutes* les règles de la politesse française.

J'ai vu en effet des personnes de toutes conditions : ouvriers, bourgeois et nobles, pauvres et riches, ignorants et gens instruits, jeunes et vieux, civils, militaires et religieux, commerçants et propriétaires, hommes, femmes et enfants, faire à certains moments, preuve d'ignorance ou d'oubli des lois les plus élémentaires de la politesse française.

Il n'y a donc rien d'étonnant à ce que l'on puisse de temps à autre rencontrer un voyageur de commerce qui soit, lui aussi, en contravention avec les lois du savoir-vivre ; mais il est plus excusable que beaucoup d'autres et voici pourquoi.

Tout d'abord, je constate que la science du savoir-vivre est une science complexe et que, bien peu nombreux sont (malheureusement), ceux qui la connaissent à fond, et savent y conformer leur vie.

Comment en serait-il autrement, étant donné le peu de place réservé dans l'instruction de la jeunesse à cette science qui pourtant est la plus utile de toutes, puisque sans elle, un homme *quelque instruit qu'il soit*, ne peut pas se dispenser de commettre des sottises, soit en agissant, soit en parlant, et de se créer des ennemis sans en avoir l'intention ?

En effet, dans nos établissements d'instruction, on bourre les jeunes intelligences de toute espèce de sciences, on donne aux élèves des prix de mathématiques, physique, chimie, histoire naturelle, géographie,cosmographie ; on leur fait expliquer pendant longtemps les auteurs latins, français, grecs, anglais, allemands, et on leur parle à peine du savoir-vivre !!!

Et cependant, cette science qui doit diriger chacune de nos pensées, chacune de nos paroles, chacune de nos actions, qui nous apprend comment il faut nous conduire vis-à-vis de nos enfants, de nos parents, de notre famille, de nos inférieurs, de égaux, de nos supérieurs, de notre Dieu, et ce, dans toutes les circonstances de la vie! cette science-là ne mérite donc pas la peine d'être apprise? Certes si, et je trouve que c'est une grande lacune dans l'instruction nationale de ne pas donner, je ne dirai pas une plus large place, mais la première! à « *l'éducation* » qu'il ne faut pas confondre avec l'instruction.

Les personnes riches peuvent, *dans une certaine mesure*, s'initier dès leur bas âge aux règles du savoir-vivre qui sont, ou du moins *doivent être*, les seules admises dans la bonne société; elles ont donc à défaut de théorie, la pratique journalière qui constitue ce qu'on appelle l'habitude du monde; et cette certitude de bien agir leur donne une aisance, une distinction qui semblent leur être naturelles et sont loin de nuire à ceux qui les possèdent.

Les gens du monde qui manquent aux règles du savoir-vivre sont donc beaucoup plus coupables que les voyageurs, car ils ne pèchent pas par ignorance, mais bien par négligence ou mauvaise volonté.

L'habitude du monde n'est pas innée, et les voyageurs, comme tout le monde, ne peuvent l'acquérir que par l'expérience, par la fréquentation, et surtout par l'observation constante de ce qui se passe autour d'eux, et la volonté énergique de s'instruire.

Que sont, en effet, les voyageurs en général ? des hommes intelligents et travailleurs, qui, au sortir du collège ou de la pension, sont entrés dans le commerce, sans avoir eu le temps de s'initier aux usages du monde, bien heureux encore quand ils n'ont pas été entraînés dans des sociétés où le bon ton est absolument inconnu.

Pendant le temps de leur apprentissage et jusqu'au moment où on leur confie les intérêts de la maison, ils n'ont guère le temps, ni le moyen de faire eux-mêmes leur *éducation ;* mais, à partir du moment où ils commencent à voyager, ils se transforment physiquement et moralement et font tous leurs efforts pour imiter ceux de leurs aînés chez lesquels ils reconnaissent de la distinction.

Discussions, comparaison. — Ils deviennent sérieux dans leur manière d'agir, de se vêtir, de parler ; que ce soit à table, au café, en public, vous les voyez causer entre eux posément, discutant quelquefois avec énergie des questions commerciales ou autres, mais se rappelant toujours que chaque question pouvant être envisagée à plusieurs points de vue différents, peut toujours aussi être discutée; et que si de la discussion naît la lumière, il ne faut pas en faire sortir la dispute.

J'ai même vu quelquefois à table, des discussions assez vives se produire entre des voyageurs qui, le repas fini, allaient prendre le café et faire la partie ensemble, puis au moment de se quitter se serraient la main en se disant : sans rancune et au revoir !

Le duel. — Les discussions ne se terminent pas ainsi dans toutes les classes de la société, témoin les nombreux duels qui ont lieu à la suite d'articles de journaux dans lesquels les adversaires se sont dit *leurs vérités ;* immédiatement les témoins s'abouchent, déclare gravement que l'affaire ne peut pas s'arranger, règlent les conditions du duel et fixent le jour et l'heure.

Les adversaires arrivent sur le terrain, bien décidés d'avance à ne pas se faire de mal ; le duel a lieu *sérieusement ;* personne n'est tué, *naturellement ;* et voilà ces deux personnages qui, dans les salles d'armes font mouche à vingt pas presque à tout coup, et qui, se trouvant en face d'un homme, ne lui touchent pas !..... l'émotion, sans doute !!!

Le lendemain on lit la relation du fait dans les journaux, toujours avec cette rubrique : « quatre « balles ont été échangées sans résultat, les témoins « ont déclaré l'honneur satisfait !!! » Parbleu ! je crois bien, après une cérémonie comme celle-là, l'honneur serait bien difficile s'il n'était pas satisfait et... les combattants aussi.

Eh bien ! franchement, j'aime mieux la façon de faire des voyageurs que cette ridicule parodie du duel ; autrefois, quand les hommes étaient moins civilisés et tous habitués au maniement des armes, les différends se réglaient de cette façon et le duel était considéré comme le jugement de Dieu ; mais en ce temps-là, un des adversaires restait toujours sur le terrain; tandis qu'aujourd'hui, ils reviennent sains et saufs tous les deux, bien persuadés que l'honneur est recouvré et qu'ils sont blancs comme neige.

Confraternité vraie! — Les voyageurs, eux, peuvent discuter vivement, se dire même des choses désagréables, mais les amis, les témoins de la scène, s'interposent, y mettent fin promptement et les adversaires de tout à l'heure se réconcilient sans effusion de sang et sans blessure, même d'amour-propre, car généralement celui qui a tort, le reconnaît parfaitement, loyalement, sans se croire déshonoré pour cela, et sans garder rancune à personne.

C'est que dans cette grande famille des voyageurs, il y a un esprit de confraternité qui s'affirme dans toutes les circonstances, fait que tous sont frères, et sont disposés à se rendre mutuellement les services qui peuvent leur être réclamés, et à oublier promptement les petits dissentiments engendrés par la conversation.

Désagréments du métier. — Ceux qui n'ont pas pratiqué ce dur métier de voyageur, ne peuvent se faire une idée de la somme d'énergie, de travail et d'intelligence qu'il faut déployer pour arriver à un bon résultat.

Du jour de son départ, le voyageur est obligé de faire enregistrer ses bagages, d'en surveiller le déchargement dans toutes les gares où il s'arrête;

de les faire charger sur l'omnibus, décharger à chaque hôtel et ranger avec soin, de façon qu'il puisse facilement, ou les porter lui-même, ou les faire porter par le garçon de l'hôtel.

Sans perdre de temps, il va visiter ses clients, prendre des rendez-vous, de façon à ne passer dans chaque localité que le temps absolument nécessaire; puis, de là, il va dans une autre ville, recommencer le même travail, changeant tous les jours d'hôtel et par conséquent de nourriture, de lit, de vie.

Oui, c'est un rude métier et qui exige chez ceux qui le font, une excellente santé et des soins continus pour la conserver.

En effet, le voyageur qui veut aller vite, est obligé de conformer son travail aux heures des trains; il arrive donc fréquemment qu'il est forcé de partir le matin, à quatre ou cinq heures, d'une localité, pour pouvoir travailler dans une autre pendant la matinée, reprendre s'il le peut, un train du jour et faire ainsi deux localités dans sa journée.

Ou bien alors il doit partir le soir vers neuf ou dix heures, arriver vers onze heures ou minuit dans un hôtel où tout le monde est couché; il est obligé de se mettre au lit transi de froid, ou harassé de chaleur et de poussière.

Somme de travail. — Puis, dès le matin et toute la journée, il lui faut défaire et refaire ses paquets ou caisses d'échantillons, parler sans cesse pour faire à ses clients l'explication de chaque article, en énumérer les qualités, en discuter la valeur comparativement aux produits des concurrents que ses clients lui soumettront.

C'est donc toute la journée une tension d'esprit continuelle, qui ne se termine qu'au moment où il a fini son travail, c'est-à-dire au moment du dîner ; et encore, beaucoup de voyageurs qui le peuvent, passent-ils fort souvent leurs soirées chez des clients, qui aiment mieux les recevoir le soir que dans le courant de la journée.

Et ceux-là même qui ne prennent pas d'ordres le soir, n'ont pas pour cela leurs soirées libres ; car ils travaillent jusqu'au moment du dîner à récolter les commissions, puis il faut les transmettre à la maison ce qui, dans certaines parties, demande un travail long et sérieux, et prend encore une bonne partie de la soirée, sinon toute. Non seulement, en effet, on transcrit les articles vendus, mais il y a encore à transmettre les recommandations, réflexions, désirs des clients ; les renseignements à donner au patron sur les articles vendus par les concurrents et ceux à lui demander ; tout cela fait encore l'objet d'une correspondance souvent fort longue, parce qu'elle a besoin d'être faite sérieusement.

Aussi n'est-il pas rare de voir dans les cafés, des voyageurs travaillant à leur correspondance une bonne partie de la soirée et n'ayant que fort peu de temps pour se reposer avant d'aller au lit.

Une autre cause de fatigue pour les voyageurs, c'est l'irrégularité des repas ; dans certains pays, on a l'habitude de déjeuner à dix heures et demie, un peu plus loin ce sera onze heures, ailleurs onze heures et demie, midi ; de même le soir, l'heure du dîner varie de six heures à sept heures et demie.

Les affaires que l'on est en train de faire modifient aussi beaucoup les heures des repas, car « il faut battre le fer quand il est chaud, » dit-on, et quand on tient un client, il faut tâcher de lui vendre le plus possible, car on courrait le risque, dans bien des cas, si on voulait être strictement exact aux heures des repas des hôtels, de voir les commissions écourtées.

Une autre cause d'inexactitude dans les repas, ce sont les heures des départs des trains ; il arrive fréquemment, en effet, qu'ils partent juste à l'heure où on se met à table ; le voyageur qui a sa malle à faire, sa note à payer, l'omnibus à prendre, ses bagages à enregistrer, est obligé évidemment, ou de déjeuner beaucoup trop tôt, et à la hâte, ou bien de partir sans déjeuner, pour arriver souvent une ou deux heures plus tard, dans la localité où il pourra le faire ; de là des fatigues d'estomac que ne connaissent pas ceux qui, commodément installés chez eux, peuvent avoir des repas réglés exactement.

Oh ! les chambres d'hôtel !!! — Et le changement de chambre ! croit-on encore que ce n'est rien ? Le voyageur, après une journée de travail physique et moral aussi fatigante, éprouve assurément le besoin, très justifié, de se reposer. Or il ne faut pas croire que tous les lits d'hôtel soient bons ;

il s'en faut de beaucoup; les uns sont mous, les autres sont probablement remplis de noyaux de pêches, tellement ils sont durs ; d'autres contiennent des matelas qui, n'ayant pas été refaits depuis le dernier règne, ont au milieu un creux dans lequel on se trouve emprisonné sans pouvoir faire un mouvement.

Dans quelques hôtels j'ai trouvé des matelas ayant une pente très accentuée du côté de la table de nuit; ceci provenait probablement de ce qu'ils avaient supporté beaucoup de voyageurs ayant l'habitude de lire au lit; mais cette pente est très désagréable pour qui n'a pas cette habitude-là.

J'ai trouvé dans d'autres hôtels des lits possédant un sommier détraqué dont les ressorts sonnaient ou grinçaient à chaque mouvement du corps, de sorte que la nuit, au milieu d'un profond sommeil, et par suite d'un mouvement involontaire, je me trouvais réveillé en sursaut par des sons horribles dont je cherchais la provenance jusqu'à un nouveau dérangement de ma part.

Que dirai-je des chambres elles-mêmes? c'est encore un changement très désagréable: les unes sont au nord et par conséquent froides; les autres sont au midi ou à l'ouest, par conséquent chaudes et humides, mais la plupart ont une odeur particulière et très désagréable qui est la combinaison du moisi, de l'humidité, du bois vermoulu, avec les parfums de savon, pommade, dentifrices, tabac, etc., employés par les voyageurs qui se sont succédé dans les chambres.

Les garçons et les bonnes semblent craindre qu'en ouvrant les portes et les fenêtres des chambres pour les aérer et enlever ces odeurs, le grand air pur ne vienne en détériorer le précieux mobilier ; aussi les tiennent-ils bien closes, de façon à ne pas laisser échapper un atôme de tous ces délicieux parfums au milieu desquels on est obligé de vivre.

Délicieuse nuit !!! — Et encore ! si, malgré ces désagréments on pouvait reposer à son aise pendant la nuit ! on se lèverait le matin frais et dispos et on pourrait recommencer avec courage et bonne humeur à travailler toute la journée ; mais non !

Vous êtes à peine couché depuis une heure, juste le temps de s'enfoncer dans un profond sommeil, que vous entendez ouvrir avec fracas la porte de la chambre de droite, et plusieurs personnes y entrer d'un pas lourd, en causant, et marcher comme en plein jour, sans penser qu'il y a à gauche, à droite, en face, au-dessus, au-dessous, des personnes que le bruit peut réveiller.

Le garçon de l'hôtel qui porte les bagages, les dépose lourdement sur des meubles *ad hoc* ou par terre, et se retire en frappant la porte avec un bruit que double le silence de la nuit.

Le nouvel arrivant, resté seul, se débarrasse de ses vêtements, ouvre sa malle, va, vient dans sa chambre, de sa malle à son lit et de son lit à sa malle ou à la table de toilette, et tout cela en oubliant complètement ses voisins endormis ou désireux de l'être ; enfin il se déshabille et avant de se mettre au lit, ouvre sa porte, et on entend ses bottines tomber légèrement, d'un mètre de haut, sur le pavé ou le plancher du couloir.

Enfin ! le voilà couché, et ses voisins se retournent, pensant bien ronfler les poings fermés jusqu'au lendemain matin. Mais tout à coup ! pan ! pan ! pan ! trois coups secs et retentissants vous réveillent de nouveau et vous entendez le garçon dire : « il est trois heures, Monsieur ! » « Bien, merci ! » répond le voisin de gauche, et il se jette à la hâte à bas du lit, commence à s'habiller, ouvre sa porte pour prendre ses bottines, puis le voilà à sa table de toilette sur laquelle le pot, la cuvette, les brosses, etc., semblent exécuter une ronde infernale.

La toilette finie, la promenade du lit à la malle et de la malle au lit recommence ; puis, c'est le garçon qui arrive demander si les bagages de Monsieur sont prêts, s'en empare et les emporte, toujours avec l'extrême précaution dont il est capable ; puis enfin c'est le partant lui-même qui, en sortant, a encore le soin de fermer sa porte avec un léger fracas.

C'est fini, cette fois-ci ! vous dites-vous, et certes vous devriez avoir raison ; vous pardonnez même presque de vous avoir réveillé, en vous sentant couché bien chaudement ; et d'ailleurs vous pensez que vous avez encore trois ou quatre bonnes heures à dormir ; les rêves dorés ou autres s'emparent de votre esprit et l'emportent peu à peu dans le royaume de Morphée.

Tout à coup vous sursautez ! vous vous dressez sur votre séant ! on a frappé à votre porte ! et avant que vous vous soyez rendu un compte exact de ce qui se passe, vous entendez à travers la porte la voix du garçon qui vous crie : « Il est cinq heures ! » « Eh bien ! qu'est-ce que cela veut dire ? » « Monsieur est porté au réveil pour le départ du train de six heures ! » « Moi ! pas du tout ! » « Alors, reprend le garçon sans s'émouvoir, c'est le Monsieur d'en face. » Il va en effet réveiller le voyageur partant ; à moins qu'il ne s'aperçoive à ce moment-là qu'il s'est trompé d'étage.

Votre nuit s'achève sans autre incident, mais aussi avant que vous ayez pu regagner le temps que vous ont fait perdre toutes ces interruptions ; car le brouhaha des domestiques montant et descendant les escaliers, causant, riant, s'appelant à haute voix ; les voyageurs matinals, les bruits de la rue, le roulement des voitures, etc., tout cela vous force à vous lever avant d'avoir la somme de repos qui vous serait nécessaire.

Départs ! Retards. — Et ce ne sont là que quelques-uns des ennuis de la pénible vie du voyageur de commerce. Je pourrais facilement m'étendre plus longuement sur ce sujet et faire ressortir par exemple, ce qu'il y a de fatigant dans les départs des gares, répétés plusieurs fois par jour.

On descend de l'omnibus, on va à la hâte prendre

son billet, puis on attend son tour pour faire enregistrer ses bagages et pendant ce temps-là, on reste exposé aux courants d'air, qui ne sont pas ménagés dans les gares ; bien au contraire, ils semblent avoir été créés avec beaucoup de sollicitude, de façon à procurer gratis aux voyageurs rhumes, bronchites, pleurésies, etc.

Vous arrivez dans la salle d'attente chargé de bagages, vous les déposez sur les bancs, et à peine est-ce fait, que l'employé vous prie de passer sur la voie ; vous vous hâtez, pensant que le train est en vue et que vous allez partir immédiatement ; mais non ; vous vous apercevez qu'il y a encore cinq ou dix minutes avant l'heure réglementaire ; vous en prenez votre parti et vous vous promenez, exposé sans abri la plupart du temps, à l'eau, à la neige, aux courants d'air de toutes sortes, et c'est gelé ou trempé que vous montez enfin en wagon, bien heureux encore, quand l'attente n'a pas été prolongée de cinq, dix minutes et plus, par suite de retard du train.

Et il n'y a rien à dire, qu'à attendre patiemment, ce que font les voyageurs, qui sentent très bien que le chef de gare présent, n'y est pour rien. Et cependant ces retards multipliés leur sont préjudiciables et à leur maison aussi ; car pendant qu'ils sont à se morfondre sur le quai d'une gare attendant le train qui doit les conduire à la ville prochaine, les concurrents qui y sont déjà, ne perdent pas de temps eux; ils travaillent ferme pour récolter le plus d'ordres possible, et il peut arriver qu'un retard d'un quart d'heure, causé par la Compagnie du chemin de fer, fasse perdre à un voyageur une commission qu'il eût enlevée s'il fût arrivé à l'heure réglementaire. Or, un ordre manqué peut avoir comme conséquence la perte d'un client, qui, l'ayant remis à une autre maison, pourra fort bien dans la suite lui rester fidèle; et il n'y a pas de recours contre les Compagnies de chemin de fer, ou à quel prix!

Clientèle du voyageur. — On comprend facilement l'importance pour une maison d'avoir un bon voyageur et de se l'attacher pour le plus longtemps possible, car une fois le voyageur connu des clients d'une tournée, il s'établit entre eux et lui, une sorte de lien plus ou moins intime qui lui facilite énormément les affaires.

Le voyageur qui aura pendant deux, trois, quatre, cinq ou dix ans, visité plusieurs fois par an les mêmes clients, aura vu naître et grandir leurs enfants, connaîtra toute leur famille, en fera presque partie, et à chaque passage sera accueilli avec un nouveau plaisir; il se sera en, un mot, fait une clientèle, qui lui procurera affaires certaines et relations agréables.

S'il vient à quitter la maison pour en représenter une autre similaire, il est bien certain que beaucoup de ses clients, devenus ses amis peut-être, le recevront avec le même plaisir que par le passé et lui confieront pour sa nouvelle maison, tout au moins une partie de leurs ordres, dont l'ancienne sera privée par conséquent.

Il y a donc pour le voyageur un intérêt énorme à se créer une clientèle *personnelle,* c'est-à-dire ayant pour base l'estime que ses clients auront forcément pour la loyauté de son caractère, son travail sérieux et suivi, sa tenue et sa conduite correctes, et enfin la connaissance approfondie de son métier, dont il aura su leur donner des preuves.

Politique et religion. — J'ai dit précédemment, à propos des représentants à poste fixe, qu'ils devaient s'abstenir avec le plus grand soin de parler politique et religion et j'en ai expliqué les motifs; cette recommandation est applicable aux voyageurs et avec beaucoup plus de raison encore, voici pourquoi.

Les représentants qui sont sur place, qui voient leurs clients très souvent, peuvent, au bout d'un ou deux jours, par des manœuvres bien combinées, effacer l'impression désagréable qu'aurait laissée dans l'esprit du client une discussion un peu vive sur l'un ou l'autre de ces sujets.

Mais le voyageur lui, qui ne passe qu'à de rares intervalles, deux, trois, quatre fois au plus par an, n'a pas le temps nécesssaire pour effacer une mauvaise impression; si le client a conservé le souvenir d'une discussion à propos de l'un ou l'autre de ces sujets, il peut fort bien en tenir rigueur au voyageur et ne pas même le recevoir pendant un ou deux passages, sinon toujours, lui enlevant ainsi la possibilité de dissiper sa mauvaise humeur.

Il est si facile d'éviter un sujet sur lequel on ne veut rien dire ! Si quelque client se met à parler politique, on ne court pas grand risque à dire : Oh ! moi, je n'y connais rien à la politique, je m'occupe de commerce en voyage et pas d'autre chose : et personne ne vous en voudra d'avoir exprimé une opinion modérée, s'appuyant sur le bon sens ; cela prouvera dans tous les cas votre loyauté, puisque vous ne voudrez pas passer à parler politique, le temps qu'on vous paye pour parler affaire.

Pour la religion, la recommandation est encore plus nécessaire, car cette question met en jeu les plus secrètes vibrations de l'âme ; les femmes surtout, n'admettent pas qu'on vienne ridiculiser devant elles, des pratiques, et des idées qu'elles respectent et apprennent à leurs enfants à respecter.

Bien peu adroit serait le voyageur qui viendrait, pour faire parade d'irréligion, froisser sans motif, les convictions de la femme d'un de ses clients, ce serait s'en faire bénévolement une ennemie et se priver d'une façon certaine, de faire des affaires dans cette maison ; il ferait donc, sans compensation aucune, tort à lui et à son patron.

Un grossier personnage ! — J'ai connu un voyageur, espèce d'esprit-fort de village, ne croyant à rien, ou affectant de le paraître, qui à tout propos, et hors de propos, déblatérait contre la religion, sans s'inquiéter devant qui il parlait ; femmes, jeunes filles, enfants, rien ne l'empêchait d'exprimer sa prétendue opinion de la façon la plus grossière et sur les sujets les plus respectables ; il fut mis à la porte de plusieurs maisons par ses propres clients, et finalement, obligé de quitter cette tournée qu'il avait perdue complètement.

Son patron qui voyait le chiffre d'affaires diminuer rapidement, finit par avoir l'explication du mystère et le renvoya, avec tous les honneurs qui lui étaient dûs, à la queue de ses vaches, d'où il n'aurait jamais dû sortir, car il n'était pas à sa place au milieu des autres voyageurs, il y faisait tache. Ses collègues eux-mêmes, qui étaient loin de partager ses opinions exagérées et surtout n'admettaient pas sa façon de les exprimer, le rembarraient à chaque instant, et fort souvent, quand il y avait des étrangers surtout, le forçaient à se taire, comprenant très bien le tort que de pareils énergumènes peuvent faire à la réputation des voyageurs en général.

Eh ! certes, on peut avoir son opinion personnelle sur toute chose, mais quelque juste qu'on la croie, il ne faut pas vouloir malgré tout, l'imposer à tout le monde ; et parce que vous aimez les légumes, les habits bleus, les chevaux noirs et les femmes brunes, il ne s'en suit pas qu'il soit interdit aux autres de manger de la viande, de porter des vêtements noirs, d'avoir des chevaux blancs et de préférer les femmes blondes ; ayez vos idées, satisfaites vos goûts, mais laissez les autres en faire autant.

Je ne me fais pas, du reste, une idée bien exacte

d'une société dans laquelle tout le monde, petits et grands, jeunes et vieux, riches et pauvres, hommes et femmes, penseraient, agiraient, s'habilleraient de la même façon !!! Quel serait le sujet de conversation possible ? la couleur de l'étoffe à la mode ? la nourriture adoptée ? la forme du vêtement ??? La culotte ou le jupon ??? Ce sujet seul suffirait (comme toujours d'ailleurs, excepté chez les sauvages), pour diviser irrémédiablement les deux sexes ; aussi je ne cherche pas à voir le monde autrement qu'il n'est réellement, et ne peut être, et je conseille à mes lecteurs d'en faire autant, ils s'en trouveront bien.

Valeur du voyageur. — Le travail qu'aura fait le voyageur pour arriver à se créer une clientèle aura eu pour résultat tout d'abord de lui faire passer des moments agréables avec ses clients, de lui faire gagner de l'argent ainsi qu'à sa maison ; puis d'accroître sa valeur comme voyageur aux yeux de son patron et par conséquent, de le disposer à accueillir favorablement une demande d'augmentation d'appointements, basée précisément sur les affaires amenées à la maison par son travail.

D'un autre côté, le chiffre d'affaires qu'il fait, chaque voyageur le note avec soin, pour pouvoir au besoin en donner des preuves, car il peut arriver que par suite de la réputation qu'il se sera acquise dans sa partie par son travail et son intelligence, il soit demandé par une maison concurrente de la sienne, soit comme voyageur, soit comme intéressé, et il est bien certain que les propositions qu'on lui fera, seront proportionnées aux services qu'il aura rendus à son ancienne maison et sera par conséquent censé devoir rendre à la nouvelle, cela est logique et juste.

J'ai même connu des représentants et des voyageurs qui, par suite de la notoriété qu'ils s'étaient acquise par leur travail et leur intelligence, sont entrés de plain pied comme associés dans des maisons importantes dont les patrons avaient su les apprécier; c'était la juste récompense du travail auquel ils s'étaient assujettis plus ou moins longtemps.

Rôle du Voyageur dans la Société. — Au point de vue commercial, le voyageur est donc une valeur importante, puisque c'est lui qui, par son travail, son intelligence, va répandre dans le monde tous les produits de l'industrie, alimente le commerce et fait connaître à ses concitoyens les articles récoltés ou fabriqués, soit dans son propre pays, soit dans les pays étrangers.

Au point de vue social, il a également une grande utilité, car c'est par son labeur que l'activité commerciale se développe, que les capitaux fonctionnent et que l'ouvrier a du travail.

Le voyageur peut donc, à juste titre, être fier du rôle qu'il remplit dans la société, et il a droit à une certaine déférence et au respect que doit inspirer à ses concitoyens tout homme qui sait se rendre utile.

Nécessité de le bien recevoir. — Aussi bien ne comprendrait-on pas que les voyageurs fussent reçus dans les maisons de commerce avec froideur ou dédain; car de deux choses l'une : ou les patrons de ces maisons ont voyagé, et alors ils doivent se rappeler combien il leur eût été désagréable d'être mal reçus; ou bien ils n'ont jamais voyagé, et alors, quelles raisons pourraient-ils bien avoir pour ne pas être parfaitement convenables vis-à-vis des voyageurs ?

Que vient donc faire un voyageur auprès d'un commerçant? Il vient lui offrir le crédit de sa maison, c'est-à-dire l'expédition de la quantité de marchandises qu'il voudra, payables à des délais déterminés; c'est là une marque de confiance à laquelle il n'est pas, je crois, convenable de répondre autrement que par un accueil tout au moins poli, sinon aimable.

Le commerçant d'ailleurs ne peut qu'y gagner, car le voyageur bien reçu, sera disposé à faire à son acheteur les meilleures conditions possibles et à lui donner sur les produits qu'il vend tous les renseignements de nature à l'aider dans ses achats.

Isolement des Voyageurs. Compensations. — J'ai dit que les voyageurs faisaient des tournées de deux, trois, quatre mois et plus, sans rentrer chez eux; ils se trouvent donc pendant tout ce laps de temps, isolés, éloignés de toutes les personnes susceptibles de leur porter intérêt et de les soigner, changeant constamment de ville, d'hôtel; voyant tous les jours des visages nouveaux plus ou moins sympathiques; ce serait une vie bien triste et presque insupportable si elle n'était remplie par un labeur constant, par la satisfaction du devoir accompli et... par les résultats obtenus.

Un grand allègement à cette vie fatigante, c'est la rencontre continuelle de voyageurs parmi lesquels, s'il se trouve quelquefois des concurrents acharnés, on est du moins sûr de ne trouver que de bons confrères.

Solidarité. — En effet tous les voyageurs, vraiment dignes de ce nom, sont des gens de cœur, cherchant à n'être désagréables à personne, et au contraire, à se rendre utiles à tous; il existe entre eux un lien de solidarité qui s'affirme de plus en plus en toute occasion: ils sont voyageurs, cela suffit!

Que l'un d'eux éprouve une perte, soit malade, attrape un accident! immédiatement ses confrères lui prodiguent les marques de sympathie, lui rendent tous les services qu'ils peuvent, l'aident de mille manières différentes, de leur bourse au besoin; s'il meurt, tous ses confrères se trouvant dans la localité, tiennent à honneur de lui rendre les derniers devoirs avec une touchante unanimité.

Amitiés de voyages. — Ceux qui font souvent la même tournée, à des intervalles réguliers, se créent parmi leurs confrères des amitiés qui ont un grand charme et adoucissent beaucoup l'amertume de cette vie de voyages; on rencontre en chemin de fer, dans un hôtel, ou au café, un voyageur dont la physionomie, les manières, la façon d'agir vous plaisent, on lui parle et la sympathie naît très facilement; d'abord, parce qu'on est voyageur, cela dispense de l'obligation de se faire présenter l'un à l'autre, on se présente soi-même.

On reste une première fois une journée ensemble, on se quitte en se serrant cordialement la main, en s'exprimant franchement le plaisir qu'on aura à se revoir, après s'être communiqué sa tournée et avoir combiné la prochaine de façon à se rencontrer de nouveau.

Deux ou trois mois après, on se retrouve à peu près comme il avait été convenu, et par le plaisir réciproque qu'on éprouve à se serrer la main, on sent que ce qui n'était à la première rencontre qu'une grande sympathie, tend à devenir une amitié solide, basée sur l'estime que l'on éprouve l'un pour l'autre et sur la conformité des goûts et des idées; et à chaque rencontre nouvelle, on voit s'accroître cette amitié qui, commencée sous les auspices du hasard, devient de jour en jour plus sérieuse et plus durable.

Relations entre Voyageurs. — Si toutes les relations entre voyageurs ne sont pas *amicales*, dans le sens vrai du mot, ce qui n'a rien d'étonnant; du moins sont-elles toujours cordiales, c'est-à-dire empreintes d'un grand intérêt sympathique; le matin en partant travailler ils se saluent à la hâte, en se souhaitant bonne chance; ils se retrouvent à table d'hôte, au déjeuner et au dîner, se parlent de choses et d'autres, se réjouissent réciproquement du succès de leur travail et encouragent affectueusement ceux dont les efforts n'ont pas été récompensés.

Jeu. — Le soir les réunit encore, soit au café de l'hôtel, soit dans un café de la ville, ayant la clientèle des voyageurs de commerce; là, les uns font leur courrier, les autres font la partie, qui a presque toujours pour enjeu les consommations prises; mais il est bien rare que les voyageurs jouent de l'argent, car presque tous sont économes et cherchent à dépenser le moins possible.

Quel que soit d'ailleurs le perdant, l'issue de la partie ne provoque jamais de ces discussions, regrettables à tous les points de vue, qui transforment souvent des amis intimes en ennemis.

Cette habitude de jouer les consommations, est à mon sens très bonne; d'abord elle intéresse suffisamment la partie pour la rendre attrayante; en second lieu elle limite la perte et le gain, puis elle empêche de penser à jouer de l'argent, ce qui serait beaucoup plus dispendieux et moins profitable, puisque celui qui aurait perdu de l'argent n'en serait pas moins obligé de payer la consommation qu'il aurait prise.

Enfin, c'est le sort qui désigne celui des joueurs qui paiera les consommations sans que les gagnants soient tenus à lui en offrir d'autres, par cette raison bien simple que le perdant d'aujourd'hui était peut-être le gagnant d'hier ou sera celui de demain et réciproquement; or ces gains et ces pertes, à la fin de l'année, se compensent et on finit, sauf déveine persistante ou inhabileté notoire au jeu, par n'avoir payé à peu près que les consommations que l'on aurait prises, même sans jouer.

Enfin, le payant étant désigné par le sort, cela enlève tout prétexte à discussion (toute courtoise bien entendu) pour savoir qui paiera. Il arrive en effet très souvent, que deux voyageurs se rencontrant, s'en vont d'un commun accord au café prendre une consommation, s'invitant réciproquement puis, au moment de régler, chacun des deux tire son porte-monnaie et veut forcer le garçon à lui rendre la monnaie de sa pièce. Celui-ci ahuri, les regarde tous les deux sans avoir de raison pour se décider plutôt pour l'un que pour l'autre, attendant la fin de cette petite scène comico-généreuse; à la fin et pour ne pas perdre son temps il accepte l'argent de celui qu'il connaît le mieux, affectant de prendre l'autre pour un étranger.

Le mieux, je crois, pour couper court à tout, serait que celui qui a fait le premier l'invitation payât, à charge par l'autre d'offrir à son tour, soit séance tenante, soit à un intervalle peu éloigné.

Quand un des deux consommateurs est de la localité, il n'y a pas lieu à discussion, car c'est lui qui doit offrir à l'étranger, quitte à l'autre à rendre la politesse à la première occasion.

Il y a dans certains pays, une habitude prise parmi les voyageurs; celle de jouer des « contres », c'est-à-dire des consommations que l'on doit du matin, ou même de la veille, contre d'autres, dues également par le partenaire; j'admets qu'il est agréable de se débarrasser de ses propres dettes; mais combien il doit être pénible de se voir obligé de payer dix, vingt consommations prises par des individus que l'on ne connaît pas !

Voyageurs en voiture. — J'ai parlé des voyageurs en chemin de fer, et signalé les ennuis que leur cause ce mode de transport ; mais tous les voyageurs ne l'emploient pas, et beaucoup ont cheval et voiture pour transporter leurs échantillons ; ceux-là visitent généralement les localités peu importantes et cette façon de voyager leur nécessite beaucoup de peine et les expose aussi à beaucoup de dangers.

Chute d'un cheval. Embarras! — Tout d'abord, il y a l'ennui de conduire un cheval, ce qui force le conducteur à une attention constante; en effet le moindre caillou roulant sous le pied d'un cheval au moment où il trotte, est susceptible de le faire tomber avant qu'on ait le temps de le retenir ; alors le voyageur serre sa mécanique à fond, descend, et voit son cheval embarrassé dans les harnais, dans les brancards cassés, et au milieu d'une grande route où l'on n'aperçoit pas âme qui vive.

Bien souvent, le cheval est tombé dans une position très fatigante pour lui et dont il veut sortir à tout prix, alors il se met à ruer, espérant sans doute se relever seul sans le secours de son conducteur ; mais hélas ! ses efforts sont impuissants et ne font que rendre la position plus embarrassante, en empêchant de lui porter secours aussi facilement que s'il restait tranquille ; pour l'empêcher de bouger, il suffit de lui maintenir la tête par terre, en mettant le genou dessus.

On se tire d'affaire ! — Enfin, ses forces s'épuisent et il finit par où il aurait dû commencer, par ne plus bouger ; son conducteur peut alors procéder à son déshabillage : il défait d'abord les deux traits, les guides, la sous-ventrière, les rênes, le brancard libre s'il y en a un, et enfin le collier, coupant au besoin ce qui serait susceptible d'empêcher le cheval de se mettre debout ; puis il le saisit vigoureusement par la bride en l'excitant doucement d'abord, puis fortement à se relever, sans le lâcher bien entendu.

Si l'animal n'a rien de cassé, il ne tarde pas à se mettre debout, et s'il n'est effrayé par rien, il ne bouge pas, et reste là hébété, tremblant quelquefois de tous ses membres ; il se laisse alors tranquillement habiller et atteler de nouveau.

Mais on a vu des chevaux, aussitôt relevés, pris d'une frayeur subite, partir à fond de train ; si tous les harnais ont été soigneusement défaits, le cheval s'en va seul ; dans le cas contraire, il emmène après lui la partie du harnachement et même la voiture dont on n'a pu ou su le débarrasser et s'en va plus ou moins loin culbuter dans quelque fossé, se tuant et brisant la voiture.

Si le cheval ne bouge pas, le voyageur rattache les brancards cassés, les harnais coupés, avec des petites plaques de bois et des cordes dont il doit *toujours* être amplement approvisionné, au besoin avec la longe du licol ; puis il repart tranquillement, pendant quelque temps du moins, de façon à donner aux jambes de son cheval le temps de se raffermir.

Couronné!!!!! — Si dans sa chute le cheval s'est couronné, il faut étancher doucement le sang qui coule, enlever le plus possible les graviers qui pourraient adhérer à la plaie, puis la laver doucement si on peut, avec un mouchoir trempé dans l'eau propre d'un fossé, et faire en sorte d'arriver le plus tôt possible à destination, en tenant au besoin par la bride le cheval blessé trop grièvement, puis dès l'arrivée le faire soigner par un vétérinaire habile.

Ombrageux! — Le cheval ombrageux expose son conducteur à de grands dangers, car une feuille morte, un morceau de papier poussé par le vent, une voiture de saltimbanques, un chien de bergère arrivant tout à coup japer auprès de lui, le bruit d'un train, le sifflet de la locomotive, un auvent qui bat, un enfant qui traverse la route, son ombre même ! etc., etc., tout cela lui fait peur et le fait se jeter de côté ou s'emporter.

Si on se trouve en route plane, on serre la mécanique à fond et, en maintenant énergiquement le cheval sur le milieu de la route on peut le laisser marcher, essayant de le calmer en sifflant doucement, et *attendre qu'il soit fatigué ;* mais si on se trouve au commencement d'une côte descendante,

8.

il est quelquefois impossible de l'arrêter et on la descend avec une vitesse vertigineuse, bien heureux si on n'a écrasé personne, et si on n'a pas rencontré une bande de bœufs, ou un véhicule quelconque dont il a peut-être été impossible de se garer, et alors ? ? ?

Un cheval emballé est rarement arrêté en tirant les guides directement, quelle que soit la force du conducteur, tandis qu'on y parvient en tirant les guides alternativement à droite et à gauche.

Catastrophe ! — J'ai connu un négociant qui voyageait lui-même et rentrait souvent le samedi soir ; il avait un fort joli cheval, dont il était d'ailleurs très fier et à juste titre ; mais ce beau cheval était ombrageux et avait déjà failli plusieurs fois causer des accidents. Un soir, le négociant revenant chez lui, partit un peu tard de la localité qu'il venait de terminer, et en était déjà à une certaine distance quand tout à coup le cheval pris de peur, fit un écart, entraîna la voiture sur la berge où elle versa.

Cet accident se produisit d'une façon si inattendue et si malheureuse que le négociant se trouva pris dans les brancards et les guides auprès des pattes de derrière du cheval qui faisait des efforts inouïs pour se dégager, mais n'y put parvenir, heureusement ! Sans cela que fût-il arrivé ? le négociant était pris de telle sorte qu'il ne pouvait pas faire un mouvement, et de plus, tous ceux que faisait son cheval lui causaient des douleurs atroces. Ce n'est que le lendemain matin au jour, que des passants voyant ce monceau de débris de voiture et de cheval vinrent, non sans peine, l'arracher à sa triste situation ; il avait passé ainsi toute la nuit, appelant bien au secours, mais il n'avait aucune force car il avait une épaule démise, le corps tout contusionné et sa voix se perdait dans le bruit des roues des voitures qui passaient ; il a dû regretter bien souvent d'être parti si tard avec un cheval peureux ; et de fait, le connaissant, il eût mieux fait de ne se mettre en route que le lendemain matin de bonne heure, car il vaut mieux voir le jour venir que s'en aller.

La neige, la grêle, la pluie, les coups de soleil, la poussière, etc. — Le voyageur en voiture court donc, comme on le voit, de réels dangers, assume une grande responsabilité, et comme je l'ai dit, il lui faut constamment avoir l'esprit en éveil pour diriger son cheval, empêcher ses écarts et prévenir les accidents qui pourraient en résulter ; il peut lire en montant les côtes, mais en ayant toujours les guides en mains, et un œil sur les oreilles de son cheval, elles lui indiqueront s'il est préoccupé et d'où en vient la cause.

Les dangers que courent les voyageurs en voiture ne viennent pas seulement de leur cheval, les éléments y sont pour leur bonne part ; combien d'entre eux en effet, ont été surpris par la neige qui, en un quart d'heure, rendait les routes impraticables, et cela sans que le ciel, une heure avant, ait pu le laisser prévoir ! Le conducteur était alors forcé de mettre pied à terre et de marcher côte à côte avec son cheval, en le tenant par la bride pour l'empêcher de tomber, et il fallait faire ainsi une, deux lieues, quelquefois plus, pataugeant dans la neige et la recevant sur le dos sans pouvoir s'abriter. Les jours où il gèle à pierre fendre et où la bise glacée coupe la figure, le voyageur est quand même obligé de diriger son cheval et d'avoir en mains les guides qu'il a quelquefois bien de la peine à tenir ; si le vent vient du même orient que le voyageur, il n'y a que demi mal, mais si au contraire il l'a en face, le froid le saisit sans qu'il puisse s'en garantir ni faire de mouvements pour se réchauffer. Viennent en été les nuées d'orage, s'abattant tout à coup sur le pays, et pendant lesquelles le tonnerre effraie le cheval et force le conducteur à concentrer toute son attention sur lui, et à rester lui-même exposé à la grêle et à la pluie qui le trempent jusqu'aux os ; d'où bronchites, fluxions de poitrine, etc.

Ou bien alors, c'est une chaleur de 25 à 30° qui est rendue encore plus insupportable par ce fait que le soleil se trouvant juste en face de la route, on est forcé pendant tout le trajet, d'en recevoir les rayons, sans pouvoir se mettre à l'abri, si bien qu'on arrive à destination complètement cuit, et quelquefois aveuglé et étranglé par la poussière. Je ne parlerai que pour mémoire, de ce léger grain de sable qui s'est introduit tout à coup dans l'essieu à patent de la voiture et empêche complètement la roue de tourner, ce qui force le voyageur à dételer son cheval et à s'en aller, par n'importe quel temps, de compagnie avec lui jusqu'au bourg voisin d'où il ramène un charron qui remet la voiture en état.

J'ai connu un voyageur qui dans pareille circonstance, s'est servi de ses boîtes d'échantillons comme d'une chèvre pour relever sa voiture, a dévissé la roue, a enlevé le grain de sable et est reparti bravement, l'opération terminée ; ce n'est pas plus difficile à un voyageur qu'à un charron.

Les Punaises. — Je n'ose parler de ce petit inconvénient, car je sais qu'il y a quelques années, on trouvait encore certains hôtels dans lesquels ces parasites avaient élu domicile ; mais je crois que depuis l'apparition du merveilleux, du foudroyant insecticide Vicat et de beaucoup d'autres également terribles, les maîtres d'hôtel ont dû leur faire une guerre à mort. S'il en était autrement, ils seraient absolument impardonnables et ce manque de soin, qui n'a plus sa raison d'être, pourrait bien éloigner de chez eux les voyageurs, qui aiment tant la pro preté et goûtent fort peu la cohabitation avec ces petits insectes.

Veillez donc ! maîtres et maîtresses d'hôtel !

Son cheval d'abord. — Heureusement, à son arrivée à l'hôtel, le voyageur va pouvoir se reposer, pensez-vous ! Eh bien, non et voici pourquoi : il fait dételer son cheval pendant qu'il remet sa malle au garçon de chambre et souhaite le bonjour au maître d'hôtel ; cela fait, il retourne à son cheval qu'il fait bouchonner vigoureusement et éponger soigneusement aux pattes et aux naseaux.

Tous ces soins sommaires terminés, il laisse souffler un peu sa bête, et si c'est l'heure du repas, lui fait donner l'avoine devant lui, en s'assurant bien qu'elle a la quantité voulue et que le garçon a eu soin d'en enlever les pierres, dont il y a toujours une trop grande quantité parmi les grains.

Ce soin n'est pas toujours inutile et tous les voyageurs savent parfaitement que si, dans la plupart des hôtels, les garçons d'écurie sont très honnêtes et très soigneux, il en est d'autres aussi où ce pourrait être le contraire et où le défaut de surveillance serait peut-être préjudiciable aux chevaux et par conséquent aux voyageurs.

Anecdote instructive. — Et à ce sujet voici un fait dont j'ai été témoin il y a quelque vingt ans. J'étais dans un hôtel que je ne citerai pas et sur lequel couraient certains bruits vagues par rapport aux soins donnés aux chevaux : le patron avait un système à lui ; il vendait à son garçon sac par sac, l'avoine que celui-ci revendait aux voyageurs ; naturellement ce garçon avait intérêt à faire de ce sac le plus d'argent possible et il s'y prenait pour cela d'une façon fort ingénieuse.

On sait que la mesure de deux litres a un fond creux qui peut avoir de 2 à 3 centimètres de hauteur; eh bien, cet industrieux garçon renversait le litre, le plongeait dans son sac et le retirait le fond plein d'avoine qu'il jetait adroitement dans le crible, puis il versait immédiatement cette ration écourtée sous le nez du cheval qui n'y trouvait pas son compte, bien entendu.

La supercherie fut découverte par un voyageur défiant, qui prit à l'improviste, des mains du garçon, la mesure dans laquelle il sentit sa main s'enfoncer par dessous; on peut juger de sa stupéfaction et de sa colère !

Il envoya immédiatement un de ses collègues qui était là, prévenir tous les voyageurs présents à l'hôtel, puis on fit venir le patron auquel on donna connaissance du fait ; il se débattit comme un beau diable, disant que cela ne le regardait pas puisque l'avoine appartenait au garçon.

Les voyageurs exigèrent le renvoi immédiat du garçon, et signifièrent au maître d'hôtel, qu'à l'avenir on ne paierait pas plus l'avoine au garçon qu'on ne payait la soupe au chef de cuisine ; qu'on n'aurait affaire qu'au maître d'hôtel ; ceci fut accordé, mais j'ai su depuis que, par suite de ce fait, la majeure partie de la clientèle, furieuse d'avoir été longtemps trompée, avait quitté l'hôtel.

Cet exemple prouve que le voyageur sérieux doit exercer, sans en avoir trop l'air, une surveillance active sur la façon dont son cheval est soigné, car s'il veut en exiger du travail, il doit lui fournir une somme de nourriture *certaine*, suffisante pour lui donner la force de le faire, celle du reste qu'il paiera lui-même au maître d'hôtel.

Garçons et bonnes. — Le garçon dont il vient d'être question, avait la confiance des voyageurs, car il était à l'hôtel depuis longtemps déjà, et il ne serait venu à l'idée de personne de le soupçonner, d'autant plus qu'il faisait son possible pour paraître complaisant, aimable, obligeant ; aussi, beaucoup de voyageurs le traitaient-ils presque en camarade. C'était un grand tort évidemment, car, quelque convenable que soit un domestique, un garçon, une bonne, ils n'en sont pas moins, qu'ils le veuillent ou non, placés dans l'échelle sociale à un degré bien inférieur à ceux qu'ils servent ; il ne doit donc pas y avoir de *familiarité* entre eux.

Chacun à sa place. — Le voyageur, qui généralement a de l'instruction, de l'éducation, qui représente des maisons sérieuses, honorables, leur doit, se doit à lui-même de ne pas se mettre volontairement au niveau des domestiques ; et il ne saurait, sans de grands inconvénients, leur parler trop librement, ni agir avec sans-gêne vis-à-vis d'eux.

Beaucoup de politesse et de douceur, très bien ! mais de la familiarité, non ! on s'expose à ce qu'ils agissent de réciprocité, et à leur tour, ne vous traitent comme ils se traitent fort souvent entre eux... très librement, ce dont vous auriez lieu d'être mécontent, mais jusqu'à un certain point seulement. En effet, le premier tort serait venu de vous, qui par votre liberté auriez autorisé la leur, or vous savez que l'exemple vient d'en haut ; laissez-les donc domestiques et restez voyageur.

Souvenir. — Je fais ces réflexions pour éviter à mes lecteurs, s'il y a lieu, ce qui arriva à un de mes camarades, il y a vingt-cinq ans.

C'était un garçon spirituel, boute-en-train, serviable au possible, mais ayant la manie de plaisanter avec les domestiques ; dans les hôtels bien tenus, cela n'avait pas beaucoup d'inconvénients, les garçons et les bonnes ayant l'ordre de ne pas répondre aux plaisanteries des voyageurs. Mais dans certains endroits, il trouva des domestiques qui ripostèrent à ses plaisanteries sur le même ton, et quelquefois d'une façon très mordante ; il perdit patience et eut à plusieurs reprises des altercations très vives, qui auraient certainement mal tourné sans l'intervention de ses camarades.

On ne lui gardait pas rancune de ces discussions parce qu'on connaissait son caractère, qu'on le savait bon et loyal ; mais il en sortait toujours amoindri moralement, et les garçons et les bonnes étaient naturellement disposés à le servir moins bien et à lui répondre moins poliment qu'ils ne le faisaient vis-à-vis des autres voyageurs.

L'hôtel! — Voilà le lieu de repos des voyageurs en route ; c'est là, dans leur chambre, qu'ils retrouvent un peu de ce « chez moi » qui consiste à être libre, à tripoter ses petites affaires, ranger ses vêtements, son linge, à relire ses lettres de famille, revoir les portraits des personnes aimées, faire sa correspondance intime ; en un mot, revivre pendant quelques instants par la pensée et sans témoins indiscrets, de cette douce vie de famille qui a tant de charmes, ou de souvenirs heureux.

C'est là aussi que le voyageur peut amener ses amis personnels s'il en rencontre, leur offrir le thé ou autre chose, si bon lui semble ; griller en leur compagnie quelques cigarettes en devisant de choses et d'autres ; faire sans crainte d'être dérangé : de la musique, de la peinture ou du dessin, des vers, des pièces de théâtre, de la tapisserie, de la sculpture, etc., etc.

Eh ! mon Dieu ! oui, j'ai vu fort souvent ces monotones chambres d'hôtel habitées par des voyageurs possédant tous les talents que je viens d'énumérer, et je pourrais même dire, tous les talents que peut posséder l'homme ; il ne leur manquait que la pratique journalière pour être de vrais artistes.

Mais il ne faut pas croire qu'ils cultivaient ces talents au lieu de travailler ; jamais ! le devoir avant tout : ce n'est que le dimanche ou les jours fériés, alors que tous les magasins sont fermés, qu'ils peuvent un peu se délasser, chacun selon son goût ; quand encore la correspondance en retard n'absorbe pas ce temps de repos, déjà bien écourté.

La poule aux œufs d'or. — On comprend donc facilement combien il est indispensable pour un voyageur d'être bien reçu dans les hôtels et installé confortablement ; c'est là le rôle des maîtres d'hôtel ; et ce rôle, ils doivent le remplir d'autant plus consciencieusement, que ce sont les voyageurs qui font la fortune des hôtels qui ont la chance d'avoir cette clientèle. Les voyageurs, en effet, paient beaucoup plus cher que n'importe qui ; je vais prouver par des chiffres que le voyageur est pour le maître d'hôtel une vraie poule aux œufs d'or.

Prenons pour exemple un bon hôtel de préfecture et demandons au maître d'hôtel le prix de la pension par mois, pour un an ; il vous fera 75, 80, 85 francs au maximum, et il vous louera une chambre de son hôtel, pour ce même laps de temps, à raison de 30 francs par mois, *maximum*. C'est donc en tout, en moyenne, 110 francs par mois, soit 1,320 francs par an, qu'un pensionnaire rapporte à un maître d'hôtel.

Arrivez par l'omnibus comme voyageur ; oh ! alors ce n'est plus la même chose ; vous mangerez à la même table, identiquement la même chose, vous aurez la même chambre, serez servi par les mêmes domestiques, mais vous paierez *en moyenne* au moins 7 francs par jour, soit 210 francs par mois, et par conséquent sur le pied de 2,520 francs par an ! différence entre le pensionnaire et le voyageur, 1,200 francs par an : pourquoi cette énorme différence ? et qui encore, comme le savent tous les voyageurs, n'est qu'un minimum !

Ne serait-il pas plus logique de faire une concession aux voyageurs qui sont infiniment plus nombreux que les pensionnaires, et par conséquent consomment davantage ? Or il importe peu au maître d'hôtel que ce soit M. Pierre ou M. Jean qui soit à sa table. La succession des voyageurs étant ininterrompue, le maître d'hôtel peut compter sur eux et il en aura dix, vingt contre un pensionnaire; de plus, les voyageurs font souvent des extras qui sont encore une source de bénéfices considérables pour les maîtres d'hôtel.

Enfin, *tous les jours* les voyageurs paient ce qu'ils ont dépensé, ce que ne font pas assurément les pensionnaires, et cet argent donne au maître d'hôtel le moyen d'acheter, *au comptant*, tout ce dont il a besoin, ce qui lui permet d'obtenir des conditions plus avantageuses de ses propres fournisseurs.

Devoirs du maître d'hôtel. — Puisqu'il est bien établi que le voyageur de commerce paie beaucoup plus cher que tout le monde, le devoir du maître d'hôtel vis-à-vis de lui me semble donc nettement tracé, et ce devoir, je m'empresse de dire que presque tous le remplissent consciencieusement et avec plaisir.

Aussi voit-on à l'arrivée de chaque train ou voiture, le patron de l'hôtel venir lui-même recevoir, d'une façon aussi gracieuse que possible, les nouveaux arrivants, veiller avec la plus grande sollicitude à ce qu'ils soient immédiatement débarrassés de leurs vêtements de voyage, valise, couverture, sacoche, etc. Puis il les fait installer confortablement dans les meilleures chambres dont il peut disposer, bien propres, bien aérées, et munies de tout le nécessaire pour la toilette : serviettes, cuvette et eau propres, savonnier, verre rince-bouche, verre d'eau, broc, seau à eaux sales, quelques chaises, une table sur laquelle le voyageur puisse écrire ; et enfin, et surtout, un bon lit avec ses accessoires obligés.

Au moment du départ, c'est la même chose ; le patron s'informe avec intérêt si vous avez été bien soigné, vous exprime poliment le regret de vous voir partir, s'occupe de faire descendre et charger sur l'omnibus tous vos bagages, vous quitte en vous souhaitant un bon voyage et un prompt retour, et tout cela très correctement, d'une façon très affable.

Maîtresses d'hôtel ! — Comme on le voit, le rôle du maître d'hôtel est simple et demande surtout de l'intelligence, de l'activité et la notion exacte de ses propres intérêts, puisqu'il s'agit pour lui d'attirer le plus de voyageurs possible, et de les satisfaire pour qu'ils lui soient fidèles.

Les maîtresses d'hôtel s'entendent parfaitement à seconder leur mari, car la plupart d'entre elles sont fort intelligentes, très aimables, et se mettent promptement à la hauteur de leur situation.

Et ce n'est pas une sinécure que cette situation de maîtresse d'hôtel, car il faut une surveillance continuelle pour que les chambres soient bien propres, le linge enlevé et remis en temps utile ; puis vient la question des écritures, la caisse, la direction et la surveillance du personnel, pas toujours facile à tenir, etc., etc.

Malgré cette besogne énorme, ces dames trouvent encore le moyen d'assister à l'arrivée de presque tous les voyageurs, de saluer chacun d'eux de quelques paroles aimables, en l'appelant par son nom, car elles semblent toutes douées d'une mémoire étonnante et il suffit généralement qu'elles aient vu un voyageur une fois pour le reconnaître ; elles savent combien cela lui fait plaisir.

De plus, la maîtresse d'hôtel semble être la dernière couchée et la première levée, car dès le matin vous la voyez, sommairement habillée, mais veillant déjà à ce que chacun fasse bien son service, et elle vous accueille par un gracieux bonjour en vous demandant si vous avez bien reposé ; en un mot, elle est l'âme en même temps que... l'ornement de la maison.

Renseignements. — Les voyageurs qui viennent une première fois dans une localité, n'ont pas de moyen de se renseigner d'une façon exacte sur la valeur morale et pécuniaire des clients qu'ils vont avoir à visiter ; mais le maître d'hôtel doit être en relations avec un ou plusieurs banquiers, avec des huissiers auxquels il demande lui-même des renseignements, de sorte qu'il connaît sa ville sur le bout du doigt, tout au moins aussi bien qu'on peut la connaître, cela est *très important* pour lui.

Il a bien soin de vous dire néanmoins de vous renseigner à d'autres sources, et de lui faire connaître ce qu'il ne saurait pas ; il décline aussi, et il a parfaitement raison, toute espèce de responsabilité au sujet de ce qu'il vous dit, n'ayant lui-même aucun moyen de contrôler, d'une façon parfaitement certaine, la situation pécuniaire de chaque commerçant, qui peut du reste changer inopinément.

Quant à la demeure des clients, il la connaît, et d'ailleurs, chaque hôtel doit posséder un garçon de courses qui transporte les échantillons des voyageurs sur tous les points de la ville, au moyen d'une petite charrette légère et suffisamment grande pour les y loger tous : ce garçon connaît tous les commerçants.

Les repas sont de la part du patron l'objet d'une attention toute particulière, et il veille avec beaucoup de soin à la variété et à la qualité du menu, de façon que tous les goûts soient satisfaits ; car il sait parfaitement quelle importance a la table dans un hôtel, et cela se comprend.

Les voyageurs qui sont constamment en activité, à courir par monts et par vaux, dépensent beaucoup de forces et ont besoin de les réparer par une nourriture solide ; en été quand ils arrivent harassés de fatigue, il leur faut des mets excitants pour ramener l'appétit qui leur manque ; en hiver au contraire, la nourriture a besoin d'être plus substantielle quoique variée.

Les maîtres d'hôtel sachant que beaucoup de voyageurs font maigre le vendredi, donnent ce jour-là un potage maigre et un menu varié qui permet à tous de bien manger, tout en ne forçant pas à faire maigre ceux qui désirent faire gras.

Du vin partout. — Le choix des vins préoccupe à juste titre le patron, car c'est là un des éléments les plus importants du repas et dans tout le Midi, le centre et l'Ouest on boit de très bon vin. Autrefois quand les transports étaient difficiles, longs et coûteux, on était obligé de consommer dans les hôtels les liquides récoltés ou fabriqués dans le pays, tels que : bière, vin, piquette, cidre, poiré. Mais aujourd'hui, que les transports sont devenus faciles et relativement peu coûteux, il n'y a aucune raison pour que *tous* les hôtels de la France entière ne donnent pas de bon vin en même temps que la boisson du pays ; chacun prendra ce qu'il voudra et la différence pour le maître d'hôtel sera absolument insignifiante.

Je m'explique très bien pourquoi dans le Nord et l'Est de la France les maîtres d'hôtel s'obstinent à ne donner à table que du cidre ou de la bière ; c'est qu'ils savent parfaitement que beaucoup d'estomacs ne peuvent supporter ces liquides, dont la qualité laisse d'ailleurs très souvent à désirer, ce qui force les voyageurs à acheter du vin qui est alors vendu fort cher.

Cette habitude avait sa raison d'être autrefois, la Normandie et le Nord étant loin des lieux de production du vin, mais aujourd'hui cette raison n'existe plus et Cherbourg, Caen, le Havre, Boulogne, Calais, Dunkerque reçoivent par mer des chargements de vins de toutes les côtes du sud-ouest de la France, d'Espagne, d'Italie ou d'Algérie au même prix que Nantes, La Rochelle, Bordeaux, ou avec une différence de fret insignifiante, par tonne de 1000 kilog.

La barrique de vin ordinaire ne revient même pas aussi cher dans ces ports que dans les villes de l'intérieur, où on est obligé de faire venir ce même vin par voie de fer.

Si donc je comprends les maîtres d'hôtel de la Normandie et du Nord, de maintenir cet état de choses qui est tout bénéfice pour eux, puisqu'ils font payer avec le cidre ou la bière un prix égal aux hôtels du Centre où on donne du vin, je ne comprends pas les voyageurs de ne pas réagir contre un état de choses vraiment abusif ; c'est qu'assurément ils n'y ont pas pensé, car ils sont le nombre, et le jour où ils le voudront, cet abus et bien d'autres dont ils sont victimes disparaîtront.

Blanchissage. — C'est encore là une question qu'on se pose quand, en voyage, on paie une note de blanchisseuse ; pourquoi les prix sont-ils généralement le double de ceux que paient les particuliers ? Il n'y a absolument aucune raison à cela et je ne vois pas pourquoi un tarif adopté par les voyageurs ne serait pas accepté par le maître d'hôtel, qui l'imposerait à son blanchisseur ou à une lingère de la ville ; il ne manque pas de personnes ne demandant pas mieux que de gagner honorablement leur vie au moyen d'un travail rémunérateur.

Hôtels fin de siècle. — Outre le nécessaire dont j'ai parlé, beaucoup de maîtres d'hôtel offrent aux voyageurs le vrai confortable, le luxe même : tapis haute laine garnissant toute la chambre, fauteuils, commode, armoire à glace; puis la sonnette antique et tapageuse est remplacée par un charmant petit bouton électrique fort discret, sur lequel il suffit d'appuyer légèrement le doigt, pour qu'un garçon bien stylé tombe à votre porte comme par enchantement.

Dans beaucoup d'hôtels vous n'avez même pas besoin de monter les escaliers pour arriver à votre chambre, un ascenseur se charge de vous transporter en quelques secondes, et sans fatigue, du rez-de-chaussée aux étages supérieurs et un téléphone vous permet de communiquer verbalement avec toutes les parties de l'hôtel sans vous déranger; on peut y dormir à son aise dans ces hôtels, car les garçons ont l'ordre de ne pas faire de bruit la nuit, et les corridors sont entièrement tendus de tapis qui assourdissent complètement le bruit des pas.

Hôtels fin de siècle ! Ceux-là ! me direz-vous; mais pas du tout ; ils sont de leur temps, voilà tout ! parce que les patrons savent se servir hardiment et intelligemment de tous les progrès que la science met à leur portée ; mais retournez-y dans ces mêmes hôtels à la vraie fin de notre siècle, c'est-à-dire dans dix ans; vous verrez qu'ils seront bien là vraiment fin de siècle, car ils auront adopté les nouveaux perfectionnements; et Dieu sait ce que nous réservent ces dix dernières années, si aucun événement ne vient enrayer la marche du progrès !

Les arriérés ! — Mais si on rencontre sur sa route beaucoup de maîtres d'hôtel s'efforçant de présenter aux voyageurs tout le confortable auquel ils ont réellement droit, puisqu'ils le payent, et largement, il en est cependant encore quelques-uns qui ne semblent pas se rendre du tout compte des devoirs qui leur incombent ! ce sont les *arriérés* ceux-là. Ils se sont installés maîtres d'hôtel sans avoir la moindre idée de ce qu'il y a à y faire ; veulent bien vivre sans se donner de peine, recevoir l'argent des voyageurs sans leur rendre l'équivalent en soins et en nourriture.

Ils confient la direction de la maison à leur femme, qui, à son tour ne pouvant tout faire, se décharge d'une partie de la besogne sur des bonnes ou des garçons ; quant à eux, ils s'en vont à la chasse, à la pêche, aux foires et assemblées voisines, etc. ; aussi que se passe-t-il ? A l'arrivée des trains personne n'est là pour recevoir les voyageurs ; une bonne prend les malles et les monte dans une chambre mal faite, mal époussetée, sentant mauvais, et dans laquelle il y a deux chaises boiteuses et une table malpropre.

Ce premier coup d'œil vous cause une mauvaise impression. Vous cherchez un porte-manteau, pas un ! et cependant, c'est indispensable pour suspendre les vêtements, sacoche, chapeau que l'on ne sait où mettre. On a dû, certes, en faire plusieurs fois l'observation au patron qui n'en a tenu aucun compte, pas plus qu'il n'a fait recoller la tapisserie que l'humidité a fait détacher du mur, boucher le trou du devant de cheminée par lequel le vent s'engouffre dans la chambre, mettre des bourrelets aux fenêtres, nettoyer les vitres affreusement salies par les mouches, ainsi que les rideaux, etc., etc.

Triste hôtel, vous dites-vous en vous dirigeant du côté de la table de toilette ; pas d'eau, pas de serviettes ! Vous apercevez le cordon d'une sonnette, vous l'agitez et attendez en vous livrant à des réflexions pas gaies du tout ; mais personne ne vient. Vous sonnez de nouveau et plus énergiquement, toujours rien ! La sonnette est démolie !

Impatienté, vous ouvrez votre fenêtre donnant sur la cour intérieure de l'hôtel et vous appelez un garçon qui se hâte lentement d'accourir et de vous faire donner ce que vous demandez. Votre toilette terminée, vous sortez de votre chambre et vous constatez que les tapis manquent totalement dans les corridors et les escaliers, qui sont pleins de poussière ou de boue ; les murs sont tout écorchés par suite du peu de soin qu'ont eu les garçons en montant ou en descendant les bagages des voyageurs, ce qui donne à l'hôtel un aspect malheureux, digne tout au plus de recevoir des saltimbanques, mais non des voyageurs habitués au confortable et payant pour l'avoir.

Du premier coup d'œil, vous voyageur, vous constatez toutes ces imperfections, mais le patron lui, n'en voit rien ; il a l'habitude de passer par ces corridors, et il ne lui vient pas à l'idée que tout cela pourrait être autrement; il paraîtra même fort surpris, si vous ne semblez pas très enchanté qu'il veuille bien vous recevoir dans son hôtel et si vous lui en faites remarquer le délabrement.

Vous arrivez au rez-de-chaussée, vous découvrez une bonne, vous lui demandez le patron pour avoir des renseignements : Il est à la chasse, monsieur! Et la patronne? Elle est sortie, monsieur!!

Vous voilà donc seul, ne connaissant ni le pays, ni les clients auxquels vous allez avoir affaire et ne sachant à qui, ni où prendre des renseignements; vous vous décidez à sortir pour voir par où vous pourrez bien commencer à travailler; vous perdez un temps infini en marches et en contre-marches, puis l'heure du dîner arrive sans que vous ayez pu rien faire de sérieux.

Vous vous décidez à passer à table; au lavabo, pas de savon et une serviette trempée; en passant auprès de la cuisine, une odeur nauséabonde vous saisit à la gorge; elle provient de ce que cette pièce est mal aérée, mal nettoyée et conserve par conséquent le mélange d'odeurs de légumes, de ragoûts, de viandes fraîches et faisandées, etc. Vous entrez dans la salle à manger, où vous trouvez quelques voyageurs assis se regardant, ou causant, en attendant qu'on veuille bien commencer le service.

Un regard jeté à la hâte sur le couvert vous prouve immédiatement que cette partie du service sera dans le même style que ce que vous avez déjà vu : arrive enfin le garçon revêtu du traditionnel tablier blanc... de huit jours ; malgré vos préventions vous vous décidez à satisfaire, par habitude, les cris de votre estomac ; vous le remplissez de mets mal combinés, mal cuits, mal assaisonnés et... mal présentés ; le pain est brûlé, le vin a un coup de feu, ou un goût de fût, les carafes sont sales, l'eau n'est pas propre, etc., etc.

Quelquefois cependant, vous avez la surprise de trouver un menu qui, bien que mal conçu, a cependant été bien fait ; les plats, tout en n'étant pas présentés convenablement, sont bons.

Cela tient à ce que dans beaucoup d'hôtels, ce sont les patrons eux-mêmes qui confectionnent les repas ; ce sont d'anciens chefs qui se sont établis maîtres d'hôtel et qui, par goût, par économie, par habitude même, tiennent à rester leur propre chef ; ils ont raison à tous les points de vue, mais qu'ils se persuadent bien que le vrai confortable pour un voyageur, ne consiste pas seulement à *beaucoup* manger, il faut encore que ce qu'on lui offre soit convenablement présenté, il n'en coûte pas plus.

En sortant de table, vous entendez un colloque animé, et vous voyez un monsieur causer avec quelques voyageurs connus ; il leur raconte avec enthousiasme qu'il a tué un lièvre de neuf livres à cent cinquante pas et fait coup double sur deux perdrix, partant l'une à droite l'autre à gauche ; il est enchanté de lui ! C'est le patron qui revient de la chasse.

Tout en causant, il vous aperçoit bien, mais cette

figure inconnue ne lui dit pas qu'il a un nouvel hôte auquel il doit présenter le bonjour ; non, cela ne lui vient pas à l'idée, et il s'en va joyeusement dîner, heureux de sa journée et de l'effet produit par son récit ; bon garçon d'ailleurs ce patron, mais n'ayant pas idée de ses devoirs de maître d'hôtel.

Cabinets. — Ce sont trop souvent d'infâmes cloaques dans lesquels on ne sait où mettre le pied et où on craint avec juste raison d'être asphyxié, ou, comment dirai-je ?... noyé ! pas de siège, quelfois, ou s'il y en a un, on ne peut s'y asseoir, tellement il est sale ; on est obligé de grimper dessus et de rester plus ou moins longtemps dans cette posture fatigante.

Pourquoi ce manque de soin ? Il n'a pas sa raison d'être ; est-ce que votre vase de nuit, votre cuvette doivent être sales ? Évidemment non. Eh ! bien alors, pourquoi les cabinets le seraient-ils ?

J'ai vu souvent écrit au crayon sur les murs, ce distique :

Quoique ce lieu soit détestable
Il faut s'y tenir comme à table,
Faire en sorte que la lunette
Soit aussi propre qu'une assiette... propre bien entendu !

Les vers ne sont peut-être pas très bons, mais la pensée est excellente et j'engage les maîtres d'hôtel à la méditer.

Il leur suffit pour savoir ce qui doit se faire,

d'aller dans un de ces bons hôtels « fin de siècle » ; ils y verront un parquet et un siège en chêne ciré ; les murs tapissés soigneusement, puis un rond de jonc, du papier, une cuvette constamment tenue propre par une conduite d'eau, et aussi par les soins attentifs des garçons, ce qui explique l'absence de toute odeur.

Qu'y a-t-il donc de difficile à faire tout cela ? rien, absolument rien ; il ne manque, que la volonté du patron ; mais alors, la volonté des voyageurs peut se manifester, car ce sont eux qui en souffrent, sans profit pour personne.

On me pardonnera d'avoir abordé un tel sujet, mais il est vraiment utile de mettre le nez dans certaines questions, pour bien en sentir... l'urgence.

Des Réformes S. V. P. — Eh bien ! voyageurs, dans ces hôtels-là, que j'appellerais volontiers : « Hôtels fin du siècle... dernier », vous payez beaucoup plus cher que dans les autres, puisqu'en partant vous y laissez le même argent, et que vous n'avez pas eu, à beaucoup près, la même somme de bien-être que dans les hôtels bien tenus. Il y a donc là, par votre intelligente initiative, des réformes à signaler à ces retardataires qui ne savent pas, ou ne veulent pas suivre le progrès et vous en donner comme on dit : pour votre argent.

Quand vous êtes plusieurs dans un hôtel, causez ensemble de ce qui manque à votre bien-être, soit dans votre chambre, soit dans une partie quelconque du service : faites-en un résumé par écrit et soumettez-le au patron, en lui exprimant le désir de voir les abus supprimés et les réformes réalisées à votre prochain voyage.

Que ceux des voyageurs qui restent, transmettent ces réclamations aux nouveaux arrivants du lendemain qui les appuient et ainsi de suite jusqu'à complète satisfaction ; soyez certains que ces réclamations, qui seront justes, je le suppose, faites en corps, poliment, mais énergiquement, seront promptement prises en considération.

Car enfin, je vous ai prouvé, par des chiffres indiscutables, que vous payez royalement, comparativement aux pensionnaires ; vous avez donc un droit incontestable à ne pas être traités comme des mendiants ; et vous pouvez être certains que les maîtres d'hôtel auxquels vous signalerez des lacunes dans leur service, s'empresseront, s'ils sont intelligents (ce qui est la généralité), de vous remercier et de les combler, ne voulant pas s'exposer à voir déserter leur hôtel par des voyageurs qui, somme toute, ne demandent pas mieux que d'y rester, si on les y soigne bien.

Respect aux Voyageurs. — Il est d'ailleurs de notoriété publique que les voyageurs, en général, ne sont pas *exigeants*, pas assez quelquefois, car la négligence à se faire respecter amène forcément le manque de respect ; ils n'aiment pas à faire des réclamations aux patrons, à moins que des faits extraordinaires ne les motivent. Mais croyez bien que cette union intime des voyageurs, cette solidarité dans la réclamation d'un bien-être qui leur est dû, de soins qu'ils payent très largement, donneront aux voyageurs en général et à chaque voyageur en particulier, une force morale qui accroîtra considérablement le respect que l'on a déjà pour eux.

Leçon de politesse. — Je me rappelle à ce sujet, un fait qui s'est passé devant moi à un hôtel de Châteauroux, et qui pourrait servir de leçon aux maîtres d'hôtel peu soucieux des convenances les plus élémentaires.

Un voyageur, qui n'était jamais venu dans cette ville, descend du train, donne son bulletin de bagages à un garçon d'hôtel et monte dans son omnibus ; arrivé à l'hôtel, il descend, surveille le déchargement de ses caisses d'échantillons, et remet à un garçon une valise qu'il tenait à la main et que celui-ci monte dans une chambre, pendant que le voyageur serre la main à un de ses collègues.

Le voyageur aperçoit le patron qui était dans la cour fort occupé à soigner des rosiers, et la patronne qui était majestueusement assise dans un petit bureau à gauche de la porte d'entrée ; ni l'un ni l'autre n'avait daigné se déranger à l'arrivée de l'omnibus.

Le voyageur, déjà froissé de ce manque de politesse, monte dans sa chambre, y trouve bien sa sacoche, son parapluie et son cache-poussière, mais de valise, point ! Il descend et la demande au premier garçon qu'il rencontre, ne sachant où prendre celui qui l'avait montée ; on cherche dans le magasin aux échantillons, dans toutes les salles où on supposait qu'elle avait pu être mise, rien ! Le voyageur s'avance dans le bureau et prie poliment la patronne de vouloir bien s'occuper de faire chercher sa valise par le garçon auquel il l'avait confiée ; « Elle se retrouvera votre valise ! » répond la patronne d'un air goguenard et sans se déranger.

Quant au patron, l'examen de ses rosiers l'absorbait à tel point, qu'il n'entendait pas les réclamations, ou feignait de ne pas comprendre.

Enfin, au bout d'une demi-heure d'attente, le premier garçon arrive avec la valise qu'il avait, dit-il, confondue avec une autre, et portée dans un corps de bâtiment voisin ; il voulait la monter dans la chambre du voyageur, celui-ci s'y opposa, alla lui-même chercher son cache-poussière, son parapluie et sa sacoche, fit recharger sans rien dire ses échantillons sur l'omnibus qui allait à un autre train, et avant d'y monter, alla au bureau, s'inclina profondément devant la maîtresse d'hôtel en lui disant : Adieu ! Madame.

La patronne stupéfaite, ne trouva rien à dire, et le patron regarda partir l'omnibus, ne semblant pas se rendre un compte bien exact de ce qui se passait.

A quelques pas de cet hôtel si peu hospitalier, s'en trouvait un autre de fort belle apparence ; le voyageur y fit arrêter l'omnibus et décharger ses bagages, paya ses deux courses, et en se retournant, se trouva en face du maître et de la maîtresse d'hôtel qui l'accueillirent de la façon la plus charmante.

Le fait fut connu immédiatement, et le voyageur félicité d'avoir su si courtoisement donner une leçon de politesse à ces peu aimables maîtres d'hôtel.

L'union fait la force. — Les voyageurs de commerce, dont le nombre se chiffre aujourd'hui par centaines de mille, se sont aperçus que leur isolement les laissait exposés dans bien des cas à des ennuis, à des injustices que, seuls, il leur était impossible d'empêcher ; aussi, ont-ils promptement compris tous les avantages qui pourraient résulter pour eux d'une association : ils ont éprouvé le besoin impérieux de s'unir, pour discuter les intérêts communs de la corporation et améliorer dans la mesure du possible le sort des voyageurs ; ils ont voulu en un mot : « se sentir les coudes », ils ont alors formé des associations de prévoyance.

La première fut fondée je crois, en 1858, elle a donc plus de trente ans d'existence ; elle a rendu d'immenses services à tous ses membres en particulier et à la cause des voyageurs en général : beaucoup d'autres se sont formées depuis ce temps-là et ont, sinon la même direction, du moins des statuts à peu près semblables et un but identique : faire le bien !

Les premières sociétés fondées l'ont été, si je ne me trompe, à Paris, sous le patronage de députés et de sénateurs ; puis, dans beaucoup de départements, sinon dans tous, on a imité cette initiative en créant des sociétés départementales dont le but est essentiellement et exclusivement humanitaire.

J'ai sous les yeux l'Annuaire d'une de ces sociétés, que le président a bien voulu m'adresser, et je vais retracer en quelques mots les avantages qu'elle offre à ses sociétaires, mais je ne parlerai pas des statuts, cela m'entraînerait trop loin ; d'ailleurs chacun peut se les procurer en s'adressant au siège d'une société quelconque, ou au représentant de l'une d'elles dans chaque ville.

Le but de cette société est de venir en aide de toutes façons à ses membres, voici quels sont les secours qu'elle donne et dans quels cas.

Placement des voyageurs. — Deux registres sont ouverts au siège de la Société et le Secrétaire général veille à ce qu'ils soient tenus avec le plus grand soin : l'un porte toutes les demandes d'emploi formulées par les sociétaires en disponibilité ; l'autre contient toutes les demandes de voyageurs adressées à la Société par les chefs de maison, sociétaires ou non sociétaires.

L'office d'intermédiaire ainsi rempli par la Société est entièrement gratuit.

L'action de la Société se bornant à mettre en rapport les deux parties, les registres ci-dessus ne contiennent pas les conventions établies entre elles, mais, s'il y a entente, la Société doit naturellement en être avisée pour opérer sur ses registres les changements d'adresse nécessaires.

Avantages pécuniaires des Sociétés. — Si un sociétaire devient malade pendant plus de cinq jours, il a droit à une indemnité quotidienne, moyennant qu'il la demande à la Société par écrit, (sauf impossibilité), en l'accompagnant d'un certificat de médecin relatant la nature de la maladie et la durée probable ; la Société fait le nécessaire pour faire visiter le malade et être tenue au courant de sa maladie.

La Société possède des médecins correspondants dans beaucoup de villes, et ce sont eux qui doivent délivrer les certificats et les renouveler de huit jours en huit jours.

Voici comment sont réparties les indemnités pour maladies :

pendant les dix premiers jours, 4 francs par jour ;
pour les dix jours suivants, 8 francs par jour ;
pour les quarante jours suivants, 5 francs par jour ;
puis pendant cent-vingt jours, 3 francs par jour.

Total : cent quatre-vingts jours, au bout desquels la Société cesse ses secours.

Si un sociétaire a une maladie reconnue incurable par le médecin délégué, la Société peut lui accorder un secours, plus ou moins important et prolongé, suivant les circonstances ; ou bien encore, le faire entrer dans un établissement hospitalier et lui continuer des secours ; de plus, ce sociétaire est dispensé de payer sa cotisation, mais n'a droit à aucun autre secours.

En cas de décès d'un sociétaire peu aisé, la Société se charge des funérailles.

Le sociétaire victime d'un accident, dû à une cause indépendante de sa volonté ou d'une maladie antérieure, a droit aux indemnités ci-après :

Perte de la vue, ou toute autre infirmité entraînant la complète incapacité de travail, le sociétaire a droit à 1,200 francs ; si l'accident a causé la mort, cette somme est remise à sa veuve, à ses enfants ou à ses ascendants dont il pourrait être le soutien.

En cas d'accidents n'entraînant qu'une incapacité de travail temporaire ou partielle, tels que : perte d'un bras, d'une jambe, d'un œil, etc., l'indemnité allouée n'est que de 600 francs.

Non seulement la Société se charge des funérailles des sociétaires, s'y fait représenter, et fait déposer une couronne sur la tombe, mais encore elle accorde, *sur leur demande*, à la veuve, aux enfants, aux père et mère âgés ou infirmes d'un sociétaire décédé, les indemnités de décès fixées suivant le temps pendant lequel le décédé a été sociétaire. Pour deux ans, *au minimum*, l'indemnité est de 100 francs et va en augmentant de 50 francs par année, atteignant le maximum de 500 francs pour dix ans et au-dessus.

Mais il faut pour cela que les intéressés fassent leur demande dans l'espace d'un mois à partir du décès.

Un sociétaire qui est laissé sans ressources par sa

maison loin de son domicile, est rapatrié par la Société, à moins que cette situation ne soit le résultat d'inconduite notoire de la part du voyageur, celui-ci perd alors tout droit à un secours.

Il a été créé par certaines Sociétés des fonds de retraites qui ont déjà produit de très bons résultats; aussi leur donne-t-on une extension de plus en plus considérable.

Il y a encore dans ces Sociétés un service du contentieux, destiné à examiner et à soutenir les litiges des sociétaires dans l'exercice de leurs fonctions;

Puis le service des avances que la Société peut consentir à accorder dans certains cas, et dans des conditions déterminées.

Il y a aussi un service de renseignements commerciaux, dont le tarif est fixé sur l'annuaire que possède chaque sociétaire.

Au siège de chaque association, les sociétaires trouvent tout ce qui leur est nécessaire pour faire leur correspondance, puis une bibliothèque contenant des quantités de volumes et de publications périodiques, où ils peuvent puiser tous les renseignements dont ils ont besoin.

De plus, ces sociétés ont eu l'heureuse inspiration de créer de petites bibliothèques, placées dans les hôtels des principales villes de France; elles contiennent un certain nombre de volumes, que les voyageurs peuvent échanger contre ceux qu'ils ont lus; ces livres sont tous recouverts d'une façon uniforme, qui en indique la provenance.

Comme on peut le voir par l'énumération de tous les avantages offerts par ces Sociétés, les voyageurs se sont mis en partie à l'abri des conséquences fâcheuses de l'isolement ; moyennant une somme relativement minime, ils sont sûrs d'avoir aide et protection de la part d'une Société, toujours plus puissante qu'un individu seul.

A Paris, en province, à l'étranger, aux colonies, il y a des correspondants de ces Sociétés : médecins, pharmaciens, avocats, etc., qui leur prodiguent leurs soins et leurs conseils, et ce, à des conditions avantageuses.

Qu'ils tombent malades à Dunkerque, Besançon, Clermont-Ferrand, Bordeaux ou Marseille, leur annuaire indiquant les médecins et pharmaciens de ces villes faisant partie de leur Société, ils s'adressent à eux ; beaucoup de maîtres d'hôtel, cafetiers, en faisant aussi partie, ont des soins et des prévenances particulières pour leurs co-sociétaires.

Nous sommes loin, on le voit, de ces temps relativement peu éloignés où les voyageurs de commerce, grâce peut-être à leur tenue et à leur manière d'être, étaient mal vus des populations au milieu desquelles ils passaient, et traités comme une classe à part.

S'ils ont acquis droit de cité ; si aujourd'hui, dans les milieux les plus difficiles, on les reçoit, on les écoute, c'est qu'ils ont grandement modifié à leur avantage, leur aspect, leur langage, leur manière d'agir.

Très corrects en général dans leur tenue, ils ont à cœur de de se faire remarquer que par leurs bonnes façons ; et leur honorabilité impose le respect à beaucoup de personnes qui naguère, les tenaient à l'écart.

Outre les avantages inhérents à la Société et que je viens d'énumérer, il en est d'autres qui ont été obtenus, vont l'être sous peu, ou le seront dans un laps de temps plus ou moins long par l'initiative et l'influence toujours croissante de ces associations mutuelles.

Voyageurs et Compagnies de chemins de fer. — Depuis longtemps déjà, ces Sociétés mènent une campagne très active pour obtenir des Compagnies des réductions de tarif, pour le transport des voyageurs de commerce et de leurs bagages.

Les Compagnies, tout d'abord, ont fait la sourde oreille ou ont demandé à *étudier la question*, et faisaient traîner la chose en longueur.

Mais, par suite des démarches incessantes des députés et sénateurs présidents des sociétés, la Compagnie d'Orléans a fini par accorder aux voyageurs des cartes d'abonnement de trois mois, six mois et d'un an, réduisant de moitié le prix de la place de toutes classes, et donnant droit au titulaire de ces cartes à une franchise de 50 kilos de bagages, mais pour un parcours déterminé de 500 kilomètres au minimum.

Cet avantage est déjà fort appréciable et n'est assurément que le prélude d'autres plus considérables ; l'intelligente initiative de la Compagnie d'Orléans a été imitée par les autres Compagnies, et toutes, espérons-le, ne seront pas longtemps réfractaires à d'autres réclamations dont il me semble utile de démontrer l'absolue justesse.

Le voyageur est une mine d'or. — Que sont en effet les voyageurs, par rapport aux compagnies de chemins de fer ? Ils en sont les principaux pourvoyeurs, la cause majeure de leurs bénéfices ; et l'augmentation de valeur des actions des compagnies est incontestablement un effet indirect, mais certain, du travail des voyageurs.

La preuve. — En effet, les voyageurs de commerce ont tout d'abord à payer leur transport et celui de leurs bagages (et à quel tarif !) sur toute la partie du réseau parcouru ; puis, quand ils ont travaillé sur ce réseau, en faisant valoir non seulement la ligne, mais ses annexes, correspondances, omnibus, buffets, bibliothèques, etc., ils sont encore cause du bénéfice que retire la compagnie du transport des marchandises qu'ils ont vendues dans les localités visitées, et qui sont expédiées en petite ou en grande vitesse ou en colis postaux ; des retours d'argent, d'emballages, etc.

Et encore il arrive tous les jours que ce travail des voyageurs est pour la compagnie une source de doubles bénéfices comme transports ; car les fabricants que représentent ces voyageurs, ne trouvent assurément pas sur place toutes les matières premières dont ils ont besoin pour fabriquer les marchandises vendues par ceux-ci ; ils sont obligés de les faire venir de fort loin, quelquefois de l'étranger, d'où elles arrivent dans nos ports.

De là on les fait venir, *par voie de fer*, aux endroits où on doit les employer et qui souvent sont très éloignés des ports d'arrivée : donc, déjà une première source de bénéfices pour les compagnies ; puis la matière première est transformée en marchandises qui sont expédiées, *encore par voie de fer*, aux endroits où les voyageurs les ont vendues ; second transport perçu par les compagnies, résultant aussi du travail initial des voyageurs.

Si au lieu d'un fabricant dont le voyageur parcourt les voies ferrées, il est question d'un commerçant en gros dont le voyageur a cheval et voiture, le travail de ce voyageur rapporte encore au chemin de fer un double transport ; car son patron prend ses marchandises dans toutes les parties de la France et en fait même venir de l'étranger, puis les réexpédie en grande partie par petite ou grande vitesse aux clients du voyageur, d'où résulte, comme on le voit, encore un double bénéfice. Si maintenant on met en parallèle le voyageur de commerce en général et le particulier, on voit que ce dernier, en moyenne, fait cinq, dix *petits* voyages par an, tandis que le voyageur garnit *constamment* tous les réseaux et de sa personne et de ses échantillons et du produit de son travail ; il est donc pour les compagnies, comme pour les maîtres d'hôtel, une source de fortune, une vraie mine d'or.

Devoirs des compagnies. — Les compagnies de chemin de fer devraient donc accorder aux voyageurs de commerce les concessions que ceux-ci leur demandent, toutes les facilités possibles, et ce, sans se faire tirer l'oreille ; que dis-je ? elles n'auraient pas dû attendre qu'on les leur demandât ; ces concessions auraient dû venir d'elles.

MM. les administrateurs, qui sont tous assurément gens très intelligents et... très pratiques, auraient dû se dire : « Le voyageur de commerce nous fait « gagner beaucoup d'argent, plus il y aura de voya- « geurs, mieux cela vaudra pour nous ; avisons « donc aux moyens de cultiver, d'augmenter cette « race de consommateurs. »

Eh ! oui, consommateurs... de kilomètres, et en gros ! Qu'est donc une compagnie de chemins de fer ? Une entreprise commerciale ayant pour but la vente au public, de transports de voyageurs et de marchandises à des prix déterminés, basés sur le poids et le nombre de kilomètres parcourus.

Or, les voyageurs sont des consommateurs énormes de kilomètres, et il est de règle dans le commerce que les prix payés par les acheteurs soient d'autant moins élevés que la quantité de marchandises achetée est plus considérable ; il serait donc logique que les compagnies offrissent aux consommateurs de leurs produits... *les kilomètres*, des bonifications proportionnelles aux quantités achetées, avec un minimum, par exemple, de 100 kilomètres, et *avec faculté de cession.*

Leur intérêt. — Quels risques courraientelles, puisque dans aucun cas le voyageur ne pourrait consommer au prix stipulé plus de marchandises qu'il n'en aurait acheté, la vérification pouvant se faire de gare en gare, par simple soustraction des chiffres portés sur le carnet et paraphés par tous les chefs des gares où le voyageur se serait arrêté ? D'un autre côté, la compagnie ne pourrait qu'y gagner, puisqu'elle recevrait immédiatement l'argent d'une marchandise qui peut-être ne serait pas toute consommée, ou dans tous les cas ne le serait que longtemps après avoir été payée.

Sous l'empire de ces idées fort justes, mathématiques, les administrateurs auraient dû, ce me semble, s'ingénier à rendre aux voyageurs, en bien-être, en amabilité, en facilités de toutes sortes, la contre-partie de ce que les voyageurs leur donnent en travail et par conséquent en argent : ils auraient dû faire, de la situation du voyageur de commerce en chemin de fer, une place tellement enviable que tout le monde voudrait l'être.

Ils devraient donner aux chefs de gare des ordres pour que les voyageurs soient traités avec tous les égards possibles, ce qu'ils font tous du reste, je m'empresse de le dire, mais tout autant que le leur permet « le règlement » ; car ils veulent bien être complaisants, mais à condition que cette complaisance ne les expose pas à des désagréments de la part de MM. les *inspecteurs* (gros bonnets pas toujours commodes) ; d'ailleurs, les voyageurs eux-mêmes ne le voudraient pas.

Ce que demandent les voyageurs, ce ne sont pas des passe-droit, ni des choses impossibles, mais bien des concessions « commerciales » basées sur leur importance comme clients de la compagnie, telles que : réductions de tarif, suivant le nombre de kilomètres parcourus, et des facilités de départ et d'arrêt n'entravant pas le service.

Exemple. — Ainsi par exemple : voici un voyageur qui part d'Angers pour Tours et qui a besoin de s'arrêter une demi-journée à Saumur ; il n'a aux bagages que sa malle à effets ; ses échantillons, il les met avec lui dans le wagon. Il sera obligé de prendre son billet et de faire enregistrer sa malle pour Saumur d'abord ; puis, quand il aura fini ses affaires, il devra reprendre un nouveau billet et faire enregistrer sa malle une seconde fois de Saumur à Tours ! Pourquoi ?

Cette double besogne pour le voyageur et pour les employés de la gare de Saumur peut facilement être évitée, si le distributeur des billets d'Angers a le droit de délivrer au voyageur, *le demandant*, un billet pour Tours, avec faculté d'arrêt *dans les gares intermédiaires ;* le billet du voyageur est dans ce cas marqué d'une façon particulière, une étoile ou une barre rouge faite au moyen d'un tampon spécial, de façon qu'il ne puisse y avoir aucune contestation entre le porteur du billet et les chefs des stations intermédiaires.

Alors qu'arrive-t-il ? le voyageur, muni de son billet, fait enregistrer sa malle pour Tours, et descend aux stations où il a affaire; il présente son billet en descendant, le garde pour le présenter de nouveau en remontant, absolument comme les autres voyageurs; seulement, il gagne du temps en ce sens que, n'ayant pas à chaque départ à se préoccuper de prendre son billet, de retirer sa malle de la consigne et la faire enregistrer de nouveau, il peut consacrer dans chaque endroit un bon quart d'heure ou une demi-heure de plus au travail, ce qui est énorme.

La compagnie n'y perd pas, puisque le voyageur ne fera avec son billet que le nombre de kilomètres qu'il aura payés, et elle y gagne le travail épargné ainsi aux gares intermédiaires, et les billets qu'elle eût été obligée de fournir au voyageur à chacun de ses arrêts.

Que les compagnies fassent donc savoir au public qu'elles accordent cette latitude, et elles pourront avant peu constater les résultats obtenus.

Je ne sais s'il y a des difficultés de service empêchant d'adopter ce mode de procéder, mais je ne le crois pas, et dans tous les cas, elles ne seraient pas insurmontables. La Compagnie de l'État, d'ailleurs, laisse cette faculté à ses chefs de gare qui en usent fort gracieusement; la Compagnie d'Orléans elle-même, au moment des bains de mer, donne des billets valables pour un mois et au moyen desquels on a le droit de s'arrêter dans les différentes gares, tant à l'aller qu'au retour; or il n'y a pas de raison pour que ce qui se fait pour les personnes qui vont à leur plaisir ne se fasse pas pour ceux qui vont à leurs affaires.

Puisque j'en suis au chapitre des améliorations, je crois devoir signaler un fait curieux, pour ne pas dire autre chose, à la charge de la Compagnie de l'Ouest.

Des bouillottes. — Un voyageur va d'Angers à Laval directement, on lui donne son billet pour cette destination, il monte dans le train par un froid sibérien, et il cherche en vain des bouillottes ; il attend jusqu'au dernier moment, pensant au plaisir qu'il va avoir à se chauffer les pieds, mais le train siffle et part à toute vapeur, sans qu'il ait aperçu les bienheureuses bouillottes.

A Segré, premier changement de train, il est obligé de descendre, pourquoi ? il n'en sait rien ! et il se trouve sur un quai totalement découvert, sur lequel la bise coupe la figure ; il va dans la salle d'attente au milieu de laquelle se dresse un grand poêle dans lequel il y a *probablement* du feu, mais on ne peut s'en apercevoir, car les portes ouvertes de tous côtés établissent un courant d'air qui emporte avec soin les moindres vestiges de chaleur.

Le voyageur attend patiemment, en se promenant dans la salle d'attente, l'heure du départ pour Laval, espérant qu'il va enfin trouver des bouillottes ; nouvelle déception ! rien que les planches froides, les carreaux gelés et un air glacial !

A Châteaugontier, second changement de train ! Obligé par conséquent de redescendre, le voyageur trouve une salle d'attente aussi ardemment chauffée qu'à Segré, et dans laquelle il est encore obligé de passer une demi-heure, puis de remonter dans le train, toujours sans bouillottes ! Si bien qu'il arrive à Laval littéralement gelé ; on le serait à moins !

Pourquoi cet oubli des lois de l'humanité ?

Désirant le savoir, il s'adresse au chef de gare, qui lui répond d'une façon fort aimable, que la compagnie n'est pas tenue de chauffer les wagons pour un parcours de moins de deux heures. « Eh bien ! mais, « d'Angers à Laval, il y a plus que cela. » « C'est « vrai, répond le chef de gare en souriant, mais on « ne va pas d'Angers à Laval, mais bien d'Angers à « Segré, et il n'y a pas le temps voulu ; puis de « Segré à Châteaugontier, et enfin de Châteaugon- « tier à Laval, c'est la même chose ; vous êtes *censé* « opérer séparément ces trois petits parcours. » Et cependant au départ on donne bien les billets et on enregistre bien les bagages pour Laval directement ! Comprenez la distinction si vous pouvez, moi, je ne la saisis pas, elle est trop subtile.

Mais à ce compte-là, toutes les compagnies seraient en droit de faire geler les voyageurs, sous prétexte que sur la ligne se trouvent des bifurcations où il y a des changements de trains ; heureusement que cela n'existe pas, je pense, dans les autres compagnies ; il n'y a pas de raison pour que les abus qui subsistent encore ne disparaissent pas promptement.

En effet, de deux choses l'une : ou bien le fait

que je viens de signaler se reproduit sur beaucoup d'autres points du réseau de l'Ouest ; ou bien c'est un fait isolé.

Dans le premier cas, la compagnie réalise, en ne chauffant pas, une grande économie, mais fait souffrir un grand nombre de voyageurs : raison majeure pour exiger le chauffage.

Dans le second cas, il n'y a qu'une petite partie de son parcours non chauffée ; alors l'économie n'en est plus une, et les voyageurs qui parcourent cette partie glaciale de son réseau, ont autant que les autres le droit à la chaleur : double raison pour que le chauffage soit organisé immédiatement.

Il n'y a pour cela qu'à signaler ces lacunes aux Sociétés de voyageurs, qui, par une action commune vigoureusement poursuivie, sauront amener les compagnies à avoir une administration et une gestion exemptes de tout reproche, ce qu'elles ne demandent pas mieux que de faire d'ailleurs, j'en ai la conviction.

Campagne d'hiver. — Au moment de mettre sous presse, j'ai connaissance de la vigoureuse campagne entreprise par les journaux et notamment par le spirituel « Jean sans Terre » dans le *Petit Journal*, pour amener les compagnies à mettre des bouillottes dans tous les compartiments de deuxième et de troisième classe,

Je suis heureux de me trouver en communauté complète d'idées avec ce charmant chroniqueur : mais avouons que nous n'avons pas grand mérite à cela, car il suffit d'avoir été en chemin de fer (deuxième ou troisième classe) depuis le commencement de ce rude hiver, pour avoir éprouvé le désir, parfaitement légitime, de voir les compagnies faire cesser un état de choses qui n'a pas sa raison d'être.

On étudie. — J'ai lu avec beaucoup d'intérêt les différents articles écrits à ce sujet ces temps derniers, constaté avec plaisir que la question a même été portée à la tribune de la Chambre des députés; que les compagnies ont l'air de comprendre qu'on peut bien en effet, par ce temps-ci, avoir un peu froid dans des wagons de troisième classe dénués de bouillottes; qu'enfin, elles font *étudier* des systèmes de chauffage nouveaux avec la *presque* certitude que leurs ingénieurs finiront par en trouver un... applicable.

Ces excellentes dispositions sont assurément très louables et toutes ces bonnes paroles réchauffent le cœur, mais... laissent les pieds froids aux malheureux voyageurs; et tout le monde se demande comment il peut se faire que l'État, qui applique le système de chauffage dans toutes les classes, depuis longtemps et pour tous les parcours, n'ait pas forcé les compagnies à en faire autant quand, en 1883, il a conclu avec elles de nouvelles conventions.

L'État y aurait eu d'autant plus de droits, que les compagnies, par suite du monopole qu'il leur a accordé et des tarifs réduits qu'il leur a donné la faculté d'établir dans certains cas, ont tué à peu près toute la concurrence que pouvaient leur faire les voitures publiques et la petite batellerie ; par conséquent le public ne peut plus guère, soit pour les personnes, soit pour les marchandises, prendre d'autre moyen de transport que celui des chemins de fer ; sans cela !!!

L'année... qui vient !!! — Si donc les compagnies ont des droits très étendus, *un monopole*, elles ont, par contre, des devoirs très grands à remplir : le premier, c'est de rendre en bon état à destination les marchandises et les personnes qu'on leur confie. Or, si une compagnie rend à un commerçant, un colis quelconque endommagé par sa faute, par un manque de soin, le destinataire a droit à une indemnité proportionnée au dommage. Et un voyageur que l'on expose à un froid sibérien pendant une heure et demie ou une heure trois quarts, sans bouger ; qui par ce fait attrape froid, contractera peut-être une maladie plus ou moins sérieuse ; ce voyageur *détérioré* par le manque de soin de la compagnie n'a pas le droit de se plaindre ! il n'a qu'à attendre le résultat des études qui se font, *dit-on*, et aboutiront certainement, mais quand ? l'année... *qui vient*, parbleu !!!

En Allemagne, en Russie, les études ont été faites depuis longtemps, et un système de chauffage a été adopté, qui permet de bien chauffer les wagons et de supporter sans en souffrir des températures autrement basses que les nôtres ; pourquoi les compagnies de chemins de fer français n'ont-elles pas envoyé leurs ingénieurs étudier ces systèmes pratiques et ne les ont-elles pas adoptés ? Ils sont trop simples probablement, et auraient pu être appliqués immédiatement !

Dans tous les cas, les voyageurs de commerce semblent bien décidés à ne pas perdre de vue ces questions d'améliorations à réaliser et d'abus à supprimer, et ils arriveront à la solution, car elle s'impose, et ils ont les qualités qui font réaliser de grandes choses : l'amour du bien et la persévérance.

TROISIÈME PARTIE

Le Savoir-Vivre et la Politesse française

AVANT-PROPOS

La France est un pays où tout le monde peut parvenir à une situation plus ou moins élevée, dans laquelle chacun aura à remplir des devoirs vis-à-vis de ses concitoyens ; et tel qui est aujourd'hui apprenti, deviendra employé, voyageur, patron : il peut aussi arriver à être conseiller municipal, conseiller général, juge au tribunal de commerce, président peut-être ! ou bien maire, député, sénateur, que sais-je ? si par ses capacités, il a su s'imposer au choix de ses concitoyens.

Pour tenir sa place dignement, c'est-à-dire pour ne pas être exposé à commettre des bévues qui soient préjudiciables à lui et aux autres, tout homme doit chercher à acquérir l'instruction, tout au moins celle qui est indispensable pour bien remplir les postes qui lui seront confiés. Cette instruction peut être acquise, d'abord dans les établissements publics ou privés, si nombreux sur le territoire français, puis complétée par chacun, au moyen de livres spéciaux à chaque position particulière.

Mais il est une autre science au moins aussi utile, je dirai même indispensable, que tout homme sensé doit s'efforcer d'acquérir par tous les moyens possibles, parce qu'il en aura besoin du matin au soir, de son réveil au moment où il s'endort, dans tous les actes de sa vie privée et publique : cette science est celle du « *savoir-vivre* », qui comprend les règles de la politesse en général, et celles des relations qui, dans toute société civilisée, doivent exister entre un homme et ses semblables, dans toutes les circonstances de la vie ; ce que l'on appelle enfin « les usages du monde ».

J'ai dit précédemment, qu'il était regrettable que dans tous les établissements d'instruction on négligeât *absolument* cette science primordiale, qui doit prendre l'homme au berceau et le conduire, pour ainsi dire par la main, jusqu'à son dernier soupir; être pour lui dans la vie son ange gardien dans les milieux où le conduiront les péripéties de son existence.

Je voudrais que chaque classe eût dans son programme, une partie concernant la politesse et le savoir-vivre, d'autant plus développée que la classe serait plus élevée ; que la science la plus honorée fût celle du « *savoir-vivre* », et que les professeurs fissent tous leurs efforts pour que pas un élève ne sortît de leur classe sans connaître à fond la partie de cette science destinée à y être enseignée.

Je voudrais en outre, que dans chaque classe il y eût plusieurs prix, plusieurs accessits et mentions, pour récompenser le plus possible de ceux qui auraient bien travaillé cette science.

Tous ces petits lauréats, rentrés chez eux, se conduiraient bien, afin qu'on ne pût pas leur dire : « Comment ! c'est ainsi que tu te conduis, « toi qui as eu un prix de politesse ! » De plus, les petits livres du savoir-vivre seraient bien souvent les conseillers de la famille, dans les cas où on pourrait être embarrassé, ce qui arrive à chaque instant ; et des petites discussions ou causeries ne pourraient qu'être utiles aux parents et aux enfants, dont l'attention serait attirée souvent sur cette question et leur en ferait mieux comprendre l'importance.

J'ai cru utile de mettre ce petit abrégé à la fin de mon livre, parce que parmi mes lecteurs, fabricants, commerçants, représentants, voyageurs, employés, apprentis, maîtres d'hôtel, etc., il peut s'en trouver quelques-uns (ceci soit dit sans les froisser) qui aient oublié, ou même n'aient jamais eu *occasion* de connaître certaines lois de la politesse française, certains usages du monde, et soient heureux de se les remémorer ou même de les apprendre.

Dans les deux premières parties de cet ouvrage, j'ai exposé mes idées personnelles, sans prétention aucune, dans un style facile à comprendre, que chacun pourra apprécier comme il le jugera convenable, mais en tenant compte des sujets que j'avais à traiter. J'ai eu en vue surtout d'instruire mes collègues ou les autres personnes qui me liront, en leur faisant part de l'expérience acquise dans vingt-sept ans d'exercice de ma profession, et des réflexions que m'a suggérées cette longue pratique du métier.

Mais ici, c'est différent ; ce qui suit est un abrégé, aussi bref que possible, de la science du « savoir-vivre », bien incomplet, sans doute, mais qui peut avoir néanmoins une certaine utilité, car il est la condensation d'ouvrages faits par des personnes autorisées : j'ai lu ces ouvrages, je les ai comparés, et j'ai pris dans chacun les idées qui m'ont semblé le plus pratiques, celles que je vois appliquer journellement.

Ce qui m'est personnel, c'est le plan adopté pour ce traité et qui ne ressemble pas à ceux des autres livres, dans lesquels certains développements m'ont paru quelquefois trop étendus, de façon à faire presque oublier le sujet principal

Ce travail de réduction, *mais non de copie,* a été très long pour moi qui avais fort peu de temps à dépenser, et très difficile, en ce sens qu'il me fallait dire beaucoup, sous un petit volume, pour ne pas augmenter démesurément l'importance et surtout le prix de cet ouvrage.

J'ai fait de mon mieux, et je prie de nouveau mes lecteurs de voir surtout dans mon travail le désir que j'ai d'être utile à mes concitoyens; qu'ils veuillent bien m'y aider en me faisant part de leurs réflexions, de leurs idées ; ne m'en donneraient-ils qu'une bonne, qu'ils auraient encore la satisfaction, ce jour-là, de pouvoir se dire : « Aujourd'hui, je n'ai pas perdu mon temps. » Je les en remercie à l'avance.

LE SAVOIR-VIVRE EN FAMILLE

L'éducation. — M. de la Fère, dans son beau livre du « *Savoir-vivre* », s'exprime ainsi : « L'*ins-* « *truction*, qu'il ne faut pas confondre avec l'*éduca-* « *tion*, développe et élève l'intelligence : l'*éducation* « élève *tout* l'homme.

« Par la bonne éducation un homme est *bien* « *élevé*, titre *supérieur* à *bien instruit* que confère « l'instruction seule; on peut avoir beaucoup d'ins- « truction sans avoir beaucoup d'éducation.

« L'*éducation* ne suppose pas seulement, comme « l'instruction, la culture de l'intelligence; elle dé- « veloppe à la fois toutes les facultés physiques, « morales et intellectuelles; ainsi le corps, l'intelli- « gence, le cœur et l'âme sont à la fois cultivés par « l'éducation. »

Tout cela est parfaitement vrai, et on voit tous les jours dans le monde, des personnes très instruites qui ne sont pas admises dans la société, ou y sont mal vues, parce qu'elles manquent d'éducation, et sont incapables par conséquent de se plier aux exigences du savoir-vivre.

Les parents premiers éducateurs. — Où et comment s'acquiert l'éducation?

Le père et la mère sont les premiers éducateurs de leurs enfants, et c'est là le plus beau rôle que Dieu leur ait confié en les leur envoyant. Mais quelle tâche ardue, pénible fort souvent, toujours très délicate! et combien ne se rendent pas compte de la responsabilité qui leur incombe à l'arrivée de ces petits êtres!

Je n'entreprendrai certes pas de traiter tout au long ce grave et compliqué sujet, de l'éducation des enfants; je me contenterai d'en dire quelques mots, en renvoyant ceux de mes lecteurs qui voudraient en savoir plus long aux ouvrages si bien faits de MM. Jules Simon (*La Réforme de l'enseignement secondaire*), Michel Bréal (*Quelques mots sur l'instruction publique en France*), Victor de Laprade (*L'Éducation libérale*), le P. Girard (*De l'enseignement régulier de la langue maternelle*), Mme Necker de Saussure (*Éducation progressive*), Alexandre Martin (*L'Éducation du caractère*), M. Gréard (*L'Esprit de discipline dans l'éducation*), etc., etc.

Tous ces ouvrages traitent magistralement la question de l'*éducation* des enfants, bien qu'à des points de vue différents ; on ne peut que gagner à les lire et à les relire, afin de pouvoir mieux en apprécier la beauté, comme style et comme idées, et en appliquer les préceptes.

Voici d'ailleurs ce qu'écrit Victor de Laprade dans *l'Éducation libérale :* « L'éducation que le père « et la mère seuls peuvent donner, est tout à fait « distincte de l'instruction ; c'est l'éducation morale « proprement dite, celle du cœur et de la volonté, « du caractère, celle de la raison elle-même, cette « faculté supérieure à l'intelligence et de laquelle « dépend la valeur de l'esprit tout entier... C'est « dans la famille, que toutes ces qualités qui font le « vrai mérite et la dignité de l'homme, s'acquièrent « et s'accroissent le plus sûrement. En dehors de la « vie de famille et dans le régime des collèges, elles « n'ont que des risques à courir. »

Qui, en effet, mieux que les parents, est à même d'acquérir la connaissance intime du caractère des enfants, indispensable pour établir le régime moral spécial à appliquer à chacun d'eux ? Personne évidemment, car les enfants accordent généralement à leurs parents, une sympathie et une confiance que des maîtres ne pourront que très rarement obtenir ; et cette connaissance intime du caractère des enfants facilite beaucoup la tâche et leur permet de manier ces âmes enfantines avec le tact et la souplesse nécessaires en pareil cas.

Tout l'effort des parents doit tendre, non pas tant à développer chez les enfants des habitudes passives d'obéissance et de travail, qu'à exciter leur énergie dans la lutte pour l'existence, relevée et ennoblie par l'idéal du devoir.

Le père. — Le père est le chef de la famille ; c'est lui qui, aux yeux de la loi, est civilement responsable des actes de ses enfants, à charge pour lui de leur accorder aide et protection, et de veiller à leur instruction et à leur éducation ; c'est donc à lui que revient incontestablement dans la famille la plus grande somme d'autorité morale, puisqu'il a la plus grande somme de responsabilité.

Il doit savoir maintenir et faire respecter cette autorité avec douceur et bonté, mais aussi avec *fermeté* et *persévérance* et sans permettre qu'il y soit porté la plus petite atteinte ; le meilleur moyen à employer pour cela, c'est l'exemple ; et le père arrivera très promptement à un bon résultat s'il pratique lui-même les vertus qu'il désire inculquer à ses enfants.

Rôle du père. — Le père contribue à l'éducation de ses enfants d'une façon plus ou moins sérieuse, suivant leur âge et leur sexe ; car il est bien évident que la mère participera davantage et plus longtemps à celle de sa fille, tandis que le père devra s'immiscer plus tôt et d'une façon plus sérieuse dans celle de son fils, mais tous les deux devront constamment agir de concert, ayant toujours en vue le plus grand bien de leurs enfants.

« Lorsque l'œuvre éducatrice, dit M. Al. Martin,

« se fait en collaboration, ce qui est le cas le plus « fréquent, l'entente entre les éducateurs s'impose « d'une façon absolue au sujet de l'obéissance à « obtenir. Un ordre donné à l'enfant par un de ses « éducateurs doit être strictement maintenu par les « autres, quand même il serait mauvais, à moins « que son exécution ne présente des inconvénients « graves ou que l'on puisse l'éluder, s'il ne vaut « rien, sans que l'enfant s'en aperçoive.

« La meilleure manière de ruiner l'autorité d'un « éducateur, c'est de le contredire devant son élève. « Que l'on s'explique en l'absence des enfants, que « celui qui a une autorité supérieure trace des règles « fixes, et adresse au besoin des observations sé-« rieuses à ceux de ses collaborateurs qui lui sont « subordonnés; mais que les enfants ne soupçonnent « aucun désaccord; qu'ils croient à l'unanimité de « vues chez ceux qui les commandent : c'est une « condition essentielle pour leur obéissance. Ni dans « la famille, ni à l'école, il ne doit y avoir pour eux « une cour d'appel. »

Il est bien certain que le mari et la femme, même les plus unis, les mieux intentionnés, n'auront pas toujours les mêmes vues, les mêmes désirs, la même façon de procéder dans ce rôle d'éducateurs; mais que ces divergences n'arrivent jamais à la connaissance de leurs enfants, qu'elles soient aplanies en dehors de leur présence, par des concessions réciproques ayant pour base, l'intérêt véritable et bien raisonné des enfants.

Les enfants grandissant, le rôle d'éducateurs du père et de la mère grandit aussi; car il ne suffit plus de leur apprendre leurs devoirs envers les proches, mais bien aussi leurs devoirs envers leurs semblables et envers Dieu, et ce, dans toutes les circonstances de l'existence.

La première éducation des enfants se sera faite dans la vie de famille, dans laquelle ils auront eu souvent l'occasion de parler et d'agir, en suivant l'impulsion de leur caractère, et sous l'influence de l'instruction et de l'éducation qui leur auront été données précédemment ; plus l'une et l'autre seront soignées, plus les parents auront de satisfaction de leurs enfants, et plus ceux-ci acquerront promptement la réputation d'enfants bien élevés.

Si l'éducation des enfants a été bien commencée, il sera plus facile au père de perfectionner celle du *jeune homme ;* celui-ci au sortir de l'enfance, au moment de son entrée dans le monde, devra en connaître tous les usages, être complètement, et *par habitude,* armé de cette politesse, de cette bienveillance, de ce respect de soi-même et des autres, qui lui permettront de parler et d'agir en vrai « gentilhomme français ».

Il n'est pas indispensable, en effet, d'avoir une particule pour faire partie des gens bien élevés ; mais on dit que : « Noblesse oblige » ; c'est vrai, et celui qui a l'honneur de porter un titre ou un nom illustré par ses aïeux leur doit, se doit à lui-même, doit à la patrie, de soutenir l'éclat de ce nom par sa valeur personnelle et par les services qu'il rend à la société.

Eh bien ! nous portons tous ce titre de « Français » que nos aïeux ont illustré de toutes façons, mais surtout par la distinction de leurs manières et la correction de leur langage ; nous avons hérité de cette bonne réputation ; nous n'avons donc pas le droit de répudier cet héritage, de l'avilir par des manières dépravées et un langage malsonnant ou grossier.

Le père s'appliquera donc à développer dans le cœur de son fils l'amour de ses semblables, le désir de les voir heureux, la crainte de les blesser, de les froisser même, il en fera ainsi un jeune homme bon, aimable et par conséquent sympathique, quand bien même la nature n'en aurait pas fait un « beau jeune homme ».

Il dirigera les pensées de son fils, sa conversation vers le beau, le juste, le bien, et lui inspirera l'horreur de la dissimulation, du mensonge, de la médisance, de la méchanceté ; il l'habituera aussi à raisonner ses convictions, à mûrir ses déterminations et contribuera ainsi à lui donner une qualité que tout le monde est loin de posséder, le courage de son opinion.

Il s'efforcera de développer dans ce jeune cœur l'amour de la patrie, sentiment qui, à un moment donné, peut exiger le sacrifice de son temps, de sa fortune, de sa vie même, pour la défense du sol ou de l'honneur national.

Le père prudent fera bien de surveiller les amitiés auxquelles son fils se laisserait aller, encourageant celles qu'il reconnaîtra utiles au développement de ce sentiment dans ce qu'il a de beau, mais éliminant autant que possible celles qui tendraient à contrarier son œuvre d'éducation morale. Si parmi ses amis il s'en trouve un qui soit vraiment digne de ce nom, le père encouragera particulièrement cette affection, et fera comprendre à son fils ce qu'il y a d'honorable à être fidèle à ses amis, même et surtout quand ils sont dans le malheur.

En même temps que les idées et les sentiments de son fils, le père surveillera ses paroles, son maintien, tant à la maison qu'à l'extérieur ; lui apprendra à s'exprimer correctement, à se présenter gracieusement, à causer sans forfanterie, sans pédantisme mais aussi sans gaucherie ; il lui dira que toute femme, *quelle qu'elle soit*, a droit à son respect, à sa protection même, en toute circonstance, par cela seul qu'elle est femme ; mais il saura lui faire saisir dans ce respect, les nuances, basées sur la situation de chaque femme vis-à-vis de lui. Il lui fera comprendre qu'un homme ne doit jamais aborder dans la rue une jeune fille conduite par une domestique, ni saluer une femme, même amie de sa famille, sans que celle-ci, par sa physionomie, lui ait fait comprendre qu'elle l'autorise à le faire.

Quant à la poignée de main, il lui dira qu'un homme *l'offre* à ses amis, à ses égaux, à ses inférieurs, mais la *rend* à ses supérieurs, aux femmes, aux prêtres, aux étrangers de distinction qui lui font l'honneur de la lui offrir. Et encore doit-il se borner à un léger serrement de la main qu'il prend, et ne pas la retenir dans la sienne, ni la secouer d'une façon grotesque et parfois désagréable.

Le père habituera son fils à rendre à sa mère et à sa sœur, aux dames, aux personnes âgées, ces mille et un services conseillés par une complaisance attentive et affectueuse, et cela toujours avec une expression de plaisir visible ; dans la conversation avec elles, il gardera toujours le calme, la douceur, la politesse la plus respectueuse, ce qui n'exclura pas l'enjouement, la plaisanterie de bon aloi, l'enthousiasme, la fougue même, si naturels à la jeunesse, et qui sont qualités si françaises et par conséquent bonnes à conserver, mais dans des proportions convenables.

Il lui fera comprendre aussi que, au cas où un jeune homme pour une cause quelconque serait taquiné, attaqué violemment, injurié même par une femme quelconque, il ne faudrait pas, parce que celle-ci fait preuve de mauvaise éducation, de grossièreté peut-être, qu'il se crût autorisé à riposter sur le même ton : il lui fera bien mieux sentir son tort en lui répondant au contraire avec la plus extrême politesse, en appelant à son aide tout son esprit, tout son tact, toute sa bonne humeur, le calme le plus parfait.

Le jeune homme qui agira de cette façon acquerra promptement la réputation de charmant cavalier ; et le père sera récompensé largement de toutes les peines qu'il se sera données pour l'éducation de son fils. Celui-ci de son côté prouvera à ses parents, dans toutes circonstances, qu'ils n'ont pas obligé un ingrat, et leur rendra largement toute l'affection, tous les soins qu'il en aura reçus ; il accueillera toujours avec le plus grand respect, *quel que soit son âge*, les conseils ou avis qu'ils lui donneront et devra encore les en remercier, quand bien même il ne les suivrait pas.

D'où viennent, en effet, les conseils donnés par les parents ? de la sollicitude qu'ils ont pour leurs enfants, du désir de les voir heureux, et de la crainte que leur fait éprouver l'inexpérience des jeunes gens dans bien des circonstances ; ce ne sont pas là, je pense, des sentiments blâmables; et les enfants *gagneront* toujours à se servir de l'expérience que leurs parents ont acquise avant eux, et souvent très chèrement.

La mère de famille est la compagne du père, avec lequel elle doit parcourir le rude sentier de la vie; ces deux êtres, unis l'un à l'autre par une circonstance fortuite, n'ont bien souvent ni la même instruction, ni la même éducation, et par conséquent n'auront ni les mêmes habitudes, ni les mêmes goûts, ni les mêmes manières de voir dans les différentes phases du ménage. Mais liés l'un à l'autre d'une façon *indissoluble*, ils doivent faire tout leur possible pour que leur vie ne soit pas un enfer, et pour se la rendre mutuellement, au contraire, aussi agréable que possible.

Politesse réciproque en ménage. — Pour que la vie à deux soit heureuse, il faut surtout beaucoup de cœur, beaucoup d'abnégation et par conséquent absence complète d'égoïsme; de cette façon l'existence est charmée, embellie par le désir réciproque de se rendre heureux, de s'éviter toute espèce d'ennuis, de chagrins; d'adoucir par la bonté et la politesse, par des égards constants, les amertumes que la vie ne peut manquer d'apporter au ménage.

L'homme, obligé de vaquer à des travaux ayant pour but de gagner la vie à sa famille et de lui donner la plus grande somme de bien-être possible, passe à ces occupations soit chez lui, soit au dehors, la majeure partie de ses journées, et revient au milieu des siens fatigué, physiquement et moralement.

Mais il se gardera bien de rien laisser paraître de cette fatigue, de peur d'affliger sa femme et il lui montrera au contraire tout le plaisir qu'il a à revenir auprès d'elle. Celle-ci, dans son triple rôle d'épouse, de mère et de maîtresse de maison, s'appliquera à satisfaire les goûts et les moindres désirs de son mari, et fera tout son possible pour dissiper par ses soins affectueux les traces d'ennui qu'elle pourra apercevoir chez lui, et pour lui éviter toute espèce de contrariété.

Tous les deux, comprenant la valeur et le bonheur d'une telle union, éviteront avec le plus grand soin les moindres causes de discussion et ne se parleront jamais qu'avec la plus grande politesse, la politesse du cœur, qui consiste à ne se dire réciproquement que des choses agréables, susceptibles de faire plaisir.

La jeune femme fera tout son possible pour que rien dans sa manière d'agir, tant chez elle qu'au dehors ne vienne froisser les vues ou les goûts de son mari ; la toilette des deux époux sera, même *dans l'intimité*, très soignée et toujours appropriée aux circonstances, à la position sociale et à la fortune du ménage ; toutes leurs actions seront empreintes de la dignité, de l'aisance, de la simplicité dénotant une bonne et solide éducation.

Si la femme sait nager, patiner, monter à cheval ou conduire, faire des armes, etc., qu'elle le fasse à l'occasion, simplement, naturellement, sans ostentation, et surtout sans intention visible de se faire valoir ou d'éclipser les autres femmes moins bien douées qu'elle.

Si à ces qualités elle joint une bonté vraie, une

grâce naturelle, une affabilité exempte d'orgueil, une conversation dénuée de jalousie, de médisance et de calomnie, une grande réserve et beaucoup de prudence dans ses relations, elle rendra sa maison attrayante; on tiendra à honneur d'y être reçu et elle pourra plus facilement choisir la société qu'elle désirera recevoir, se créer un salon, ce qui n'est pas facile.

Son mari sera heureux et fier de se voir secondé par une femme si charmante, et trouvera sa maison tellement agréable qu'il n'aura pas l'idée de la déserter pour aller au cercle, ou ailleurs; il prendra l'habitude de cette douce vie de famille qui n'a rien de comparable sur terre, et fera tout son possible pour conserver ce bonheur.

La surveillance du personnel domestique est encore un des devoirs d'une maîtresse de maison, car si l'on doit toujours faire les choses convenablement, par rapport à sa position, il est absolument interdit à une maîtresse de maison, quelle que soit sa fortune, de laisser perdre quoi que ce soit chez elle sans profit pour personne.

Rôle de la mère. — Dans tout ménage, l'éducation est commencée par la mère vraiment digne de ce nom qui veut faire abnégation de ses plaisirs, de ses goûts, pour se consacrer entièrement à ses enfants.

En effet, ce devoir d'éducation est très pénible, très absorbant, et demande de la part de la mère qui s'y consacre, une grande somme de dévouement, d'intelligence, de tact, de prudence, de fermeté et... de temps, sans compter la fatigue.

L'éducation de l'enfant commence dès qu'il parle

et peut exprimer ses idées; alors la mère surveille attentivement, en même temps que ses premiers pas, l'éclosion de ses premières pensées; elle éprouve un plaisir infini à voir se développer cette petite intelligence, en y aidant par des explications simples, mais claires et facilement compréhensibles.

Son premier soin est d'apprendre à l'enfant une petite prière, qu'elle lui fait dire le matin à son réveil, et le soir au moment où il va s'endormir; associant dans l'esprit de l'enfant, l'idée de la toute-puissance divine à celle de la bonté maternelle.

Peu à peu l'enfant grandissant, la mère s'efforce de développer en même temps que son intelligence, les qualités du cœur qu'elle découvre en lui; elle lui apprend les premiers éléments de la politesse, qui plaisent tant chez ces petits êtres.

Sa sollicitude veille constamment sur ses pensées, sur ses actions, approuvant les unes, blâmant ou réprimant les autres, de façon à former son jugement, pour qu'il puisse distinguer ce qui est bien de ce qui est mal, ce qui est juste de ce qui est injuste; en un mot elle lui apprend peu à peu cette science de la vie, qui lui permettra de s'y bien conduire.

Si la sollicitude du père est plus vivement mise en jeu pour compléter l'éducation du jeune homme, celle de la mère vis-à-vis de son fils ne cesse pas pour cela de se manifester, d'une manière différente il est vrai, mais non moins efficace et utile pour le jeune homme, bien souvent même pour l'homme mûr.

La tendresse maternelle est ingénieuse à prévoir pour son fils, les dangers de l'existence; et elle les lui signale avec ce tact et cette prudence qui sont le propre de la nature féminine, s'efforçant par de bonnes paroles d'atténuer ses chagrins, de guérir ses blessures d'amour-propre, de fortifier son âme contre les désillusions, de le prémunir contre les dangers auxquels l'expose sans cesse le contact de ses semblables; aussi le fils qui a du cœur, voue-t-il généralement à sa mère un culte fait d'amour filial, de reconnaissance et de confiance.

Mais c'est surtout à l'éducation de la jeune fille que la mère apporte tous ses soins; elle développe peu à peu chez elle le goût de l'ordre, du soin d'elle-même et de la maison, l'habitue à l'aider dans tous les travaux de l'intérieur, lui expliquant les raisons pour lesquelles elle fait toutes choses.

Si elle lui fait donner des ordres aux domestiques, elle tient à ce que ce soit toujours avec beaucoup de politesse; elle l'initie peu à peu de cette façon aux devoirs de maîtresse de maison, et la façonne au commandement; de plus, l'habitude d'aller et venir librement dans la maison, donne à la jeune fille une démarche gracieuse, aisée, et exempte de raideur.

La mère agit très sagement en surveillant avec le plus grand soin les vêtements qu'elle fait porter à sa fille; des couleurs trop voyantes ou une coupe trop excentrique la feraient prendre pour une femme du demi-monde. L'habitude de se voir regardée, remarquée, pourrait aussi influer d'une façon très fâcheuse sur l'esprit et le jugement de la jeune fille, dont toutes les actions, toutes les paroles, seraient subordonnées à cette idée, qu'*on la regarde*. Cette préoccupation lui enlèverait dans une large mesure la retenue et la modestie qui sont la plus belle parure de la jeune fille, et dont beaucoup de femmes ne se départent jamais.

J'ai souvent été à même d'entendre les réflexions de vraies mères de famille sur des jeunes filles dont l'*éducation* avait été négligée ou faussée, et elles blâmaient vertement les mères de laisser leurs filles : saluer d'un petit coup de tête sec et impoli les personnes de leur connaissance; causer très haut dans les rues, soit avec leurs amies, soit avec des dames plus âgées qu'elles; tendre la main cavalièrement à des messieurs, à des jeunes gens même, et la secouer comme le font les charretiers entre eux; regarder effrontément tous les passants, ou lorgner sans façon au théâtre les spectateurs assis à toutes les places; parler à tout propos et surtout en s'exprimant dans un langage fort peu correct sous tous les rapports : cette pièce est *embêtante;* un concert ça *m'assomme;* il est très *chic* ce garçon-là; oh! ma chère, c'est splendide, délicieux, renversant, épatant! tous ces grands mots pour des choses très simples et qui certes, pourraient être exprimés beaucoup plus convenablement par une *demoiselle*, au moyen de mots créés pour cela.

Eh! certes, une jeune fille a le droit de parler, et elle peut le faire de façon à montrer son intelligence, son esprit, moyennant qu'elle s'applique à le faire avec tact, en temps utile, sans interrompre les autres causeurs, ou couvrir leur voix par les éclats de la sienne; l'*aisance* sied bien à une jeune fille, mais l'*aplomb!* pas du tout, au contraire.

Savoir écouter avec patience et déférence les récits, même *répétés*, des personnes âgées, avoir l'air de s'y intéresser, quand bien même cela ne serait pas ; leur rendre tous les services possibles et avec plaisir, indique chez la jeune fille un bon cœur et de l'intelligence ; elle sera sûre en agissant ainsi, d'acquérir leur sympathie, ce qui peut lui être fort utile, et la fera dans tous les cas passer à leurs yeux pour une personne bien élevée.

En un mot, ce qu'il est utile de développer chez la jeune fille, c'est le cœur, la politesse simple et naturelle, le raisonnement, la réserve, toutes qualités qui lui permettront de se tenir, dans son langage, dans ses actes, à une égale distance de toutes les exagérations ; et de rester dans un juste milieu, entre une pruderie outrée et des manières par trop anglaises et garçonnières. Qu'elle s'applique à être une jeune fille aimable sans prétention, une Française distinguée sans afféterie, et elle peut être sûre qu'elle sera charmante.

Politesse avec les parents. — C'est encore la politesse du cœur, qui doit guider nos actions et nos paroles dans les relations avec tous les membres de notre famille. Nos père et mère doivent être pour nous l'objet de la plus grande piété filiale, de nos preuves d'amour et de respect, et de continuelles attentions.

Il suffit de se rappeler ce qu'on leur doit, les soins dont ils ont entouré notre jeunesse, les sacrifices qu'ils se sont imposés pour notre instruction et notre éducation ; n'est-ce pas eux qui, en développant les dispositions et les vertus que Dieu avait mises en notre âme et en notre cœur, on fait de nous ce que nous sommes ? Nous leur en devons une reconnaissance éternelle. Faisons donc en sorte, par notre tendresse prévoyante, d'adoucir leurs derniers jours, peut-être peu nombreux, hélas! comme ils ont adouci nos premières années.

S'ils vivent auprès de nous, voyons-les le plus souvent possible, informons-nous constamment et affectueusement de leur santé, procurons-leur la plus grande somme d'agrément possible. Sont-ils malades? ne souffrons pas que d'autres leur prodiguent des soins, si nous pouvons les leur donner nous-mêmes; sont-ils infirmes, ingénions-nous par mille petites attentions délicates à les distraire, à leur faire oublier leurs infirmités; s'ils aiment jouer, faisons la partie avec eux, et si par hasard il leur est désagréable de perdre, arrangeons-nous adroitement de façon à les laisser gagner sans qu'ils s'en aperçoivent. Ces marques de bonté trouveront certainement un écho dans leur cœur, et adouciront grandement pour eux ce qu'ont de pénible les dernières années de l'existence.

Si on est éloigné d'eux, et qu'il soit difficile de s'absenter pour aller prendre de leurs nouvelles, écrivons-leur souvent; que ces lettres soient affectueuses, longues, bien détaillées, et leur disent tout ce que nous faisons, ce qui nous arrive, nos joies, nos peines, nos espérances, car nous devons penser que rien de ce qui nous touche ne leur est indifférent.

Il est bien certain que par ce fait que vous serez père de famille, éloigné d'eux, vous n'avez pas pour cela cessé d'être leur enfant; leur cœur semble au contraire s'être élargi pour y loger l'affection qu'ils éprouvent naturellement pour votre femme et vos enfants.

Politesse avec les beaux-parents. — Le

mari doit agir pour les parents de sa femme, et celle-ci pour les parents de son mari avec le même respect et la même affection que pour leurs propres parents, et éviter avec le plus grand soin dans leurs paroles et dans leurs actes, tout ce qui serait de nature à être une cause de froissement.

De leur côté, les beaux-parents seront prudents et bien avisés en accueillant dans leur famille, comme un fils ou une fille, leur gendre ou leur bru, évitant de voir leurs défauts, de les faire ressortir, d'en parler, de façon à ne pas être une cause de désunion, même de trouble passager dans les jeunes ménages.

Respect aux grands parents. — Le père de famille habituera de bonne heure ses enfants au plus grand respect vis-à-vis des grands parents et réprimera sévèrement toute tentative d'insolence ou de grossièreté à leur égard, et cela d'autant plus, que les grands parents n'ont pas généralement assez de fermeté pour le faire eux-mêmes, ce qui est un grand tort de leur part; car non seulement les grands parents ont le droit de réprimande sur leurs petits enfants, mais ils ne le perdent jamais sur leurs propres enfants qui doivent toujours, quel que soit leur âge, accueillir avec une déférence respectueuse les paroles de leurs parents.

Les grands pères et les grand'-mères ont certes le droit d'avoir de temps en temps chez eux leurs petits enfants, pour les promener, les dorloter, les gâter même un peu si vous voulez; mais en matière d'éducation, ils doivent pendant ces moments-là se substituer au père et à la mère, et réprimer eux aussi toute tentative de méchanceté et toute marque de mauvaise éducation ; s'ils laissent faire ce que défendent les parents, ils vicient la nature des enfants et se rendent indignes de la confiance qu'on leur montre en les leur envoyant.

C'est dès le plus bas âge qu'il devra en être ainsi, et cela sera d'autant plus facile aux grands parents qu'ils agiront avec *calme*, mais avec fermeté, par le raisonnement ; ils seront d'ailleurs secondés par cette déférence respectueuse que l'enfance éprouve naturellement pour les personnes ayant l'aspect âgé et respectable.

Malheureusement, un sentiment de faiblesse égoïste, le désir de se concilier l'amitié de ces petits êtres, amortit l'énergie des grands parents, et les dispose à une indulgence outrée, qui les empêche de discerner ce qui est vraiment répréhensible, de ce qui peut être toléré.

Cette faiblesse peut exercer sur les enfants une action très fâcheuse et annuler, ou tout au moins retarder dans une très large mesure, l'œuvre éducatrice commencée à la maison paternelle ; les grands parents feront donc bien, dans l'intérêt même de leurs petits enfants, de se méfier de leur faiblesse et de placer le désir de leur voir une bonne éducation avant tout autre sentiment.

La pension. — Si « *l'éducation* » peut être commencée et continuée indéfiniment par les parents, il n'en est pas de même de l'instruction qui peut bien être commencée à la maison, mais ne peut généralement être poussée bien loin ; c'est alors que les parents ont à choisir un établissement dont le mode d'instruction et *d'éducation* corresponde à leurs idées, et continue l'œuvre qu'ils ont ébauchée à la maison.

Les Maîtres. — Ce choix fait, vous remettez à des maîtres ayant votre confiance, vos enfants auxquels vous devez bien faire comprendre qu'ils doivent les respecter et leur obéir en toutes choses, et aussi les aimer pour la peine qu'ils se donnent de les instruire et d'en faire des hommes.

Si certaines difficultés surgissent entre vos enfants et leurs professeurs, ne donnez *jamais* raison à votre enfant en blâmant *devant lui* la façon de faire de ses maîtres. Si vous voulez être fixé sur la valeur des plaintes de votre enfant, allez rendre visite à son professeur, écoutez ses explications; vous êtes *certain* qu'elles ne concorderont pas avec les siennes, et que l'élève, pour se disculper, aura, la plupart du temps, su arranger les choses à sa façon, de manière à atténuer considérablement ses torts, sinon à les rejeter entièrement sur son maître.

Or il n'est pas supposable que celui-ci s'amuse à punir les enfants sans motif; mais il peut arriver que l'enfant ait mérité une punition sans avoir eu l'intention de mal faire, ou que les apparences seules l'aient fait croire coupable.

Admettez même que vous trouviez *excessive* une punition infligée à votre enfant; faites-en l'observation poliment et doucement à son maître, et même, vous rappelant ce proverbe « qui aime bien châtie bien », remerciez-le de l'intérêt qu'il porte à votre fils tout en le priant d'étudier son caractère et de le prendre, si c'est possible, par le cœur et par la raison.

Vous pouvez être sûr que le maître sera touché de votre délicate manière d'agir, et s'ingéniera à bien traiter votre enfant qui y gagnera de toutes façons.

Honneur et reconnaissance aux Maîtres! — Faites bien comprendre à vos enfants que ce que l'on est dans la vie, on le doit à ses maîtres, quels qu'ils soient; et que si une carrière est glorieusement remplie, c'est souvent la conséquence de l'enseignement qu'on a reçu d'eux; que par conséquent, on s'honore grandement en leur montrant de la reconnaissance dans toutes les circonstances où on a le bonheur de pouvoir le faire.

Toutes les fois qu'on rencontre un de ses anciens professeurs, on ne doit jamais manquer de le saluer le premier; si on a l'occasion de lui parler, que ce soit toujours avec une politesse respectueuse qui lui prouve que l'on a conservé au fond du cœur la reconnaissance des peines qu'il s'est données pour vous instruire.

Ces rencontres seront pour vos professeurs, des rayons de soleil qui viendront éclairer joyeusement cette vie si ingrate et pas assez honorée, selon moi, d'instructeurs de la jeunesse.

Si vos anciens maîtres habitent votre ville, allez tous les ans au 1er janvier déposer votre carte chez eux, ou mieux encore leur rendre visite; ce souvenir sera, soyez-en sûr, accueilli avec joie et rendu avec plaisir.

Ce que je dis des maîtres de classe, s'applique tout aussi bien aux maîtres d'apprentissage, aux anciens patrons.

En un mot, un homme, *quel qu'il soit*, s'honorera toujours en honorant ceux qui ont concouru d'une façon quelconque à le faire ce qu'il est.

De son côté le père de famille fera bien pendant tout le temps des classes de son fils, d'aller avec lui, chaque année avant la rentrée, rendre visite au supérieur ou au proviseur de l'établissement où il doit entrer, au maître de la classe d'où il sort, et aussi au maître de celle dans laquelle il entre, de l'accompagner dans ses visites du jour de l'an et dans celles de la fin de l'année scolaire, afin de remercier ses professeurs des *bons soins* qu'ils ont eus pour lui. S'il est au loin, il enverra sa carte.

Si vous faites donner chez vous des leçons à votre enfant, veillez à ce qu'il se présente toujours devant son maître proprement habillé, bien lavé, bien peigné; qu'il lui parle très poliment, qu'il aille le recevoir et le reconduire avec toutes les marques du respect qui lui est dû, lui montrant l'exemple vous-même.

Tenez bien correctement les comptes de ces leçons et le jour du paiement arrivé, remettez la somme au professeur, en lui exprimant vos remerciements de la peine qu'il se donne pour instruire votre enfant, et votre satisfaction pour les progrès que fait son élève; si vous ne pouvez donner cet argent vous-même, vous le remettez sous enveloppe avec une carte exprimant votre gratitude, et vous laissez l'enveloppe sur le bureau de votre fils, celui-ci la remettra à son professeur.

Si votre position vous permet de faire des cadeaux, des politesses, au professeur de votre enfant, faites que celui-ci en soit aussi satisfait que vous-même, ce sentiment de plaisir prouvera son bon cœur.

Les professeurs, de leur côté, feront bien pour fortifier leur autorité morale aux yeux des enfants, de se présenter toujours à eux dans une tenue soignée, irréprochable, et de ne leur parler qu'avec beaucoup de calme, de politesse, de bienveillance, ce qui n'empêchera pas d'avoir recours à la sévérité, si elle est *absolument* nécessaire.

Il est d'usage de ne pas assister aux leçons données à un garçon ; mais une personne âgée, ou la mère assiste toujours aux leçons qu'un homme donne à une jeune fille.

Une institutrice, dans une maison, doit toujours être traitée avec beaucoup de respect; les parents exigeront de leurs enfants qu'ils obéissent à « Mademoiselle » comme à eux-mêmes, tout en surveillant l'ordonnance de leurs travaux et de leurs exercices.

Frère et Sœur. — Les parents doivent veiller avec le plus grand soin, à ce que l'amour fraternel se développe chez leurs enfants et que leurs relations quotidiennes soient empreintes de la plus grande politesse réciproque; que jamais des mots désagréables à l'un, ne soient prononcés par les autres, sans être immédiatement relevés et sévèrement blâmés par les parents.

La sœur dont le cœur sera bon et aimant, évitera à son frère tous les ennuis qu'elle pourra ; s'il est puni, elle demandera sa grâce à ses parents, qui feront bien de la lui accorder, tout en sauvegardant leur autorité.

Le frère, de son côté, devra faire tout son possible pour être aimable vis-à-vis de sa sœur, il lui aidera à ranger ses jouets, lui en fabriquera au besoin, la distraira par tous les moyens possibles ; puis, devenu grand, il sera son protecteur, la conduira chez ses amies, à la messe, au sermon, au concert, au patinage, l'accompagnera dans ses courses si ses parents ne peuvent pas le faire et le prient de les remplacer; il devra être fier de l'honneur qu'on lui fait d'être le mentor de sa sœur, et se montrer heureux de lui être agréable et de lui rendre service, même si cela dérange un peu ses projets et ses habitudes.

La Famille. — La politesse du cœur, surtout, doit se manifester vis-à-vis de la famille, oncles, tantes, cousins, cousines, de façon qu'aucun motif ne vienne altérer les relations si agréables que crée la parenté, et que ne sauraient faire oublier les meilleures relations amicales.

Malheureusement, il existe là un motif de division qui, trop souvent, hélas! fait des ennemis acharnés, de gens que Dieu avait créés pour être amis; je veux parler de l'argent!

Les questions d'intérêt en effet, ont été la cause de divisions sans nombre, de haines invétérées, qui auraient été évitées, si la politesse du cœur avait été rigoureusement pratiquée.

L'union quand même. — Cette politesse du cœur peut se traduire ainsi : « Ne faites pas aux autres ce que vous ne voudriez pas qu'on vous fît. » Eh bien! si, dans les questions d'intérêt, de partages, les parents s'étaient tous dit : Je ne veux pas prendre aux autres ce que je ne voudrais pas qu'on me prît, les divisions n'auraient pas existé.

Ne me dites pas que cela est impossible, car je vous répondrai : difficile, oui; impossible, non! Je connais en effet, une famille nombreuse dans laquelle il y a eu souvent des questions d'intérêt à débattre, des héritages même assez difficiles à débrouiller. Eh bien! tous les membres de la famille ont, à toutes les fois, *et unanimement*, dit aux liquidateurs :

« Arrangez les affaires de façon que chacun ait ce « qui lui revient ; quand tout sera fini, vous nous le « direz. »

C'est ce qui fut fait ; aussi, pas l'ombre d'une division dans cette famille dont tous les membres s'aiment et se reçoivent toujours avec un nouveau plaisir.

Fêtes de famille. Cadeaux. — La politesse du cœur doit se manifester en toute occasion, mais il est des cas où elle s'affirme d'une façon particulière.

Chaque jour le père et la mère accordent à leurs enfants tous les soins, toutes les marques d'amour que leur suggère leur cœur ; les enfants les acceptent avec reconnaissance et les rendent de leur mieux ; mais le premier de l'an, le jour de la fête, l'anniversaire de la naissance, sont des dates qu'il ne faut pas oublier, mais honorer au contraire d'une façon particulière et suivie. Ces dates, en effet, sont l'occasion de charmantes petites fêtes de famille dans lesquelles on offre, outre les vœux de bonheur et de santé, des petits souvenirs utiles ou agréables, proportionnés, bien entendu, à l'état de la bourse ; puis le soir à table, on boit à la santé de tous les membres de la famille.

Ces preuves de la politesse du cœur peuvent être étendues sans inconvénient aux frères, aux sœurs, aux cousins germains, oncles ou tantes même éloignés, mais avec lesquels on a de bonnes et fréquentes relations ; même aux bons amis, car il est absolument vrai que les petits cadeaux entretiennent l'amitié ; cela, *surtout*, parce qu'ils sont la preuve indéniable du souvenir que l'on conserve de vous et du désir que l'on a de cultiver cette affection.

Vis-à-vis des employés. — Les employés sont des collaborateurs qui aident le patron dans son commerce ; ce sont de futurs patrons ; les relations doivent donc être très courtoises et empreintes de la plus grande politesse ; comme l'exemple part d'en haut, le patron qui veut obtenir de bons services de ses employés, leur parle avec beaucoup de politesse ; ceux-ci de leur côté, lui en sont reconnaissants, et lui montrent une déférence respectueuse qui est loin d'être nuisible à ses intérêts.

Si une faute est commise, le patron la fera observer avec calme à celui qui en sera l'auteur, et en faisant ces observations justes et avec dignité, il se fera aimer et respecter de ses employés, qui feront certainement leur possible pour bien faire.

Si par hasard, un employé, malgré les remontrances et les avertissements de son patron, continue à ne pas remplir convenablement son devoir, celui-ci le remerciera poliment, de façon à mettre tous les torts et tous les regrets du côté du partant.

Un chef de maison, d'industrie invite aux funérailles d'un proche parent tous ses employés et ouvriers ; s'il marie un de ses enfants il fait en sorte que tous ses collaborateurs participent à la joie de la famille : les employés, en assistant au bal, s'il y en a un, ou au lunch ; les ouvriers, en les réunissant dans une fête spéciale.

Le patron affirmera sa sollicitude pour son personnel, en lui donnant la plus grande somme de bien-être physique et moral.

Les employés, de leur côté, feront tout leur possible pour que la confiance que le patron a en eux ne soit pas trompée, et en travaillant consciencieusement pour les autres, ils acquerront les qualités d'ordre et de science pratique, qui leur seront utiles plus tard dans la direction de leur propre maison; ayant appris l'obéissance et le respect, ils sauront à leur tour se faire respecter et obéir par leurs employés.

Vis-à-vis des subalternes. — Dans une administration c'est la même chose : le supérieur, à quelque degré qu'il soit, doit toujours agir avec courtoisie et s'exprimer avec politesse vis-à-vis de ses inférieurs; il n'a absolument rien à y perdre et, au contraire, tout à y gagner en services rendus, en respect et en autorité morale. Insulter des inférieurs! mais ce serait de la lâcheté, puisqu'ils ne peuvent se défendre, sous peine de voir, peut-être, leur avenir brisé; ce serait en outre de l'imprévoyance, car l'inférieur d'aujourd'hui peut être l'égal de demain, sinon le supérieur.

Apprentis. — Les apprentis sont de jeunes enfants qui, au sortir de la pension, sont confiés à des patrons pour que ceux-ci leur apprennent leur commerce ou état; cette tâche difficile et délicate sera bien facilitée, si le patron sait mettre dans ses rapports avec les apprentis cette fermeté polie et affectueuse qui est nécessaire pour obtenir l'obéissance, l'attention et le respect de l'enfant. Il devra aussi veiller, à ce que celui-ci conserve les bons principes qu'il avait en arrivant chez lui, et ne se laisse pas aller à sacrifier le devoir au plaisir.

Ouvriers. — Si vous employez des ouvriers

étrangers à votre industrie, quels qu'ils soient, montrez-vous toujours vis-à-vis d'eux d'une politesse extrême ; quand bien même vous auriez des reproches à leur adresser, il faut encore le faire avec dignité, avec mesure ; soyez certains qu'ils les accepteront bien mieux que si vous vous laissiez aller à des écarts de langage que vous regretteriez, et qui ne feraient que diminuer la considération qu'ils ont pour vous.

Vis-à-vis des domestiques. — Les domestiques sont, dit-on, des ennemis intimes que l'on nourrit chez soi ; cela peut être vrai, mais comme beaucoup d'autres choses, c'est un mal nécessaire, et puisqu'on ne peut s'en passer, le mieux est de faire en sorte qu'ils nous soient le moins nuisibles possible.

La politesse vis-à-vis d'eux est encore le meilleur moyen, sinon d'en faire des gens dévoués, dans toute l'acception du mot, du moins de s'en faire respecter et servir selon son goût, et avec les égards que l'on a le droit d'exiger d'eux.

« Il faut, dit M. de La Fère, les commander avec « douceur et fermeté, n'avoir pas trop de familiarité « car beaucoup en abuseraient, mais non plus ja- « mais de dureté ni d'arrogance.

« Ne soyez avec eux ni impérieux, ni trop exi- « geants ; réclamez d'eux ce qu'ils doivent faire ; si « vous le faites en termes impolis, vous vous expo- « sez à ce qu'ils se montrent eux-mêmes impolis ; « or qui doit être le plus poli ? Ils sont vos inférieurs, « cela est vrai, mais vous avez été mieux élevé « qu'eux ; d'ailleurs vous connaissez le proverbe : « Tel maître, tel valet.

« A table vous reconnaissez leur service par un « léger : merci ! ou par un petit signe de tête ; pour « les domestiques étrangers, le ton doit être quelque « peu différent, vous les remerciez d'une façon plus « marquée. Plus vous serez bienveillant envers vos « subordonnés, mieux vous serez servi par eux ; un « bon domestique est chose précieuse ; vous vous « les attacherez par des égards.

« Lorsque vous accepterez une invitation à la « campagne, chez des amis, vous devez récom- « penser largement les domestiques ; si vous ne « pouvez le faire, il vaudrait mieux vous abstenir et « rester chez vous.

Prudence. — Mais, quelque confiance que vous ayez en vos domestiques, qu'elle n'aille jamais jusqu'à leur laisser une part quelconque dans l'*éducation* de vos enfants ; je ne crois pouvoir mieux faire que de citer ce que dit à ce sujet M. Alexandre Martin dans son livre l'*Éducation du caractère.*

« Il n'est pas besoin, dit-il, de répéter les conseils « qu'on trouve partout concernant les relations « d'amitié et de camaraderie dans le jeune âge. Mais « on ne saurait trop éveiller la sollicitude des « parents sur les humbles collaborateurs qui vivent « dans un grand nombre de familles en qualité de « domestiques, et qui, malgré l'infériorité de leur « position sociale, sont capables d'avoir sur le ca- « ractère et sur les mœurs de l'enfant une grande « influence, *parfois des plus mauvaises.* La part que « prennent les domestiques dans l'éducation des « enfants n'est pas, comme beaucoup trop de parents « semblent le penser, une quantité négligeable ; elle « a depuis longtemps attiré l'attention des pédago-

« gues. Platon et Plutarque ne dédaignent pas de « donner des conseils sur le choix de la nourrice, et « recommandent de veiller soigneusement à ses « propos, qui pourraient dès le début emplir une « jeune âme de sottise et de corruption.

« Ce qui arrive aujourd'hui à beaucoup de pères, « dit Plutarque, est bien ridicule. De leurs bons « esclaves, ils désignent les uns comme cultivateurs, « les autres comme matelots, d'autres comme mar« chands, intendants, économes. Mais lorqu'ils « trouvent un esclave ivrogne, glouton, incapable « de toute fonction utile, c'est à lui qu'ils confient « leurs enfants. »

« Si nos mœurs, reprend M. Martin, ne donnent « plus lieu à une semblable critique, il n'en est pas « moins vrai que l'on constate souvent dans les « familles, une coupable négligence touchant les « rapports qui existent entre les enfants et les domes« tiques, ces témoins muets et envieux de notre vie « intime, prompts à saisir nos ridicules et nos fai« blesses et toujours disposés à rechercher auprès « des enfants, par de mauvais moyens, la familiarité « qui leur est interdite auprès des maîtres. »

« Locke a signalé le mal que les domestiques font « aux enfants, lorsqu'ils rendent inutiles par leurs « flatteries, les réprimandes des parents dont ils « diminuent ainsi l'autorité : en voici, dit-il, un « autre fort dangereux qui vient du même lieu ; je « veux parler des impressions que peuvent faire, « sur l'esprit des enfants, les mauvais exemples « qu'ils rencontrent dans la vie des domestiques. Il « faut les empêcher, s'il est possible, d'avoir abso« lument aucun commerce avec eux ; car la conta-

« gion de ces exemples, également contraires à la « politesse et à la vertu, gâte étrangement leur « esprit toutes les fois qu'ils s'y sont exposés. Ils « apprennent souvent d'un valet mal élevé ou dé« bauché, des discours, des manières indécentes et « des vices qu'autrement ils auraient peut-être igno« rés toute leur vie. Il est fort difficile de prévenir « tout à fait cet inconvénient. Vous serez sans doute « bien heureux si vous n'avez jamais de domes« tiques grossiers ou vicieux et que vos enfants ne « prennent jamais d'eux aucune mauvaise habi« tude ; mais il ne faut rien négliger pour parer ce « coup. »

Tout cela est trop bien pensé, trop bien écrit pour que je me croie le droit d'y ajouter une seule réflexion, les pères et mères qui me liront apprécieront ce passage qui m'a vivement frappé à la lecture de ce livre, parce qu'il est d'une vérité saisissante et d'une actualité beaucoup trop réelle.

A table chez soi. — Les repas sont les moments de réunion de la famille, et par conséquent seront l'objet de l'attention toute particulière des parents pour l'éducation de leurs enfants; car dans notre société, il est absolument indispensable, pour paraître bien élevé, d'observer chez soi et chez les autres, les règles générales établies pour la tenue à table.

Il est bien évident que la façon d'agir dans la famille, ne sera pas tout à fait la même que dans le monde, mais cependant il est bon de faire adopter aux enfants, tout jeunes, la tenue que vous exigerez d'eux chez les autres; il n'y a pas de raisons d'ailleurs, pour qu'ils se tiennent plus mal en présence de leur père et de leur mère, que devant des étrangers.

Puisqu'il faut qu'ils mangent, qu'ils le fassent du moins avec propreté, le plus tôt sera le mieux.

Tant qu'ils seront petits, il est urgent d'attacher leur serviette sous leur cou, parce qu'on courrait le risque de voir leurs vêtements émaillés de taches avant la fin du repas ; de même on leur coupera leur viande et leur pain à l'avance, parce qu'ils ne pourraient le faire. Mais aussitôt qu'ils seront assez grands et pourront bien manger seuls, il faudra tout d'abord leur apprendre qu'on ne doit jamais aller à table, sans avoir tout au moins la figure et les mains propres ; puis les habituer à s'asseoir sur une chaise proportionnée à leur taille, ni trop loin ni trop près de la table, de façon à pouvoir y appuyer les avant-bras, mais *jamais* les coudes.

Ils déploieront leur serviette sur leurs genoux sans l'attacher à leur cou ni à leur boutonnière, afin de pouvoir la prendre facilement pour s'essuyer la bouche avant de boire, et éviter ainsi de laisser des traces grasses au bord du verre.

Ils auront soin, pour manger leur potage, de ne se servir que de leur cuiller sans adjonction de leur fourchette, et feront en sorte de le manger sans précipitation, par cuillerées aux *trois quarts* pleines, pour éviter d'en laisser retomber une partie dans leur assiette, et éclabousser leurs vêtements et ceux de leurs voisins ; si le potage est trop chaud ils attendront un peu, en remuant légèrement, mais ne devront pas souffler dans leur cuiller, ce qui pourrait avoir des inconvénients.

Vous les habituerez à rompre le pain sans le couper, à enlever habilement, avec le couteau et la fourchette, la viande de dessus les os, sans les prendre avec les doigts. Le couteau et la cuiller étant placés à droite, et la fourchette à gauche de l'assiette, c'est avec la main gauche qu'ils porteront à leur bouche chaque bouchée de viande, coupée seulement au moment de la manger.

La cuiller se laisse dans l'assiette une fois le potage mangé, tandis que la fourchette, qui y reste pendant qu'on mange, s'enlève après chaque plat pour être déposée sur la table, à moins qu'on ne la change à chaque service.

On peut se servir de ses doigts pour manger des asperges, des radis, des feuilles d'artichaut, de la pâtisserie, des fruits; mais on ne doit *jamais* s'en servir pour prendre de la salade, de la viande, des morceaux de fromage.

Le couteau, exclusivement réservé à couper la viande, ne doit jamais être porté à la bouche, sauf le couteau à dessert, pour manger le fromage dur, et certains fruits s'il n'y a pas de fourchette spéciale.

Enfin, il sera bon d'habituer les enfants à manger avec propreté, *sans hâte*, gourmandise ou gloutonnerie; à ne mettre dans leur bouche qu'une seule bouchée de pain et de viande à la fois; à ne pas parler, ni boire, ayant la bouche pleine. Une fois l'habitude prise, ils le feront naturellement, et vous pourrez les conduire avec vous dans le monde, sans être exposé à rougir de leur mauvaise tenue.

Je crois inutile de recommander aux enfants : de ne rien jeter sous la table, de ne pas faire de boulettes de pain avec leurs doigts, de ne rien lancer à travers la table, de s'abstenir de tous jeux de mains avec leurs voisins, de tenir leurs jambes tranquilles de façon à ne pas salir les vêtements des personnes placées auprès d'eux, de ne boire ni jus, ni sauce quelconque à même leur assiette, de casser les coques vides d'œufs mollets, et surtout de ne mettre dans leurs poches, ni gâteaux, ni sucreries; ce ne sont pas seulement des puérilités, mais bien des règles établies, et qu'un homme bien élevé ne doit pas ignorer.

Pères de famille qui tenez à ce que vos enfants soient bien élevés, veillez à faire observer ces lois par eux, ce n'est pas difficile, mais il faut de la *persévérance* pour arriver à leur inculquer ces principes élémentaires de bonne tenue; ils vous en seront reconnaissants plus tard, car cela leur évitera l'humiliation de voir les autres faire ce dont ils n'avaient pas idée.

Apprenez à votre fils à découper toutes les pièces de viande ou de gibier susceptibles de paraître sur une table, peut-être un jour sera-t-il heureux de rendre service, s'il en est prié par une maîtresse de maison.

D'ailleurs, plus un jeune homme sera bien élevé, mieux il sera vu et accueilli par ses supérieurs, ses égaux, ses amis, les dames, sa famille : et que de services peut lui rendre cette sympathie si justifiée !!!

Repas de cérémonie. — Que ces repas aient lieu chez vous ou que vous y assistiez comme invité, les règles générales à observer sont les mêmes. Les invitations à ces repas se font au moins huit jours à l'avance, soit de vive voix si cela se peut, soit par lettre sur laquelle est expliqué brièvement le motif de ces repas, afin que les invités sachent quelle toilette adopter.

De quelque façon que l'invitation soit faite, on doit répondre immédiatement si on accepte ou non, afin que l'hôte sache sur combien de convives il peut compter. Si après avoir accepté une invitation à dîner, une cause majeure se présente, qui vous empêche de vous y rendre, écrivez immédiatement aux maîtres de la maison en leur exprimant tous vos regrets et leur faisant part de la cause de l'empêchement; mais cela ne vous dispensera pas de la visite ou de l'envoi d'une carte dans la huitaine qui suit le dîner.

Quand on a accepté, le premier devoir est d'être exact, et présent dix minutes avant, ou tout au plus cinq après l'heure fixée, de façon à ne pas gêner les maîtres de maison en arrivant trop tôt, ou les faire attendre en arrivant trop tard.

Quand tout est prêt, un domestique vient annoncer : « Madame est servie. »

Alors le maître de maison offre le bras à la dame la plus âgée ou la plus qualifiée et passe le premier avec elle dans la salle à manger; les convives suivent : les messieurs avec la personne qui leur a été désignée par le maître de la maison et qui est généralement celle qui devra être placée à leur droite, ce qu'il a fait lui-même.

La maîtresse de maison *suit ses convives,* après avoir offert son bras au monsieur auquel elle veut faire cet honneur; si à ce dîner assiste un prêtre, fût-ce un simple vicaire, c'est *à côté* de lui (non à son bras) qu'elle passe à la salle à manger, et elle le place à table à sa droite.

Les messieurs ou dames seuls, s'il y en a, puis les jeunes parents, et en dernier lieu les enfants de la maison, entrent dans la salle à manger à la suite de la maîtresse de la maison.

Le nom des convives se trouvant sur leur couvert, chaque cavalier cherche d'abord le nom de la dame qu'il accompagne, l'aide à s'installer, la salue et cherche sa place ; en y arrivant, il salue la dame qui est à sa droite et celle qui est à sa gauche, puis se place lui-même.

Quand la maîtresse de maison voit que tout le monde est à son poste, elle s'assied, et les convives en font autant ; c'est alors *seulement* que chacun ôte ses gants, et les met dans sa poche.

Les places d'honneur sont à droite et à gauche du maître et de la maîtresse de maison ; celle-ci met en face d'elle son mari, ou son fils aîné si elle est veuve ; à défaut de l'un ou de l'autre, elle met comme vis-à-vis un parent âgé, son beau-père, sa belle-mère, sa mère ; les jeunes gens sont ordinairement placés aux bouts de la table.

Dans ces dîners de cérémonie surtout, il est indispensable d'observer les règles déjà indiquées pour les repas de famille, mais de plus, il faut faire en sorte d'être aussi aimable que possible pour ses voisins de droite et de gauche ; si ce sont des dames, on doit bien éviter d'entamer avec l'une d'elles une conversation qui vous absorberait au point de vous faire tourner le dos à l'autre.

Il faut au contraire veiller à ce que rien ne leur manque, appelant au besoin, par leur nom ou par un signe, les domestiques de la maison, mais non « garçon » ou « la bonne », à moins que ce ne soit dans un repas servi par des domestiques étrangers à la maison où l'*on dîne* et qu'on ne connaisse pas leur petit nom; et encore, dans ce cas-là, convient-il de le faire par signe ou à demi-voix.

En s'asseyant, il faut avoir soin de ne pas étendre ses jambes sous la table, à droite et à gauche, pour ne pas gêner ses voisins. Évitez bien, avant de commencer à dîner, d'essuyer votre verre ou votre assiette; ce serait douter de la propreté de vos hôtes; cela ne se fait même pas dans les hôtels, à table d'hôte; mais si, après un coup d'œil sur votre couvert, vous constatez qu'il n'est pas propre, vous le faites changer, sans réflexion; si la maîtresse de maison s'en aperçoit, elle ne fera aucune observation.

Si, au repas où vous êtes invité, la maîtresse de maison sert elle-même, ce serait lui donner une leçon de politesse que de passer à vos voisins l'assiette qu'elle vous destine; or vous n'êtes pas venu pour cela. Si vous ne voulez pas manger d'un mets, dites au domestique qui vous l'apporte : Merci, je n'en prendrai pas. Laissez le peu de potage que vous ne pouvez pas prendre avec votre cuiller, mais ne penchez pas votre assiette pour la vider complètement.

Au cas où vous auriez trop d'un mets, n'en mangez que ce que vous voudrez, et remettez sans affectation votre assiette au domestique en même temps que les autres convives, mais dans aucun cas n'essuyez complètement votre assiette avec votre pain, cela n'est faisable qu'en famille.

Si vous apercevez dans votre assiette quelque chose de malpropre, ne dites rien, dissimulez-le, et faites semblant de manger jusqu'au moment où vous pourrez, sans être remarqué, vous faire enlever votre assiette ; si la maîtresse de la maison vous voit, elle se gardera bien de faire aucune réflexion.

Les domestiques passant les plats à la ronde, soyez prompt à choisir ce que vous voulez prendre, et une fois que vous y avez touché, ne le remettez pas dans le plat pour prendre autre chose.

Il faut éviter, avec le plus grand soin, de faire du bruit avec ses lèvres, soit en buvant, soit en mangeant ; il suffit de s'observer un peu pour cela : de même si vous éprouvez le besoin de vous curer les dents, ne le faites *jamais* à table ; tâchez même, quand vous le ferez, que les autres convives ne vous voient pas.

Demandez, si l'occasion s'en présente, du *vin* de Madère, du *vin* de Bordeaux, du *vin* de Champagne, du bœuf, du poulet, de la dinde ; mais non du bordeaux, du madère, du champagne, du bouilli, de la volaille.

Si on vous offre un quartier de fruit, vous pouvez l'accepter, mais n'en offrez pas, à moins qu'une dame ne *vous prie* de partager un fruit avec elle, auquel cas, vous le coupez avec un couteau bien essuyé, et vous offrez à la dame, en ayant soin de présenter de son côté la partie comprenant la queue ou le noyau.

Un fruit se pèle quand il est divisé en quartiers, mais jamais quand il est entier ; de même on ne mord pas à même un quartier de fruit, on le divise en morceaux que l'on porte à sa bouche, avec la fourchette ou le couteau à dessert.

Dans ces grands dîners, autant que possible, les maîtres de la maison maintiendront la conversation générale sur des sujets accessibles à tout le monde : musique, excursions, courses, littérature, peinture, voyages, découvertes ; mais ils emploieront toute leur intelligence à éloigner les sujets irritants, de façon à enlever à leurs convives toute cause de discussion susceptible de leur procurer un ennui quelconque, et quelquefois une mauvaise digestion.

Si vous causez avec vos voisins ou voisines de table, faites-le de façon correcte, ni trop haut, ni trop bas, sans gesticuler et sans rien faire, ni dire, qui attire les regards sur vous ; et si, au dessert, un peu plus d'animation est permise, il ne faut cependant pas élever la voix de façon à forcer l'attention générale, ni se laisser aller à des écarts de langage qu'on pourrait regretter.

Le dîner terminé, la maîtresse de la maison se lève, les convives en font autant ; chacun dépose sa serviette sur la table et non sur sa chaise, *sans la plier ;* alors tout le monde rentre au salon dans le même ordre qu'en y entrant ; puis chaque cavalier, en se retirant, salue sa dame, qui lui rend son salut.

Après certains repas, le café se prend à table, à d'autres il se prend au salon ; s'il est trop chaud, on l'attend à froidir, mais on ne le verse pas dans sa soucoupe pour le boire à petites gorgées.

Après le café, la maîtresse de la maison invite les messieurs à passer au fumoir, sur le balcon ou au jardin, et l'amphitryon leur offre cigares, cigarettes, tabac, etc. ; mais les fumeurs doivent se placer de façon que la fumée ne vienne pas incommoder les dames qui sont au salon, où ils doivent d'ailleurs retourner le plus tôt possible; il serait peu poli de passer la soirée hors du salon, lorsqu'il y a des dames.

On ne trinque pas pendant le courant du dîner; mais à la fin des repas d'anniversaire, de fêtes de famille, baptême, mariage, première communion, et aux dîners de corporations ou de circonstances définies, il est porté des toasts par les personnes autorisées; on s'y associe en levant son verre, puis on boit une *partie* du contenu.

Si le toast est porté par une personne âgée ou un ami, au maître ou à la maîtresse de la maison, on se lève, on trinque, et on vide *entièrement* son verre.

Mais surtout, il faut se rappeler toujours, qu'il est du plus mauvais ton de manger, et surtout de boire outre mesure; car, dans ce dernier cas, on peut se délier la langue de façon à dire beaucoup de choses qu'on devrait ou voudrait taire.

S'il y a parmi les invités, des personnes qui ne se connaissent pas, elles peuvent se faire présenter les unes aux autres par la maîtresse de la maison; celle-ci d'ailleurs, ou son mari, aura eu soin, avant de passer à table, de faire connaître sommairement chaque cavalier à la dame qu'il doit conduire dans la salle à manger, et réciproquement, de façon à éviter, autant que possible, les maladresses de langage que l'on peut commettre quand on ne sait à qui l'on a affaire.

Ces réceptions exigent beaucoup de tact, de savoir-faire, de réflexion et de temps; le maître et la maîtresse de maison y ont chacun leur rôle tout tracé; cette dernière se charge généralement de composer la liste des personnes qu'elle sait pouvoir inviter ensemble, de faire les invitations, de dresser le menu, dans lequel elle fait son possible pour satisfaire les goûts de ses convives qu'elle connaît.

Brillat-Savarin, le fameux gastronome, donne dans sa *Physiologie du goût*, une quantité de menus pour toutes les bourses et pour tous les goûts, mais il n'y a pas de règles fixes; j'engage les personnes qui reçoivent beaucoup, à lire et relire cet ouvrage sorti d'une plume si autorisée.

Menu. — Cependant je vais dire comment se composent généralement ces grands dîners et comment ils se servent.

Tout d'abord, le potage, très léger, à la semoule, au tapioca, aux pâtes ou aux légumes coupés très menus; puis se sert le vin de Madère; viennent ensuite les relevés, mais, quel qu'en soit le nombre, il y a presque toujours comme premier plat un poisson : turbot, saumon, lubine, beau brochet ou forte carpe à deux sauces différentes, blanche et hollandaise; on arrose le poisson de vin de Sauterne sec ou de vin de Grave vieux.

Suivent les autres relevés s'il y en a, tels que : filet de bœuf Richelieu ou sauce tomate, carrés de veau, poitrines farcies, dinde en daube, gigot braisé; là se placent les deuxièmes crus de Bordeaux et de Bourgogne.

Ensuite viennent les entrées, généralement en nombre double des relevés; ce sont : les ragoûts de toutes sortes, salmis, civets, fricandeaux, timbales d'écrevisses, langoustes de rochers.

Là paraissent les vins renommés de pays, tels que :

Chinon, Bourgueil, Champigny, Bourgogne ou Bordeaux deuxièmes crus, mais vieux.

Puis on sert les rôtis : faisans, paonneaux, sanglier, chevreuil, dinde truffée ou non, poulardes du Mans ou chapons de la Flèche, poulets ou canards, lièvre, perdrix, etc., etc., arrosés par les premiers crus de Bordeaux et de Bourgogne.

La salade de saison est offerte en même temps que les rôtis avec lesquels elle peut quelquefois se manger.

Suivent les légumes avec lesquels apparaissent les vins de Vouvray, d'Anjou ou autres premiers crus blancs.

Puis on attaque les entremets sucrés qui garnissaient la table pendant tout le repas, c'est-à-dire : les tourtes ou gâteaux aux fruits ou à la crème, méringues, charlottes, bombes glacées ou panachées, crèmes, gelées, etc. Et on sert le vin de Champagne (frappé ou non, suivant la saison), qui arrose le dessert composé, comme tout le monde le sait : de fromages divers, fruits crus et compotes, confitures, pâtisseries variées et confiserie, servis dans l'ordre ci-dessus.

Vers la fin du dessert se servent les vins fins français ou étrangers, tels que : Banyuls, Frontignan, Grenache, Malvoisie, Muscat, Alicante, etc., et le dîner se termine par le café, servi brûlant, et les liqueurs.

Le vin ordinaire est placé sur la table dans des carafes de cristal, alternant avec des carafes d'eau, en quantité suffisante pour que chaque cavalier en ait une de chaque à sa portée, et puisse en offrir à ses voisines, car l'eau s'offre aux dames *aussi bien* que le vin ordinaire qu'elles ne boivent pas pur.

Les dîners d'amis ne comportent généralement pas tout ce luxe, mais doivent être, en petit, servis sur ce modèle, c'est-à-dire combinés de façon à offrir une variété et une abondance qui puissent permettre à tous les goûts et à tous les appétits de se satisfaire : il ne serait pas convenable, par exemple, de servir un dîner composé *exclusivement* de viande, ou de poisson, ou de légumes.

On peut, à une réception d'amis, n'avoir qu'un plat de chaque si on ne peut faire plus, mais cela doit exister, *au moins*, et être *soigné* de façon à prouver aux invités, sans qu'on ait besoin de le leur dire, que l'on a fait son possible pour les bien recevoir.

On offre moins de grands déjeuners, mais les règles du service sont les mêmes que pour le dîner, seulement on ne sert pas de potage ; on donne par contre, beaucoup de hors-d'œuvre, de viandes froides ou grillées, ainsi que du poisson, à la sauce mayonnaise ou à la sauce verte, des pâtés, de la charcuterie, des légumes frits ou au beurre, mais pas de pâtisseries chaudes ; les vins blancs devront être plus offerts qu'au dîner, tant en ordinaire qu'en vins de choix.

Le café, le thé ou le chocolat, suivant les pays, sont servis à table par la maîtresse de la maison.

Service. — La première condition pour que le couvert soit beau, c'est la blancheur du linge. La table est, autant que possible, recouverte d'une couverture de laine sur laquelle la nappe est étendue, soigneusement tirée.

La distance entre chaque assiette doit être de

10 centimètres; les verres seront rangés devant chaque assiette, en ligne s'il y en a trois, en carré s'il y en a quatre : le grand pour le vin ordinaire, deux pour les vins fins, le quatrième, flûte ou coupe, pour le Champagne. On en consacre quelquefois un exclusivement aux vins de Madère, de Porto, de Frontignan, un au vin de Bordeaux, et un autre au vin de Bourgogne ; ce qui porte le nombre à cinq, auquel cas, ils sont rangés en carré, le grand verre à vin ordinaire se place alors au milieu. Dans chaque assiette, une serviette pliée coquettement, un petit pain frais, la carte du menu portant en même temps le nom du convive destiné à occuper cette place ; à droite de l'assiette, la cuiller, le couteau, le porte-couteau ; à gauche, la fourchette.

L'éclairage dans un dîner est, bien entendu, proportionné à la grandeur de la table, mais ne doit pas être ménagé ; au milieu et aux bouts, des fleurs ou des plantes, entre lesquelles sont placés les fruits, la pâtisserie, la confiserie ; enfin, sur la table, des places vides pour les plats qui doivent y paraître avant d'être découpés ou servis.

Le potage est servi très chaud dans les assiettes des invités, au moment où ils vont passer à table.

Les domestiques passent les plats à gauche des convives, en commençant par ceux placés à droite et à gauche des maîtres de maison, qui, eux, se servent les derniers, et se hâtent de manger pour ne pas faire languir le service.

Avant de passer au salon pour recevoir ses invités, la maîtresse de maison veille à ce que tous ses ordres soient bien exécutés, et jette un dernier coup d'œil sur le couvert pour voir si rien n'y manque.

Son mari, pendant ce temps-là, veillera aux vins qui devront être présentés à la température convenant à la qualité et au cru de chacun d'eux.

En un mot, les amphitryons devront tout disposer de façon que le service marche, sans qu'ils soient obligés de se déranger, ni même de donner des ordres supplémentaires; pendant tout le repas, ils veilleront avec le plus grand soin à ce que tous leurs convives soient bien servis, mais sans insister outre mesure pour faire accepter tel ou tel mets, laissant à chacun le soin de choisir ceux qui lui conviendront. Ils agiront prudemment aussi, en laissant à leurs invités le soin d'apprécier la qualité des mets, et la bonté des vins, sans attirer leur attention sur ce sujet, en énumérant les mérites de tel ou tel plat ou le prix de tel ou tel vin.

Si le cas se présente qu'un plat soit mal réussi, un vin tourné ou ordinaire, ou tout autre accident de ce genre, les maîtres de maison le prendront gaiement et sans contrariété apparente, mais les convives ne devront pas avoir l'air de s'en apercevoir.

Surtout pas de discussions entre mari et femme; c'est ridicule, inconvenant, surtout pour les invités que cela met fort mal à l'aise; car tout naturellement ils ne peuvent, ni ne doivent prendre parti ni pour l'un ni pour l'autre.

Dans un repas de famille ou d'amis, il est parfaitement permis de faire à la maîtresse de la maison des compliments sur la qualité des mets qu'elle vous offre; mais s'il y en a qui ne sont pas réussis, on n'est tenu qu'à une chose, à les manger sans rien dire. Les vieilles bouteilles de vin, *de derrière les fagots*, devront être dégustées avec soin, et la satisfaction être manifestée au maître de la maison ; c'est le moins qu'on puisse faire pour le plaisir qu'il aura eu l'intention de vous procurer. Pour un grand dîner, on fera les compliments lors de la visite qui le suivra, et qui doit se faire dans la huitaine.

A moins qu'on ne soit médecin ou prêtre et que le devoir professionnel ne vous appelle, il n'est pas permis de partir aussitôt après le repas ; il faut au moins passer une heure au salon, puis se retirer en saluant les maîtres de la maison, en s'excusant de ne pouvoir rester davantage et les remerciant brièvement du plaisir qu'ils vous ont procuré.

Dans quelque réunion que vous soyez, quelque soit votre notoriété, mettez votre attention à étudier le genre d'instruction, d'éducation des personnes avec lesquelles vous avez à causer, et faites votre possible pour ne rien dire qui puisse faire *sentir* la différence de position ou d'instruction pouvant exister ; c'est affaire de tact.

Avant que la musique ne fût en honneur comme elle l'est actuellement, nos pères priaient les demoiselles, les dames et aussi les messieurs de chanter au dessert. Mais cet usage, qui s'est conservé dans certaines réunions de famille, a complètement disparu dans *le monde*. Il n'est guère de salons, en effet, où il n'y ait maintenant un piano ; alors un dîner de cérémonie amène généralement à sa suite, une petite soirée musicale, dans laquelle la maîtresse de maison, si elle est musicienne, ou sa fille, se fait entendre la première, en ayant soin de choisir un morceau qui ne soit pas susceptible d'éclipser ceux que joueront ses invités ; sachant, là comme à table, sacrifier ses goûts, son plaisir, à ceux de ses hôtes.

Ceux-ci de leur côté, devront arriver possédant parfaitement le ou les morceaux qu'ils sont susceptibles de jouer ; ils n'auront pour cela qu'à les choisir au-dessous de leur force, car autant un morceau bien joué ou bien chanté fait plaisir, fût-il très simple, autant un morceau même très joli, est désagréable, quand il est mal exécuté. Il est bien entendu qu'on ne jouera ou chantera dans un salon que des choses convenables, et *si on y est invité* par la maîtresse de la maison ; si pour une cause ou pour une autre on croit ne pas devoir le faire, on s'excuse poliment, et on ne reviendra pas sur ce refus, quand bien même on serait sollicité de nouveau.

Dans un salon, tout le monde doit écouter, *en silence*, la musique qui se joue, et peut manifester son plaisir par un murmure approbateur, et par des compliments adressés à l'exécutant ; si les morceaux sont joués par des artistes, on applaudit discrètement, mais non à tour de bras comme des chefs de claque.

Si parmi les invités, il y a plusieurs jeunes filles ou jeunes dames et des jeunes gens en nombre suffisant pour former un quadrille, la maîtresse de maison peut être sûre de leur faire plaisir en proposant une petite sauterie ; le piano sera tenu par elle-même et les autres mères de famille, ou par les jeunes filles à tour de rôle.

Vers onze heures ou minuit on sert le thé avec des brioches ou des gâteaux spéciaux, puis du lait, du kirsch, du rhum et du cognac ; dans certaines maisons, le thé se sert dans la salle à manger, dan laquelle on passe comme pour aller dîner; dan beaucoup d'autres, c'est la demoiselle de la maisoi qui, aidée de ses amies, passe le thé aux convive. en même temps que sucre, liquides et gâteaux; cette mode est très gracieuse, surtout quand le service est fait avec simplicité et adresse. Cette façon de faire a été adoptée aussi dans beaucoup de maisons, pour servir le café et les liqueurs aux invités à la fin d'un repas, quand ils viennent de passer au salon. Quelques minutes après que le thé est pris les invités se retirent en remerciant les maîtres de la maison du plaisir qu'ils leur ont procuré.

Les dîners d'amis demandent pour les dames une toilette de ville, pour les hommes la redingote ou la jaquette; les grands dîners au contraire exigent l'habit pour l'homme et la grande toilette pour les dames, suivant les indications données par les amphitryons.

Grandes soirées, Bals. — Les invitations aux bals ou aux grandes soirées, doivent être faites au moins huit jours à l'avance, afin que les dames invitées aient le temps de faire faire ou arranger leur toilette, qui doit concorder avec la position sociale et l'âge de chacune et surtout avec sa fortune.

L'envoi d'une carte doit suivre la réception d'une invitation de ce genre, comme pour l'invitation à dîner, mais on peut jusqu'au dernier moment accepter ou refuser; dans tous les cas, on doit après la soirée, ou une autre carte ou une visite, ainsi qu'au premier de l'an suivant, tout au moins.

Il est de règle générale de n'arriver à un grand

bal qu'à partir de neuf heures *au plus tôt*, mais si la maîtresse de maison indique qu'il y a soirée musicale, et fixe une heure précise, il faut faire son possible pour s'y trouver.

En arrivant, on dépose au vestiaire, ou entre les mains des domestiques, chapeau, vêtement, parapluie; les dames sont en grande toilette, en cheveux, décolletées plus ou moins selon leur goût; les jeunes filles avec des fleurs dans les cheveux, en robes claires échancrées à la gorge, mais non *décolletées* comme les dames.

Quant à la maîtresse de la maison, elle doit combiner sa toilette de façon qu'elle soit jolie, mais cependant assez simple pour n'éclipser aucune de celles qui paraîtront à la soirée, et surtout mettre le moins de bijoux possible, les réservant pour en faire honneur à ceux qui l'inviteront. Avant de passer au salon pour recevoir ses invités, la maîtresse de maison aura pris avec beaucoup de soin toutes ses dispositions pour que le service se fasse, sans qu'elle ait besoin de donner de nouveaux ordres.

La toilette de rigueur pour les hommes, dans les grands bals, est : l'habit, le gilet blanc en cœur, la cravate blanche, les bottines vernies et les gants clairs, paille, gris-perle, mais mieux encore, *blancs*, car ce sont ceux qui sont le moins susceptibles de laisser des traces sur les robes des danseuses.

En arrivant au salon, chaque invité va d'abord saluer la maîtresse de la maison, puis les personnes de connaissance; les dames s'asseyent autour du salon ayant leurs filles devant elles, ou à côté, suivant les cas; les messieurs se retirent dans une partie du salon, ou dans des pièces contiguës. Quand des officiers arrivent saluer la maîtresse de la maison pour un dîner ou pour un bal, celle-ci doit immédiatement les inviter à se *désarmer*, c'est-à-dire à enlever leur épée, ce qu'ils ne feraient pas sans cela.

S'il y a soirée musicale, chacun écoutera silencieusement les morceaux, de façon à ne pas gêner les autres auditeurs, et s'abstiendra avec soin de toute manifestation ou réflexion pouvant être désagréable ou préjudiciable aux exécutants.

La musique terminée, et avant que l'orchestre n'ait donné le signal de la danse, les jeunes gens font leur choix parmi les danseuses, et chacun va faire son invitation : le cavalier s'incline devant la dame ou la demoiselle à laquelle il s'adresse et lui dit : « Madame ou Mademoiselle voulez-vous me faire l'honneur de danser avec moi le premier quadrille, ou la première polka ? » Une gracieuse inclinaison de tête de la danseuse, indique l'acceptation, qui est notée de part et d'autre sur un carnet *ad hoc*, ou tout au moins dans la mémoire, de façon à ne pas l'oublier, ce qui serait considéré comme un manque de politesse.

Au cas où la demoiselle a promis, elle dit simplement : « Je vous remercie, Monsieur, je suis invitée » ; alors le cavalier s'adresse à une autre danseuse ; il pourra néanmoins venir de nouveau solliciter la première de lui accorder une autre danse.

Au moment où l'orchestre attaque le prélude de la danse, chaque cavalier vient s'incliner devant sa danseuse ; celle-ci remet à sa mère, ou à son mari, ou sur sa chaise, son mouchoir, son éventail ; si elle les garde, elle les tient de sa main gauche appuyée sur l'épaule de son danseur ; cela peut se faire dans une danse de caractère, mais ces objets sont gênants dans un quadrille, tant pour la danseuse que pour les danseurs. Un jeune homme ne doit pas toucher aux objets tenus par une jeune fille, lui offrir quoi que ce soit, ni se promener avec elle une fois la danse terminée.

La danseuse en se levant, pose son bras sur celui que son danseur lui offre, et tous deux vont à la place qu'ils ont choisie; puis au moment de danser, le cavalier pose sa main droite à plat, à peu près au milieu du dos, au bas de la taille de sa danseuse et de sa main gauche tient la main droite de celle-ci; il a donc avant de commencer, sa danseuse *à sa droite*.

Un danseur bien élevé ne quitte jamais ses gants, ne doit serrer ni la main, ni la taille de sa danseuse, ni lui parler bas à l'oreille; il doit aussi éviter de danser trop souvent avec la même personne, de jeter en dansant ses jambes à droite et à gauche dans celles des autres danseurs, ou de les contusionner avec ses bras trop étendus; il aura soin aussi de maintenir le bras gauche de sa danseuse à demi tendu, la main à la hauteur de la poitrine, mais ne devra la ramener en aucun cas sur sa hanche.

Un danseur fait preuve de tact et de savoir-vivre, en invitant *toutes* les jeunes filles et *toutes* les jeunes dames assistant à un bal, si sa durée le lui permet, mais non en dansant toujours avec la même.

Un jeune homme, avant d'aller dans le monde, doit savoir danser toutes les danses usitées dans le pays où il se trouve; il invite tout d'abord la maîtresse de la maison ou sa fille, puis les parentes, et répond à l'amabilité de l'invitation, en faisant son possible pour se rendre agréable; il peut, s'il sait que la maîtresse de la maison est à court de danseurs, lui présenter un de ses amis, en le lui désignant simplement par son nom; mais il s'en rend moralement responsable; celui-ci doit de son côté reconnaître la gràcieuseté qui lui est faite, en payant de sa personne pendant toute la durée du bal.

Il est permis à une jeune fille de jeter, à la dérobée, un coup d'œil dans une glace, pour s'assurer que rien n'est dérangé dans sa toilette, mais non de s'y regarder avec persistance, en causant avec quelqu'un; cela est encore moins permis à un jeune homme, ce serait ridicule.

La maîtresse de la maison, quelque soit son âge, danse généralement peu, elle veille à ce que les autres danseuses ne restent pas sans danseurs; signalant aux jeunes gens ou aux jeunes hommes celles qui ne sont pas invitées; ceux-ci s'empresseront de se rendre à cette indication, en allant inviter les danseuses libres.

Les pères de famille peuvent, doivent même danser; mais alors, après que tous les jeunes gens seront pourvus d'une danseuse, ils inviteront les jeunes filles qui n'auraient pas de cavalier, ou les jeunes dames qu'ils savent aimer la danse.

Le fils et les parents de la maison en feront autant, se rappelant bien qu'ils ont, ce jour-là, le devoir de sacrifier leur plaisir à celui de leurs invités.

Il ne peut y avoir, à vrai dire, aucune conversation suivie entre un danseur et une danseuse, pendant une danse quelconque, mais seulement quelques phrases échangées, dans lesquelles le cavalier devra faire preuve de tact et de retenue, plutôt que d'esprit ; la jeune fille pourra alors répondre sans embarras et gracieusement.

La danse finie, chaque danseur reconduit sa danseuse à sa place, la salue respectueusement et s'éloigne sans rien dire, ou seulement : Merci, Mademoiselle ou Madame.

Un jeune homme dans un bal doit être aimable vis-à-vis de tout le monde, saisir toutes les occasions d'être complaisant ; faire porter des rafraîchissements aux dames s'il y a lieu, les débarrasser de leur verre, de leur soucoupe, etc., mais tout cela doit être fait simplement, sans affectation, sans familiarité, sans leur adresser force compliments susceptibles de les froisser, mais seulement dans le but visible de leur rendre service.

Une jeune femme ne va pas au bal sans son mari, une jeune fille sans sa mère, à moins qu'elles ne soient accompagnées d'une dame âgée leur servant de *chaperon*, et qui agit vis-à-vis d'elles comme vis-à-vis de sa fille et réciproquement.

Une femme qui a refusé de danser avec un cavalier, *sous prétexte de fatigue*, ne doit pas danser avec un autre la danse qu'elle vient de refuser.

Je crois superflu de recommander de ne pas se précipiter sur les plateaux de rafraîchissements ; on peut n'en pas faire fi ! car ils ont du bon ; mais en cela comme en tout, il faut de la mesure, du tact.

Les boissons froides sont généralement nuisibles dans un bal ; pour les personnes qui, ayant dansé ont attrapé chaud, il est plus sain de prendre du punch, du vin chaud, du bouillon, du chocolat ou alors, du champagne frappé, mais toujours modérément, de façon à conserver leurs idées et leurs forces.

Pendant la durée du bal, un jeune homme ne doit pas quitter la salle, une maman sa fille, un chaperon sa protégée.

Les invités qui ne sont pas des intimes, se retirent quand il leur plaît, sans rien dire, mais ils devront adresser aux maîtres de la maison leurs remerciements et leurs compliments, lors de la visite qu'ils leur feront dans la huitaine, et leur enverront une carte au premier de l'an suivant.

Souper. — Comme il serait très difficile et très fatigant de danser toute une nuit sans rien prendre autre chose que des liquides et quelques gâteaux, il est de mode maintenant, que tout grand bal comporte un souper composé de mets substantiels; il commence souvent par un bon potage au consommé, puis sont servies des viandes froides, charcuteries, jambons, venaisons, quelquefois un ou deux plats chauds, le tout arrosé de vins généreux.

Le souper peut se servir sur une grande table, mais en général on a adopté les petites à quatre ou à six couverts, elles sont apportées toutes servies.

Il n'y a pas de règles pour ces soupers, chacun s'y case suivant son goût, ou comme il peut, mais au cas où il n'y aurait pas assez de place pour tout le monde (ce que les maîtres de maison éviteront s'ils le peuvent), aucune dame ne doit rester debout; les plus jeunes danseurs cèderont leur place.

Le souper dure environ une heure, puis, danseurs et danseuses restaurés continuent leurs entrechats avec plus de vigueur.

Si, au lieu d'un souper, il n'y a qu'un buffet, il

doit être abondamment pourvu, de façon à permettre aux danseurs de réparer leurs forces et d'apaiser leur soif. Si un danseur désire y conduire sa cavalière, il lui en demandera la permission ; si la danseuse est une jeune fille, le danseur ira avec elle prier sa mère de l'accompagner, ou tout au moins solliciter la permission de conduire sa fille prendre quelques rafraîchissements.

Dans tous les cas, les visites au buffet doivent être limitées, de façon à conserver la force aux jambes, et le calme, la netteté à l'esprit.

Cotillon. — Les grands bals, grandes soirées, et même les soirées dansantes intimes finissent généralement aujourd'hui par un cotillon : cette danse qui, somme toute, n'en est pas une, est un composé de figures gracieuses ou drôles dans lesquelles la fantaisie et le luxe peuvent atteindre des limites très reculées. Il n'y a pas de figure obligatotre; chaque cotillon est composé par les maîtres de la maison, les enfants et leurs amis intimes, qui prennent un grand plaisir à faire eux-mêmes la plupart des objets qui devront être donnés : on peut faire des cotillons coûtant depuis dix francs jusqu'à... je ne connais pas de limites.

Un danseur et une danseuse sont choisis comme conducteurs du cotillon ; ce peuvent être le fils de la maison et sa sœur, une cousine, ou une amie intime de sa sœur; ou bien la fille de la maison avec un ami de son frère, un cousin ou tout autre cavalier ayant acquis une réputation de danseur expérimenté.

Un cotillon peut se valser ou se polker, c'est-à-dire que l'orchestre joue pendant tout le temps une valse ou une polka.

Parmi les figures drôles et..... ne coûtant rien, je citerai : le tabouret; le conducteur va offrir la main à une danseuse et l'amène en valsant au milieu du salon où elle s'assied sur une chaise, la jambe droite demi allongée et le pied reposant sur un petit tabouret rembourré; le conducteur amène un à un, plusieurs danseurs qui plient le genou et essaient de le poser sur le tabouret ; la danseuse le retire, chaque danseur tombe à genoux sur le plancher et s'en va, excepté un, choisi par elle, auquel elle laisse mettre le genou sur le tabouret et qui la reconduit à sa place en valsant et la quitte en s'inclinant, ce qu'elle fait aussi.

Toutes les danseuses passent successivement sur la chaise.

Autre figure peu coûteuse : le verre de vin blanc. Les danseuses sont placées à tour de rôle au milieu de la salle de danse, le conducteur du cotillon amène en face de chacune d'elles, deux danseurs auxquels on met en main un verre de champagne, les deux également pleins ; à un signal donné, les deux danseurs absorbent le contenu de leur verre, celui qui a le plus tôt fini reconduit la danseuse à sa place en valsant, etc., etc., etc.

Puis viennent les figures avec les objets plus ou moins chers, depuis le prosaïque mirliton jusqu'à... tout ce qu'on veut ; le conducteur remet aux danseurs des écharpes, nœuds, flots de rubans, objets de toutes sortes que ceux-ci vont offrir aux danseuses de leur choix, puis ils font un tour de valse ensemble. La conductrice de son côté, en fait autant auprès des danseuses, qui vont remettre les objets qu'on leur a donnés, au danseur de leur choix, ou les lui attacher sur l'épaule ou à la boutonnière ; chaque remise d'objet est suivie d'un tour de valse exécuté par chaque couple.

Les proverbes sont également très jolis : on a préparé des cartons de deux nuances différentes, bleu clair et rose ; sur une nuance on a écrit le commencement d'un proverbe, par exemple : « honni soit » sur un carton d'une autre nuance, la fin de ce même proverbe : « qui mal y pense » ; le conducteur distribue aux danseurs tous les cartons bleus, la conductrice remet les cartons roses aux danseuses, chaque cavalier lit ce qui est sur son carton, et aussi chaque cavalière, et les deux parties d'un même proverbe se réunissent pour valser ensemble. Je pourrais décrire une quantité d'autres figures, mais on voit par ce qui précède, qu'un cotillon est charmant, et qu'il peut durer et être ce que l'on veut ; il y en a qui durent trois heures et plus ; ils se terminent souvent par une grande farandole à laquelle prennent part tous les danseurs. Ce genre de danse est très apprécié de la jeunesse des deux sexes ; il est en effet très agréable, et permet aux danseurs et aux danseuses d'emporter des petits souvenirs qui sont collectionnés avec soin et ornent les chambres des jeunes gens et des jeunes filles.

Je recommande les cotillons aux pères et mères de famille qui veulent se distraire eux-mêmes, amuser leurs enfants, et les occuper, *à peu de frais*, si l'on a soin de composer ces cotillons de figures amusantes, que chacun peut inventer selon son goût.

Bals blancs : Je signale ce genre de bal auque prennent part *exclusivement* les jeunes gens et le jeunes filles à marier; la toilette des jeunes filles est naturellement toute blanche y compris les fleurs qui la garnissent; celle des jeunes gens est la même que pour les grands bals plus une fleur blanche à la boutonnière.

Les bals roses, où toutes les danseuses sont en rose; *floraux*, dans lesquels les danseurs et danseuses ont des costumes en forme de fleurs ; bals *champêtres* et autres, sont des réunions de fantaisie où doit régner, bien entendu, le plus parfait savoir-vivre, la plus exquise politesse, mais où la toilette est livrée aux caprices de l'imagination, et appropriée à chaque circonstance.

Rien à dire des bals masqués, si ce n'est qu'une personne bien élevée n'abusera jamais du masque, pour être grossière ou méchante.

Dans les bals de charité, par souscription, la tenue pour les deux sexes doit toujours être très correcte; la toilette est celle indiquée pour les grands bals ; seulement, à l'arrivée, les dames seront reçues par les commissaires autorisés, munis d'un flot de rubans, ou de toute autre marque distinctive ; un commissaire offre le bras à une mère et la jeune fille entre à la gauche de sa mère, à moins qu'un autre commissaire ne lui offre son bras. Elles ne sont obligées à saluer personne, si ce n'est leurs connaissances, auprès desquelles le commissaire les conduit sur la demande de la mère.

Il est bien entendu que, dans ces bals par souscription, ne devra être admise aucune femme de moralité douteuse: le commissaire qui en aurait invité et introduit une, devrait être mis par ses collègues en demeure de faire *son possible* pour l'emmener; dans tous les cas aucune personne sachant vivre, homme ou femme, ne devra être grossière pour cette égarée : les quelques paroles que l'on serait forcé d'échanger avec elle, quand bien même elles seraient polies et gracieuses, ne pourraient avoir aucune conséquence fâcheuse pour l'interlocutrice, et prouveraient son parfait savoir-vivre.

Le salon. — J'ai dit plus haut qu'une maîtresse de maison avait fort à faire pour bien recevoir ses invités à un repas; il en est de même pour un bal. Le salon doit être débarrassé de tout ce qui est susceptible de gêner les danseurs; l'éclairage doit être largement ordonné au moyen d'un lustre, de candélabres, appliques, lampes, etc., posés de façon à produire le plus d'effet possible; la musique, orchestre ou piano, placée de façon à être bien entendue des danseurs. La température devra être telle, qu'en y entrant on n'éprouve pas de sensation de froid; un salon trop chauffé avant un bal ne serait pas tenable au bout de quelques instants. Mais en hiver, pendant un dîner, le feu doit être soigneusement entretenu au salon, afin que la température en soit assez élevée, pour ne pas produire l'effet d'une glacière aux convives sortant de la salle à manger; surtout aux dames qui, étant légèrement vêtues, sont naturellement plus sensibles aux variations de la température.

L'organisation d'un salon en temps ordinaire exige de la part de la maîtresse de maison beaucoup de goût et de savoir-faire; il doit être tenu constamment propre, muni d'un nombre de sièges suffisant : canapés, fauteuils, chaises, poufs, tabouret de formes diverses; le piano sera placé de façon à ne pas gêner le groupement des causeurs, dans un endroit où le jour arrive facilement, mais il faut éviter avec le plus grand soin de le mettre dans les courants d'air, extrêmement préjudiciables à l'accord et à la qualité même du piano.

L'ornementation et l'ameublement d'un salon varient avec la fortune, la position sociale du maître de la maison, et dépendent surtout du goût de sa femme; mais il doit toujours s'y trouver en été des fleurs ou bouquets, *peu odorants;* des plantes d'appartement en hiver; il sera en outre égayé par des livres, des albums, des revues, des tableaux bien choisis, des bibelots, vases, potiches, photographies, gravures, posés sur des petites tables ou des guéridons; et enfin, par des objets sortant des mains de la maîtresse de la maison ou de sa fille : écrans, coussins, tabourets, objets en tapisserie ou au crochet.

Auprès du piano un casier à musique contenant un choix de morceaux de toutes forces, et des partitions de différents auteurs; ce qu'il faut surtout, c'est que les jours où l'on reçoit, le salon n'ait pas l'air d'un appartement dans lequel on ne met jamais les pieds; un bon feu en hiver et un demi jour en été, disposeront bien les visiteurs à la conversation; le piano sera découvert ainsi que les sièges qui seront un peu dérangés comme si on venait de s'en servir; enfin que le salon soit animé et non froid.

Tableaux. — Les tableaux tiennent une grande place dans l'ornementation d'une maison, mais ils doivent être choisis avec goût, et appropriés à la pièce dans laquelle on les met ; tel tableau sera très bien dans une salle à manger, qui jurera dans un salon ou dans une chambre à coucher, et *vice versa*.

Les portraits de famille, tableaux de genre, marines, batailles, paysages, scènes religieuse ou profanes, belles gravures anciennes ou modernes, portraits de peintres, musiciens, artistes, grands hommes, etc., ont leur place marquée au salon. La salle à manger sera égayée par des scènes de chasse, de pêche, des tableaux représentant des fruits, du gibier, du poisson, par des têtes d'animaux empaillées, des faïences et porcelaines anciennes, etc. La chambre à coucher sera ornée de scènes d'intérieur, tableaux de famille, portraits ou photographies de parents défunts ou vivants.

Une chambre de jeune fille pourra contenir une variété de tableaux donnant l'impression de la jeunesse, de la grâce, de la beauté, tels que tableaux de fleurs, bouquets (peinture, pastel ou aquarelle), paysages ensoleillés, souvenirs de pension, de première communion, têtes d'enfants, photographies d'amies, groupes, objets de cotillon, etc.

Une chambre de jeune homme peut être décorée au moyen de tableaux ou gravures de genres divers, voire même de caricatures, mais dont les sujets seront toujours convenables, afin que ses sœurs, sa mère, puissent entrer dans sa chambre sans être exposées à y voir des choses indécentes.

Il va sans dire que les parents veilleront avec soin aux livres que pourront lire leurs enfants et que la bibliothèque de la maison aura été choisie avec discernement.

Visites. — La civilisation, de plus en plus raffinée, crée entre les hommes des relations forcées d'où découlent des devoirs, dont personne n'a le droit de s'affranchir sous peine de passer pour mal élevé; les visites font partie de ces devoirs, qui peuvent être ennuyeux pour ceux qui n'ont pas l'usage du monde, mais cessent de l'être quand on a pris l'habitude de les remplir.

Visites d'amitié. — Les visites obligatoires sont de natures bien différentes; je classe en première ligne les visites d'amitié; ce sont les plus nombreuses, celles dans lesquelles il y a le moins de cérémonie, celles aussi qui sont le plus agréables, mais dans lesquelles il faut néanmoins éviter le sans-gêne qui confine à l'impolitesse.

Avec qui, en effet, doit-on surtout être poli et aimable, après la famille? N'est-ce pas avec de vrais amis, qui sont bons et dévoués, dans la bonne comme dans la mauvaise fortune; qui se réjouissent avec vous de ce qui vous arrive d'heureux, et qui, lorsque vous êtes dans le malheur, vous consolent et vous soutiennent de leurs conseils et souvent de leur bourse? Quand on va leur rendre visite, il faut s'informer affectueusement et délicatement de leur santé et de celle de leur famille, montrer dans la conversation tout le plaisir que l'on éprouve à les venir visiter, et l'intérêt qu'on leur porte.

Mais il faut savoir ne pas prolonger trop ces visites, qui peuvent quelquefois être gênantes, si vos amis ont des occupations; la tenue dans le salon des amis doit être aussi correcte que partout ailleurs, et si un homme est reçu par la femme d'un ami, il ne doit pas prendre place auprès d'elle sur le canapé, mais bien sur une chaise ou un fauteuil en face, et se retirer promptement.

Si on vous reçoit dans une chambre à coucher, ne déposez ni chapeau, ni canne, ni quoi que ce soit sur le lit, c'est inconvenant ; ne parlez de vous que comme réponse, et jamais mal de qui que ce soit ; chez des amis pas plus qu'ailleurs, ne coupez la parole à personne, et n'aidez pas un causeur à parler ; chacun le fait comme il le peut, à ses risques et périls.

Si on a des enfants turbulents et qu'on les emmène chez des amis, il faut faire en sorte de les faire rester tranquilles pendant la visite ; si on sait ne pas le pouvoir, il ne faut pas les emmener, plutôt que de les voir monter sur les chaises, fauteuils, canapés, les remplir de boue ou les déchirer ; casser des vases et autres objets, ou érailler les meubles et les tapisseries. Serait-on heureux de voir d'autres enfants en faire autant chez soi ? Assurément non ; eh bien ! tâchons donc de ne pas transformer en supplice une visite qui devrait être un plaisir.

Dans les visites de convenance ou de cérémonie, on n'emmène jamais des enfants.

Je n'ai pas besoin de dire que dans *aucune* visite, pas plus celles d'amitié que les autres, on ne doit mener des chiens ; il faut les laisser à la porte de la maison dans laquelle on entre ; on évitera ainsi tous les ennuis que peuvent causer ces bêtes quand elles sont quelque part.

Visites de convenance. — Ce sont celles que l'on fait en dehors des visites d'amitié et de grande cérémonie ; par exemple, chez des connai sances les jours de réception adoptés, au sujet d'u invitation reçue, acceptée ou non, d'un décès d'u naissance, d'un mariage, d'un avancement, d'u changement ; en un mot, d'un événement heureu ou malheureux, motivant des félicitations ou de consolations.

Dans certains cas, l'empressement que l'on met faire une visite, prouve le degré d'intérêt que l'o porte aux personnes auxquelles on la rend.

Ces visites exigent toujours une toilette très soignée mais, bien entendu, appropriée à la nature des visites.

En arrivant dans la maison où l'on va faire une visite, on dépose sa canne ou son parapluie dans le vestibule (un homme garde son chapeau à la main) ; on entre au salon après s'être fait annoncer ; on va directement saluer la maîtresse de la maison, puis on salue les personnes que l'on connaît et on fait un seul salut pour toutes les autres ; de même quand on se retire.

La maîtresse de maison se tient auprès de la cheminée, le dos tourné au jour, et fait placer auprès d'elle, ou en face auprès du feu, les personnes les plus âgées ou les plus notables.

Une personne placée auprès de la maîtresse de la maison, peut offrir sa place à une dame âgée arrivant au salon, mais celle-ci n'acceptera pas.

Les visites, autres que les visites d'amitié, ne doivent pas durer longtemps, un quart d'heure au plus ; la maîtresse de maison n'accompagne les partants que jusqu'à la porte du salon, et ceux-ci éviteront d'entamer avec elle un autre sujet de conversation, de façon à ne pas la tenir debout loin de ses autres visiteurs.

On ne part pas d'un salon au moment même où d'autres personnes arrivent, il faut au moins leur donner le temps de saluer la maîtresse de la maison, de s'asseoir, et d'échanger quelques mots avec elle.

Quand un monsieur entre dans un salon, les hommes présents se lèvent ; si c'est une dame âgée, un monsieur âgé ou illustre, tout le monde se lève ; de même si c'est un membre de la famille autre que des petits enfants.

Les visites peuvent se faire de deux heures à six heures, mais il ne faut jamais, autant que possible, se présenter à ces deux heures extrêmes, plutôt de trois à cinq ; si à votre arrivée, vous trouvez les maîtres de la maison habillés pour sortir, n'entrez pas, quelqu'insistance que l'on mette à vous y engager ; si, ayant été reçu, un indice quelconque vous avertit que les maîtres ont affaire, ou veulent sortir, abrégez votre visite, sans toutefois être impoli.

Si les maîtres sont absents, et que vous vouliez qu'on considère votre visite comme faite, remettez une carte pliée au coin supérieur de droite.

Visites de cérémonie. — Les visites de grande cérémonie, comme les visites de noces, visites de l'an aux autorités supérieures : évêque, préfet, général, etc., doivent se faire, pour les hommes, en habit, et pour les dames, en grande toilette, mais bien entendu pas de même nature que pour les bals et soirées ; ces visites sont forcément très courtes, n'étant pour ainsi dire qu'un simple acte de présence. Les visites de l'an aux supérieu se font généralement la veille, ou tout au moins jour, ainsi que celles aux proches parents ascendant pour les autres, elles se font le plus tôt possible da le courant du mois de janvier.

Le rôle du jeune homme et de la jeune fille dan le salon de leurs parents, consiste à les aider à rec voir les visiteurs ou les invités, à leur offrir des siè ges, les débarrasser de ce qui peut les gêner, supplée les parents s'il y a lieu, sans toutefois oublier qu'il ne sont que des enfants.

Visites de charité. — Oh ! le beau passe temps pour une femme ; et comme elle peut y laisser parler son cœur ! Que de bien elle peut faire physiquement et moralement dans les quelques instants qu'elle ira passer au chevet des malheureux ! y apportant de douces paroles de consolation et d'encouragement et aussi des réconfortants, du linge, des vêtements. Dans ces visites, point n'est besoin d'une toilette tapageuse qui ferait sentir davantage aux malheureux la profondeur de leur misère ; un costume simple et sombre est au contraire de rigueur.

Visites de départ, d'arrivée. — Si une circonstance vous force à quitter le pays, pour avancement, retraite, changement de garnison, ou toute autre cause, vous devez une visite d'adieu à toutes les personnes avec lesquelles vous avez été en relations.

Vous leur exprimez tout le regret que vous avez de les quitter, et l'espoir que les relations ne seront pas complètement brisées entre vous ; à l'arrivée dans votre nouvelle résidence, vous rendrez visite à vos supérieurs, à vos égaux, si vous êtes militaire ou fonctionnaire ; si vous êtes civil, et que vous vous fixiez dans l'endroit, vous ferez bien de rendre visite au maire de la commune, au curé de la paroisse, au notaire auquel vous avez l'intention de confier vos intérêts, aux personnes de votre monde avec lesquelles vous désirez entrer en relations.

Avant un départ pour la campagne, les bains de mer, une excursion de quelque durée, il est également d'usage d'aller rendre visite à ses amis, à ses connaissances, pour les avertir de cette absence ; chez les personnes que vous ne rencontrerez pas, vous laisserez une carte cornée portant cette indication P. P. C. (pour prendre congé).

A votre retour, nouvelle visite pour prévenir de votre arrivée et aussi que vous reprenez votre jour de réception si vous en avez un.

Car maintenant, il est de mode, pour chaque maîtresse de maison, d'adopter un jour de la semaine pour recevoir ; cela est bien vu en ce sens que, ce jour-là, on est sûr d'être reçu chez les personnes que l'on va voir, et que c'est aussi le *seul* où on ne soit pas libre de s'absenter ; mais cet usage a son désagrément.

En effet, pour rendre les visites qui vous ont été faites, vous devez vous conformer aux jours de réception, et alors il vous faudra retourner quatre, cinq, six fois dans la même rue, parce que celles de vos connaissances qui l'habitent, ont toutes des jours de réception différents ; et puis encore, que sont les visites faites ces jours-là ? Elles ne peuvent être autres que très banales et cérémonieuses : mais c'est la mode !!!

Conversation. — J'ai dit quels sont les usages généralement adoptés dans le monde, pour recevoir et rendre : visites, dîners, bals, soirées ; mais se présenter et se retirer n'est pas tout ; il faut parler ! Or, s'il n'y a pas de règles absolues pour ce qui doit être dit, il y en a pour ce qui ne doit pas l'être.

Je trouve dans « *La Bruyère* » deux phrases qui me semblent parfaitement résumer ce que doit être la conversation d'une personne qui veut acquérir la réputation d'être polie. « L'esprit de conversation, « dit-il, consiste bien moins à montrer beaucoup « d'esprit, qu'à en faire montrer aux autres ; celui « qui sort de votre entretien content de soi et de son « esprit, l'est de vous parfaitement. » Puis ailleurs : « Les hommes n'aiment point à vous admirer, ils « veulent plaire ; ils cherchent moins à être instruits « et même réjouis, qu'à être goûtés et applaudis ; et « le plaisir le plus délicat est de faire celui d'au- « trui. »

Cela est absolument vrai, et il est très facile de passer pour un homme d'esprit ; il n'y a qu'à fournir aux autres l'occasion de montrer le leur ; or, une visite, en moyenne, dure un quart d'heure : il n'est pas difficile de savoir faire causer ou tout simplement écouter les autres pendant ce temps-là ; il suffit pour cela, de mettre chacun sur le sujet qu'on sait lui être agréable ou familier, et de l'y maintenir par quelques approbations et encouragements discrètement exprimés. On a d'ailleurs tout intérêt à faire causer les autres ; combien de choses, en effet, on apprend ainsi, qu'on aurait toujours ignorées si on avait tout le temps parlé de ce qu'on savait !

Le temps de la visite s'écoule rapidement pour les

causeurs ; ils se retirent enchantés de vous, qui n'avez rien dit, mais leur avez permis de parler de ce qu'ils savaient, et à qui ils croient avoir fait infiniment de plaisir.

Le sujet de conversation est tout trouvé dans les visites ayant un objet particulier, telles que : les visites d'amitié, de condoléances, de baptême, de mariage, etc.; dans les visites aux amis, vous parlez de leur santé, de leurs affaires, de leur famille ; vous leur faites des compliments sur leurs enfants ; dans les visites de condoléances, c'est plus embarrassant, mais en tout cas, parlez du défunt, seulement si on vous en parle, et alors, faites ressortir les qualités qui vous plaisaient en lui, *mais encore* brièvement. Chez les pauvres, les ouvriers, parlez de leur travail, faites-les causer sur leur métier, vous les mettrez tout de suite à l'aise. ils vous en sauront gré. Dans les visites de baptême, complimentez la mère sur son bébé, tout autant cependant que vous saurez si cette augmentation de famille fait plaisir, et si le sexe de l'enfant est bien celui qu'on désirait.

A propos d'une nomination, d'un avancement, exprimez le plaisir que cet événement vous cause. mais s'il est l'occasion d'un départ, dites tous vos regrets de voir partir de si bons amis, etc.

Je n'ai pas besoin de dire que dans les visites et en général dans la conversation, il faut toujours causer avec calme, sans gestes exagérés, ni exclamations, ni grimaces de figure ; on peut discuter posément une question sur laquelle on n'a pas la même manière de voir que son interlocuteur, mais il faut changer habilement la conversation, si on voit qu'elle tourne à la dispute ; car, a dit un auteur célèbre : « qui discute a raison et qui dispute a tort. »

Au nombre des sujets à laisser de côté quand on n'est pas absolument maître de soi, je citerai la politique et la religion : ces deux sujets sont trop irritants, passionnent trop, pour que la stricte politesse puisse constamment être observée en les traitant.

La conversation, au salon comme ailleurs, demande de la simplicité, et non des grandes phrases à effet, ou des tournures trop grammaticales ; cela sent le pédant et gêne les auditeurs ; le grand tact d'ailleurs, est de savoir se mettre en parlant, au niveau de l'intelligence des personnes devant lesquelles on parle, et il est bien évident qu'on ne s'exprimera pas, en parlant à des ouvriers ou à des personnes de la campagne, comme à un académicien.

Mais en aucun cas, une maîtresse de maison ne doit, dans son salon, établir de différence entre des visiteurs de même âge ; elle doit, dans la conversation, être aussi aimable pour les uns que pour les autres, quelles que soient ses préférences particulières. Les personnes âgées, les prêtres, les étrangers ont seuls droit à des petites attentions que tout le monde trouvera d'ailleurs naturelles.

La trivialité. — Il y a dans la conversation, un écueil dont il faut bien se garder ; c'est la trivialité, qui est absolument nuisible à la réputation de « *personne bien élevée* » ; elle consiste à parler en employant des expressions vulgaires, banales ou indécentes, des mots d'argot ou des jurons : ces façons de parler doivent être laissées aux gens sans éducation, qui ne *veulent pas* s'astreindre à châtier leur langage. Mais vous, mes lecteurs, qui voulez ne pas être confondus avec la catégorie de citoyens susnommée, mettez tous vos soins à vous exprimer en *bon français*, sans l'adjonction de termes qui n'ajoutent assurément pas de grâce à vos paroles, de force à votre raisonnement, ni de valeur à vos idées ; notre belle langue est assez riche pour vous permettre d'exprimer convenablement tout ce que vous pensez. Soyez assurés, d'ailleurs, que les personnes qui vous écoutent, vous jugent d'après votre façon de parler, et vous pardonneraient plutôt un défaut d'instruction, qu'un défaut d'éducation.

La politesse dehors. — Si la politesse et le savoir-vivre ont des règles bien établies pour la vie de la maison, la vie au dehors doit être également soumise à des lois, *obligatoires* pour tous ceux qui ont le respect d'eux-mêmes et des autres. Chacun, bien entendu, porte pour aller à ses occupations les vêtements compatibles avec les devoirs de sa situation ; mais ces vêtements, si on les porte dehors, doivent être propres et non couverts de taches de graisse, ou de boue sèche de la veille ; la figure et les mains doivent être propres, la barbe et les cheveux bien taillés et peignés avec soin ; il est plus convenable de porter des gants, surtout aujourd'hui que cet objet de toilette est si peu cher; cela est *indispensable* si on se promène avec une dame et surtout si on lui donne le bras.

Si en descendant un escalier vous rencontrez une autre personne, prenez toujours votre droite ; mais si vous voyez un monsieur âgé ou une dame s'aider de la rampe pour monter, ne les faites pas déranger, effacez-vous pour les laisser passer du côté qu'ils ont choisi, et saluez légèrement à leur passage. Un homme et une femme montant un escalier ensemble, l'homme *doit* monter devant, c'est le contraire en descendant.

Sur le trottoir. — De même, en sortant, quand sur le trottoir un homme en croise un autre, chacun d'eux prend sa droite, excepté si le trottoir n'est pas assez large pour laisser passer deux personnes de front; alors, le plus jeune ou l'inférieur en descend pour laisser passer un supérieur, un homme plus âgé ou une dame, mais dans tous les cas il faut leur laisser le haut du pavé, c'est-à-dire la partie du trottoir la plus rapprochée du mur.

Un homme bien élevé se reconnaît facilement dans la rue; toujours correctement et proprement vêtu, il marche sans précipitation, droit devant lui, sans regarder ostensiblement à droite et à gauche, ni se détourner sur les personnes qui viennent de passer, saluant poliment et sans affectation toutes celles qu'il connaît, mais les dames plus bas que les hommes, et évitant de s'arrêter, à moins que ce ne soit avec des amis.

Respect aux dames. — Si à la suite de saluts la conversation s'engage avec des dames, les messieurs restent découverts, mais les dames ont *l'obligation* de ne pas les laisser exposés, la tête nue, aux intempéries de l'air et doivent leur dire : « Veuillez « vous couvrir, messieurs ; » ce qu'ils font : de même quand un jeune homme aborde un supérieur ou un professeur : mais si au bout de quelques instants on n'y a pas été invité, on se couvre de droit.

Saluts. — En ville on ne salue que les personnes que l'on connaît. mais à la campagne, si on se trouve dans des chemins en face de dames ou d'un prêtre, il est d'obligation de les saluer, quand bien même on ne les connaîtrait pas.

Quand, dans une rue ou une promenade, on rencontre des amis avec des étrangers, il ne faut les aborder que si on y est invité, et ne pas quitter soi-même des amis avec lesquels on se promène, pour aller avec d'autres.

Il est d'usage, si des amis viennent vous saluer à la musique ou dans un endroit où on est assis, de se lever et de rester debout tant que dure la conversation; s'asseoir serait inviter les nouveaux arrivants à en faire autant; mais ceux-ci devront abréger la conversation autant que possible.

Un fournisseur rencontrant un de ses clients dans une rue le salue, celui-ci doit lui rendre son salut avec la plus grande politesse, mais dans une promenade ou un lieu public quelconque, on ne salue jamais deux fois la même personne.

Il est bien évident que le salut n'est pas uniforme et diffère suivant les circonstances et suivant les personnes auxquelles on l'adresse ; mais dans quelque circonstance que ce soit, il doit être fait avec simplicité, sans raideur ni impertinence; il vaudrait mieux ne pas saluer du tout, que de le faire d'une façon telle, qu'elle pourrait être interprétée comme une grossière injure.

Pour les hommes, le chapeau joue le plus grand rôle dans le salut, que l'on fait plus ou moins bas, suivant qu'on l'adresse à des personnes auxquelles on désire manifester plus ou moins de respect : les personnes âgées, hommes ou femmes, les ecclésiastiques, les supérieurs ont droit à un salut *très* respectueux; les femmes, *en général*, à un salut respectueux; nos amis et connaissances à un salut poli et gracieux, c'est-à-dire accompagné d'un léger sourire.

Le salut respectueux ne peut que gagner à être accompagné d'une légère inclinaison du buste, plus ou moins prononcée, suivant les personnes que l'on salue, mais qui ne doit cependant pas en arriver, pour les hommes, à plier le corps en deux à angle droit, avec les bras pendants et le chapeau au bout.

Le salut chez la femme, se traduit par une élégante inclinaison du buste, plus ou moins accentuée, suivant le désir qu'elle a de montrer plus de respect ou de sympathie; mais aucune femme ou jeune fille *française* ne doit pratiquer comme salut, un simple coup de tête sec et raide. Ce *tic* doit être réservé aux misses anglaises qui ont coiffé sainte Catherine, et se complaisent dans la raideur nationale; mais il ne peut convenir à nos gracieuses et intelligentes dames et demoiselles françaises, qui doivent s'efforcer, en toutes circonstances, de conserver leur distinction légendaire, elles ne peuvent qu'y gagner.

Un homme seul, quels que soient son âge et sa position, doit le salut le premier à un autre homme qu'il connaît et qui accompagne une dame ou une demoiselle.

La poignée de main. — Que dirai-je de la poignée de main? que c'est de la part de celui qui l'offre, une preuve d'amitié, d'estime, de confiance. Mais là encore, il y a des nuances à observer; j'en ai parlé au sujet des jeunes gens; j'ajouterai seulement que les jeunes filles bien élevées peuvent offrir la main à leurs amies, mais non aux hommes, ni aux femmes plus âgées qu'elles ; c'est encore un usage anglais, mais qui a besoin d'être *francisé*, en y apportant la réserve et la modération qui caractérisent notre goût.

Je dirai pour le maintien en général ce que je disais pour le salut ; il ne doit être ni raide, ni exagéré, et aucune loi de la politesse et du savoir-vivre ne peut indiquer comme la suprême élégance, un visage froid et calme et une absence totale de gestes ou de jeu de physionomie. Notre nature française est trop vive, notre intelligence trop primesautière, pour que nos pensées, nos sentiments, nos passions, n'amènent pas, pour leur expression, des mouvements de physionomie et des gestes qui ne pourraient être réprimés, que par une habitude prise, dès la plus tendre enfance, de commander à ces sentiments, et encore !

Et d'ailleurs ces mouvements du corps, cette mobilité du visage ne peuvent être taxés de mauvaise éducation que tout autant qu'ils sont exagérés, sans cause, ou tout-à-fait hors de proportion avec les idées ou les faits qui les motivent ; on se donne alors l'air d'un pantin et la réputation de cerveau mal équilibré.

La pipe. — Un homme bien élevé ne doit *jamais* fumer la pipe dehors ; le cigare et la cigarette sont permis, excepté quand on donne le bras à une femme, à moins que ce ne soit la sienne et qu'elle ne vous y autorise ; encore vaut-il mieux ne pas lui donner le bras pendant qu'on fume.

Ne saluez jamais personne le cigare à la bouche, ôtez-le de la main gauche et saluez de la main droite ; et si vous parlez à quelqu'un surtout à des dames, dissimulez-le derrière vous.

La canne, le parapluie. — Beaucoup d'hommes sortent constamment avec une canne ou un parapluie, et font avec cet instrument des moulinets fort désagréables pour les autres promeneurs et quelquefois pour eux-mêmes ; d'autres le mettent sous leur bras et, sans y prendre garde, se tournent brusquement dans tous les sens, accrochant celui-ci ou celui-là, cassant des carreaux, démolissant des étalages, salissant les robes ou les vêtements des voisins. Mauvaise habitude ! qui peut leur causer beaucoup de désagréments avec les gens maltraités et peu endurants.

En omnibus, en tramway, en chemin de fer. — Quand on monte en omnibus, en tramway, en chemin de fer, il faut avoir présentes à l'esprit les lois de la politesse et s'y conformer ; les messieurs montent les premiers, aident les dames à monter, mais leur laissent choisir les places qui leur conviennent ; ils les aident aussi à caser leurs cartons, paquets, etc., tout cela simplement et poliment ; mais ils descendent les premiers pour leur aider à descendre tous leurs bagages et à descendre elles-mêmes si cela est difficile, et qu'elles acceptent leur aide.

Si des personnes, hommes ou dames, montent dans le train ayant chaud, les messieurs placés auprès des portières feront bien de les fermer, de façon à supprimer des courants d'air qui seraient peut-être mortels ; de même s'il fait froid et que les portières ouvertes soient susceptibles de faire attraper un refroidissement à des femmes, à des enfants, à des personnes âgées, fermez les portières; en un mot, faites pour les autres, ce que vous voudriez qu'on fît pour vous ou les vôtres en pareille circonstance.

Dans un compartiment, la personne qui se trouve placée auprès d'une portière, de façon à recevoir le vent dans la figure, a *incontestablement* le droit de la fermer si elle en souffre, mais elle ne *doit* pas la maintenir ouverte si, dans le compartiment, se trouvent des personnes âgées, des enfants, ou des personnes ayant chaud, auxquelles un courant d'air pourrait être fatal.

Enfin, là comme partout ailleurs, et *qui que vous soyez,* faites votre possible pour être poli pour tout le monde et gênant pour personne; ne faites jamais aux autres ce que vous ne voudriez pas qu'on vous fît.

On n'est pas tenu, en voyage, quand on est en famille, d'offrir les meilleures places aux étrangers, ni quoi que ce soit de ce que l'on mange; c'est encore le tact et le cœur qui doivent guider en cette circonstance.

Si on doit manger en chemin de fer, il ne faut pas y apporter des mets à odeur forte, susceptibles d'être désagréables aux personnes qui ne mangent pas, et si on est auprès d'une fenêtre, on pourra l'entr'ouvrir de temps en temps pour laisser échapper l'air vicié.

En omnibus ou en tramway, un homme cédera toujours sa place à une femme, plutôt que de la forcer, l'intérieur étant complet, à se tenir debout sur la plateforme ou à monter sur l'impériale; un homme jeune agira de la même façon vis-à-vis d'un monsieur très âgé, lui aidant à monter, à s'installer; mêmes recommandations vis-à-vis des personnes infirmes.

Les fumeurs. — Si vous êtes fumeur, ne satisfaites ce goût, en chemin de fer, qu'avec la plus grande réserve, surtout en présence de dames, qui n'oseront pas vous refuser la permission de fumer que vous leur demanderez, mais n'en souffriront pas moins pour cela; et si vo[illegible] fumez, crachez le moins possible, pour les au[illegible]; [illegible] aussi pour vous-même.

Quand vous entrez dans un compartiment, une voiture, une réunion ou un établissement publics, vous devez saluer; autrement, vous auriez l'air d'entrer dans une écurie; parler poliment aux garçons, aux employés, et agir de façon à ne pas froisser vos voisins; quand vous sortez, soulevez aussi votre chapeau, personne ne vous en voudra d'être poli.

Dans les magasins.—Un homme entrant dans un magasin, se découvre et *doit rester découvert*, mais il est obligatoire pour *tout le monde* d'y être extrêmement poli, et de saluer en entrant et en sortant les personnes auxquelles on s'adresse; on ferait preuve, en agissant autrement, d'une fort mauvaise éducation. Qu'allez-vous faire, en effet, dans un magasin? prier le propriétaire de vouloir bien vous échanger votre argent contre sa marchandise *dont vous avez besoin;* c'est donc lui qui va vous rendre *le service* de vous mettre en possession de ce qui vous sera utile ou agréable, contre la même valeur en monnaie que vous lui donnerez, donc service pour service.

D'un autre côté, la politesse la plus élémentaire

veut que, quand on entre chez quelqu'un, on se découvre et on parle poliment; pourquoi ne le feriez-vous pas quand vous entrez chez un commerçant? il le ferait bien en entrant chez vous, lui!

Théâtre. — On y va généralement en grande toilette. Si un homme est en loge avec des dames, il les fera placer sur le devant et restera pendant tout le spectacle assis derrière elles, de façon à pouvoir leur parler sans élever la voix. Toute personne assistant à une représentation théâtrale, à un concert, à quelque place qu'elle soit, doit s'abstenir de causer pendant que les acteurs sont en scène; chacun sait en effet combien il est désagréable, quand on vient pour écouter, d'en être empêché par des voisins bavards. Les femmes n'applaudissent qu'avec réserve; les hommes peuvent le faire plus librement, sans exagération toutefois.

On ne siffle pas. — Mais *jamais* un homme bien élevé ne doit siffler, ou faire tout haut des plaisanteries plus ou moins convenables.

Quoi qu'en ait dit un auteur célèbre, on achète en entrant le droit d'occuper telle ou telle place, d'entendre, de voir, de juger, et de s'en aller si bon semble; mais *en aucun cas* on n'achète le droit d'adresser, en sifflant, une grossière injure à des acteurs qui font ce qu'ils peuvent, et surtout à un auteur qui a fait son possible pour vous distraire.

Et d'ailleurs, s'il n'y est pas arrivé, est-ce de sa faute ou de la vôtre? votre instruction, insuffisante peut-être, ne vous permettait pas de goûter les beautés de cette pièce, tandis que votre voisin, plus instruit, la trouvera fort belle, il aura raison, et vous aurez perdu là une belle occasion de v taire.

Vous savez aussi que telle personne qui appl dira à tout rompre une pièce du Palais-Royal, d mira tout le temps au Théâtre-Français. Sifflera-t pour cela ? évidemment non ; il ira tout simpleme voir les pièces qui seront de son goût, à la ha teur de son intelligence, et laissera les autres e faire autant.

Siffler est une lâcheté. — Oui, certes ! c'es une lâcheté, en admettant même que la pièce qui n plait pas au siffleur, déplaise également au public car alors, c'est insulter gratuitement un homm dans le malheur. En effet, un auteur travaille de mois entiers à sa pièce; il compte, pour se payer de ses peines, sur sa réussite qui lui apportera non seulement la gloire, mais encore la fortune, peut-être même le strict nécessaire pour nourrir sa femme et ses enfants. Cette pièce tombe et ce travailleur voit s'évanouir ses rêves de gloire, de fortune, pense à sa femme et à ses enfants dans le besoin ; et c'est alors qu'on vient le siffler au lieu de le plaindre !

Non ! non ! cela ne doit pas exister en France à notre époque, et il ne faut pas que les civils soient moins chevaleresques vis-à-vis de ces vaincus du travail, que ne le sont nos officiers qui, sur le champ de bataille, se découvrent sur le passage des blessés, amis ou ennemis, en disant : « Honneur au courage malheureux ! »

Et d'ailleurs, combien d'auteurs de génie, Racine, Berlioz, pour ne citer que ceux-là, ont vu tout d'abord leurs œuvres incomprises par les ignorants de leur temps, et auxquels on a, depuis, élevé des statues, et avec raison ! Il faut donc être très sobre dans l'expression de ses jugements sur ce que l'on voit et entend ; on ne court pas ainsi les risques de passer pour un malappris ou pour un ignorant.

Au concert. — Je suis très à l'aise pour parler de la tenue qu'on y doit avoir, car il me suffira de dire à mes lecteurs : « Si vous voulez savoir com-« ment on se tient au concert, venez assister à un de « ceux que donne chaque dimanche d'hiver l'admi-« rable Association artistique d'Angers, et vous en « sortirez émerveillé de ce que vous y aurez vu et « entendu. »

En effet, dès en entrant dans la salle, on sent, à n'en pas douter, qu'on se trouve au milieu de l'élite de la population intellectuelle de la ville : ici, pas d'entrées, ni de sorties bruyantes à sensation, pendant l'exécution ; ceux qui n'ont pu arriver avant le commencement, attendent la fin d'un morceau pour gagner tranquillement leur place. Pas de causeries susceptibles de gêner les auditeurs voisins, mais seulement des réflexions à demi-voix dans *l'intervalle* des morceaux ; pas de battements de mesure avec les pieds ; ni fredonnement, ni sifflement des airs connus, si agaçants pour qui veut écouter.

Mais en revanche, une attention soutenue, un silence profond ; puis : les applaudissements, les bis, les rappels, les fleurs, les bouquets, les palmes, les couronnes, venant prouver comment on sait apprécier les artistes éminents, et encourager ceux qui entrent dans la carrière. Et si jamais un sifflet se faisait entendre, je suis bien sûr que la salle entière se lèverait pour protester contre cette grossièreté ;

car j'ai assisté à des concerts où il y aurait eu, p
un public mal élevé, matière à siffler; malgré ce
l'assistance n'a cessé d'observer le calme le pl
digne, mais aussi un silence glacial, qui était d'a
leurs très significatif, et suffisant pour faire jug
du sentiment général.

Il est impossible, en effet, de rien voir de plu
beau que cette Association qui, fondée il y a douz
ans, a su résister à toutes les attaques et grandi
d'année en année. Mais aussi, c'est qu'à la tête d
cette Société se trouvent deux hommes éminent
par leur talent, leur énergie, leur persévérance.

Ils ont, à force de patience et par l'ascendant moral qu'ils exercent, en payant beaucoup de leur personne... et de leurs deniers, su grouper autour d'eux une phalange compacte de dilettantes qui constitue aujourd'hui une société artistique de premier ordre, dont la notoriété est répandue maintenant dans le monde entier. Cette réputation est telle, dans le monde musical, que tout grand artiste, de quelque nation qu'il soit, ne se croit vraiment consacré que quand il a passé sous le feu des applaudissements des Angevins. Aussi, combien, à ces concerts, a-t-on entendu de ces virtuoses qui ne s'étaient jusque-là fait entendre qu'à l'étranger ou à Paris?

Angers a certes le droit d'être fière de posséder cette Association artistique, dont Paris, seule en France, peut offrir l'équivalent, et les Angevins éclairés doivent être (et sont d'ailleurs) très reconnaissants envers les fondateurs, car c'est grâce à eux qu'ils ont entendu une quantité considérable d'œuvres musicales de tous les maîtres anciens et contemporains: plusieurs de ces derniers, et non des moins célèbres, ont même composé de fort belles œuvres spécialement pour l'Association artistique d'Angers, montrant par là en quelle haute estime ils la tiennent.

Le niveau musical de la population a, depuis douze ans, monté considérablement à Angers ; avant cette époque, il était donné à un petit nombre de personnes, de connaître et de sentir la belle musique ; la grande majorité ne comprenait pas qu'on pût en faire d'autre que celle des opéras, et encore beaucoup préféraient l'opéra comique, voire même l'opérette, au grand opéra ; tandis qu'aujourd'hui, ces magnifiques concerts sont suivis très régulièrement, par une grande quantité d'habitués appartenant à toutes les classes de la société, qui applaudissent la musique sans arrière-pensée, tout simplement parce qu'elle est belle, et non parce qu'elle est, comme celle du théâtre, accompagnée d'oripeaux qui flattent les yeux autant que l'ouïe.

Cette éducation s'est faite lentement et l'oreille s'est habituée à entendre et à juger les Gounod, les Saint-Saëns, les Wagner, comme l'intelligence de l'enfant comprend Cicéron, Virgile, Tacite, après avoir traduit tout d'abord l'*Epitome historiæ sacræ*.

Quant à la toilette qu'on porte aux concerts, vous n'avez qu'à examiner celle de la société qui en sort, et vous verrez comment on sait se conformer à la mode la plus recherchée, et allier le bon goût à la richesse. Les toilettes pour les concerts de jour sont de belles toilettes de ville ; pour les grands concerts du soir, les dames viennent en grande toilette, en cheveux généralement, les jeunes filles en robes claires et en cheveux également, mais là comme dans beaucoup d'autres circonstances, ces règles sont modifiées par les habitudes du pays, par l'importance des réunions, le milieu social des assistants, etc.

Je ne crois pas inutile de rappeler qu'en parlant d'un acteur, d'un compositeur, d'un artiste célèbre, on supprime le mot « monsieur »; ainsi on dit très bien : Coquelin, Gounod, Saint-Saëns.

Cela peut se faire aussi pour les grandes artistes, mais il est de meilleur ton de joindre le mot : madame ou mademoiselle, en parlant d'elles : Madame Miolan-Carvalho, Mademoiselle Pauline Richard, Madame Augusta Holmès; en écrivant, on peut devant les noms d'artistes mettre en abrégé Mme, Mlle.

Mais on ne doit pas, en parlant d'une artiste *française,* dire la... une telle; on dit : la Patti, l'Alboni, parce que les Italiens ont l'habitude de mettre l'article devant un nom de femme artiste, mais notre délicatesse innée ne peut admettre cette façon de s'exprimer, vis-à-vis de femmes de notre pays dont nous admirons le talent.

Au musée. — Je vous dirai encore : « Si vous « voulez savoir comment on se conduit au musée, « venez rendre visite au « Salon » de la « Société « des Amis des arts », à Angers. » Cette nouvelle Société, fondée l'année dernière par l'initiative d'un homme de talent et de cœur, marche à grands pas dans la voie de son aînée, « l'Association artistique », et cet embryon d'un an, a déjà groupé autour de lui tout ce qu'Angers compte d'illustrations, de dévouements, d'amateurs distingués : le « Tout Angers » enfin !

Je crois fermement que, dans peu de temps, le

« Salon angevin » acquerra une importance et une notoriété, dont la conséquence forcée sera de lui attirer le sympathique concours des amateurs et artistes étrangers, qui tiendront à honneur d'y avoir été admis; je crois même qu'un certain nombre y ont exposé cette année.

Cette nouvelle tentative va justifier une fois de plus le surnom d' « *Athènes de l'Ouest* » qu'on se plaît depuis longtemps à donner à Angers, dans le monde des sciences et des arts.

Le nouveau « Salon » est magnifiquement installé dans un bel immeuble dont la façade donne sur la place Lorraine, en face de la statue de David d'Angers, le roi des sculpteurs modernes : en y entrant, on se trouve au milieu de visiteurs qui admirent en silence les œuvres exposées, en se communiquant à demi-voix leurs réflexions, de façon à ne pas être entendus des voisins, à ne pas influencer leurs jugements, ou froisser leur sentiment en blâmant ce qu'ils admirent, et admirant ce qu'ils blâment.

Pas plus là qu'au concert, au foyer d'un théâtre, il n'est permis de fumer, de cracher, de faire une trompette de son nez en se mouchant, de se couvrir d'odeurs fortes, susceptibles d'être désagréables aux voisins et de faire croire qu'on en a de mauvaises à dissimuler.

Dans les bibliothèques. — Là, aussi, il est utile d'observer les règles de la politesse, qui consistent surtout à ne rien faire qui puisse gêner les personnes qui viennent pour travailler; il est donc de règle d'y être découvert, d'y marcher doucement, de parler à voix basse, et de n'y entamer ni discussion ni conversation *bruyante*.

Politesse épistolaire. — J'ai défini la politesse et le savoir-vivre dans la conversation, et en ai esquissé les règles principales. Je crois utile de dire ce que doit être la correspondance.

Il est bien évident qu'on n'écrira pas à un fournisseur comme à un ami, à celui-ci comme à un supérieur, à ce dernier comme à sa mère.

La correspondance, comme la conversation, exige beaucoup de tact, de cœur, de prudence, de réflexion. Buffon nous dit : « Bien écrire, c'est tout à « la fois bien penser, bien sentir et bien rendre ; « c'est avoir en même temps de l'esprit, de l'âme et « du goût ; le style suppose la réunion et l'emploi « de toutes les facultés intellectuelles. »

Le style, quelque soit l'objet de votre lettre, doit être pur, clair, précis, naturel, noble, varié et convenable, et dans le style comme dans le langage, il faut éviter le trop de recherche, qui fait les phrases ampoulées, les mots malsonnants ou grossiers, les phrases embrouillées, et surtout les critiques, les calomnies, les médisances ; car rappelez-vous que : « Les paroles volent et les écrits restent. » Il est même très sage d'écrire le moins possible, mais, quand on est obligé de le faire, il faut y apporter beaucoup de réserve, de tact, de soin..... et de prudence.

Les lettres obligatoires sont classées en plusieurs catégories, comme les visites, qu'elles remplacent d'ailleurs, dans les mêmes circonstances ; ce qu'on peut y écrire est à peu près ce qu'on dirait en visite ; mais les lettres doivent être lues, relues, et envoyées seulement quand on est sûr qu'elles disent bien ce qu'on veut dire, et rien que cela.

En effet, tel mot, telle expression, qui employés de vive voix pourront être expliqués, atténués, complétés par un geste, une inflexion de voix, un jeu de physionomie, paraîtront durs, cassants, blessants peut-être, quand on les lira.

Je n'ai pas à indiquer la rédaction des lettres en général, car elle dépend du sujet à traiter et surtout de la qualité des personnes auxquelles elles sont adressées ; ce sont : des grands personnages, des supérieurs, des égaux, des amis, des parents, des commerçants, des inférieurs.

Le contenu de la lettre permettra à votre lecteur de juger de votre instruction, de votre esprit, de votre cœur ; mais le commencement et la fin lui donneront une idée de votre *éducation*.

Lettres aux grands. — Les lettres aux grands personnages, hauts dignitaires, membres du gouvernement, s'écrivent sur papier ministre, c'est-à-dire sur l'in-folio blanc uni, et sont envoyées dans des enveloppes appropriées à ce genre de papier, cachetées de cire *rouge* ou, si vous êtes en deuil, de cire *noire*, cachet renversé.

Au milieu de la page, en vedette, c'est-à-dire seul, le titre du personnage auquel on écrit : Monsieur le Duc, Madame la Duchesse, Monsieur le Ministre, Monseigneur (à un évêque ou à un prince du sang), Sire au roi, Madame à la reine.

Puis on commence la lettre aux deux tiers de la page, en ayant soin de laisser une marge d'un tiers de la largeur de la feuille.

Ces lettres doivent être écrites en style respectueux, et soignées comme forme et comme fonds ; brèves, c'est-à-dire ne parlant que du sujet qui les motive, et l'expliquant sans équivoque, mais sans familiarité; elles se terminent généralement ainsi :

Je suis,

Sire,

de Votre Majesté

le très humble serviteur,

et pour les autres personnages :

J'ai l'honneur d'être avec le plus profond respect, Monsieur le Ministre ou Monseigneur ou Monsieur le Duc, votre très humble et très obéissant serviteur.

Lettres respectueuses. — Ce sont celles que l'on écrit à un prêtre, à une dame, à un homme très âgé ou occupant une haute situation.

Dans ces lettres, la vedette, nom ou titre, se met à peu près au quart de la page, et la première ligne au milieu d'un papier à lettres grand format, blanc, sans en têtes ni dessins quelconques; on n'y laisse qu'un doigt de marge environ.

L'écriture de ces lettres doit être très soignée et surtout très lisible, autrement on courrait le risque qu'elles soient jetées au panier sans être lues; et il ne faut pas se croire excusé de ce manque de soin par cette formule : « Excusez mon griffonnage », les Anglais ont seuls le droit d'écrire cela au bas de leurs lettres de commerce.

Les lettres respectueuses se terminent généralement ainsi :

« Je vous prie d'agréer, ou daignez agréer, veuillez « recevoir, Monsieur l'Abbé, ou Madame, le *témoi-* « *gnage*, ou l'*expression* de mon profond respect, ou « de ma respectueuse sympathie, ou tout simple- « ment, mes hommages respectueux. » De même dans les lettres d'élève à professeur ou ancien professeur.

Quant au contenu de ces lettres, il varie évidemment avec le sujet qui les motive et aussi suivant les rapports que l'on a avec les destinataires.

A ces lettres, jamais de *post-scriptum*. Cachet de cire rouge renversé.

Lettres d'égal à égal. — Elles peuvent commencer par : Monsieur, ou : cher Monsieur, ou : bien cher Monsieur ; mon cher confrère ou collègue dans les administrations ou corporations, et peuvent se terminer ainsi : Agréez, je vous prie, l'*expression* de mes sentiments dévoués, distingués ou les plus distingués, ou de mes meilleurs sentiments, ou de toute ma sympathie ; ou encore, s'il y a égalité d'âge, de position et des rapports amicaux : « Agréez, « cher Monsieur, mes compliments affectueux, ou « les plus affectueux. »

Lettres d'affaires. — Ces lettres s'écrivent sur papier commercial ou sur le papier spécial à la maison, au cabinet, à l'étude, à l'administration d'où elles émanent, et peuvent se terminer ainsi : « Re- « cevez, ou veuillez recevoir, Monsieur, mes com- « pliments, ou mes sincères compliments », « mes « bien sincères saluts », ou bien encore : « Veuillez « recevoir, ou agréez mes salutations empressées. »

Un patron pourra terminer ainsi sa lettre à un employé, à un voyageur, de même qu'un supérieur à un inférieur : « Recevez, je vous prie, l'assurance « de mes sentiments dévoués, ou de mes meilleurs « sentiments. » L'employé pourra terminer ainsi : « Agréez, je vous prie, mes sincères, ou mes bien

« sincères salutations, ou mes salutations empres-
« sées. »

Quand on écrit à un ouvrier qui a l'habitude de travailler pour vous, on emploie soit du papier à lettres ordinaire, soit du papier commercial, et on commencera ainsi :

Monsieur Lombard,

Veuillez, je vous prie, ou : je vous serai obligé de vouloir bien nettoyer mon fusil pour tel jour ; et on peut finir par : veuillez recevoir mes sincères compliments.

Une maîtresse écrivant à une domestique commencera ainsi : « Ma bonne Louise... » et finira par : « Soyez assurée de mes bons sentiments pour vous. »

De même un maître à son domestique ; « Mon bon, mon brave Pierre :

« *Veuillez* préparer la voiture pour tel jour, telle heure », et terminera comme ci-dessus, par l'assurance de ses sentiments dévoués.

Toutes ces formules sont adoptées en général, mais peuvent, bien entendu, être modifiées suivant les relations plus ou moins cérémonieuses, plus ou moins amicales existant entre les personnes qui s'écrivent ; il y a presque autant de cas particuliers qu'il y a de lettres, même pour les lettres exclusivement d'affaires, suivant les rapports existants.

Un homme peut signer son prénom en toutes lettres, mais une jeune fille et une femme ne signent généralement que leur initiale, suivie du nom de leur mari, de leur père ; excepté dans les lettres familières où peut se mettre en toutes lettres le nom de baptême.

Lettres familières. — Dans les lettres à la famille, on peut généralement laisser, comme on dit, « la bride sur le cou » à sa plume, sans oublier, toutefois, les règles de la bienséance, de l'esprit, du cœur, et aussi... celles de la *prudence*. Comme les autres, en effet, *plus* que les autres peut-être, ces lettres-là restent, et peuvent, par suite d'un décès, tomber entre les mains de personnes qui, à leur lecture, seraient très froissées de certains passages les concernant.

Pour ces lettres, il n'est guère de formules obligatoires de terminaison, c'est au cœur de les dicter, mais il ne faut pas oublier qu'elles doivent toujours exprimer la déférence respectueuse que toute personne doit à ses parents plus âgés qu'elle.

Quelle que soit la lettre que l'on écrit, il faut, avant de l'envoyer, la timbrer suivant son poids, 15 centimes par 15 grammes.

Quand on demande des renseignements à des personnes autres que des parents ou des amis intimes, il est d'usage de joindre un timbre pour affranchir la réponse.

Lettres de condoléance, de faire part, de félicitations. — Dans ces lettres, peu longues généralement, on n'y parle que de l'événement heureux ou malheureux qui les motive, et en termes qui partent du cœur et fassent bien sentir au lecteur, la part que vous prenez à son bonheur ou à son malheur.

Celles qui sont imprimées, se font remettre à domicile ou sont envoyées par la poste : les unes font part simplement de l'événement (naissance) ; les autres portent en même temps l'invitation à une cérémonie, bénédiction nuptiale, enterrement, service.

Il y a des formules adoptées pour ces différentes lettres, il n'y a qu'à donner à l'imprimeur les noms des personnes et l'heure des cérémonies.

Pour les naissances, les lettres de faire part portent un liseré bleu pour un garçon, un rose pour une fille; ou bien le papier lui-même est bleu pâle ou rose pâle; on y répond par une carte adressée, ou par une visite faite dans la huitaine; la rédaction de ces lettres n'est soumise à aucune règle; elle est livrée à la fantaisie.

L'usage veut que les lettres de mariage soient envoyées doubles : celle du marié et celle de la mariée, mises l'une dans l'autre, de telle façon que le destinataire, en les dépliant, voie d'abord la lettre de la famille qu'il connaît.

La lettre de faire part d'un décès devrait ne contenir absolument que les noms des membres de la famille, sans l'adjonction de titres, fonctions, professions, qui n'ont rien à voir dans l'événement.

« N'est-ce pas pitoyable, en effet, dit M. de la « Fère, d'y voir annoncer que l'un des parents est « chevalier de la Légion d'honneur, ou membre de « plusieurs sociétés savantes, etc. ! » Et il ajoute : « J'ai sous la main, au moment où j'écris, une lettre « de faire part des plus curieuses; j'y trouve que « M. N... est notaire, M. L... avocat, M. C... huis- « sier, M. D... marchand de nouveautés, M. B... fa- « bricant de bougies; il n'y manque absolument que « les adresses pour devenir de la politesse indus- « trielle. »

Et tout cela, sur une lettre de faire part prouvant le néant des vanités humaines !!

Cartes postales, cartes lettres. — L'administration des postes a créé, il y a quelques années, des cartes postales, puis, peu après, des cartes lettres timbrées dont l'emploi est fort commode, mais est limité à certaines circonstances déterminées.

La carte postale peut servir dans le commerce, dans le cas où le secret n'est pas de rigueur, entre parents ou amis intimes, mais ne doit contenir ni choses secrètes, ni injures, ni diffamations ; elle ne doit pas non plus servir pour la correspondance d'inférieur à supérieur.

La carte lettre est beaucoup employée par les personnes ayant peu de temps à consacrer à leur correspondance ; elle peut être très utile pour la correspondance de famille, et aussi pour écrire à des amis, mais on évitera autant que possible d'en adresser à des personnes auxquelles on désirera montrer de la déférence ; dans ce cas-là, le papier à lettres blanc ordinaire, *feuille double*, est ce qu'il y a de plus convenable.

Certaines personnes aiment beaucoup charger des amis partant en voyage, de lettres pour des parents ou des connaissances habitant l'endroit où vont ces amis ; ce n'est pas une impolitesse ; quelquefois même ces lettres peuvent être utiles au partant ; celui-ci reçoit la missive *non fermée*, mais *doit* la cacheter séance tenante.

Il ne faut pas oublier cependant que les commissions peuvent être gênantes, et ne réclamer ces sortes de services qu'avec beaucoup de réserve : celui qui s'est chargé d'une lettre, doit faire en sorte de ne pas l'égarer, et la remettre dans le plus bref délai à destination.

Autant que possible, on assiste aux cérémonies auxquelles on est convié; si on ne le peut pas, on est tenu d'envoyer sa carte dans la huitaine, à moins qu'on ne soit avec la famille dans des termes qui obligent à écrire.

Il y a dans la vie de grandes circonstances, dans lesquelles on ne peut pas agir convenablement si on n'est pas parfaitement au fait de tous les devoirs qu'on aura à y remplir; ce sont : une naissance, un baptême, une première communion, un mariage, un enterrement; je vais rapidement indiquer ce qui *peut* se faire dans ces différents cas, mais non des règles fixes, car il faut tenir compte des circonstances, des usages du pays, etc.

Naissance. — A l'annonce de l'arrivée d'un bébé, le père et la mère du futur héritier se consultent, pour choisir le parrain et la marraine et aussi les noms à lui donner; au nom par lequel on le désignera, on peut en joindre d'autres, par exemple : ceux des parrain et marraine, des grands-pères, grand'mères, etc.

Il est de mode aujourd'hui de donner au premier né comme parrain, le grand-père paternel, et comme marraine, la grand'mère maternelle; au second, comme parrain le grand-père maternel et comme marraine la grand'mère paternelle, et ainsi de suite; ces choix prouvent la déférence des enfants vis-à-vis le leurs parents, mais sont faits un peu au détriment les enfants.

Les grands-parents, en effet, doivent *naturellement*

aide et protection à leurs petits-enfants, mais la loi de la nature ne permet pas souvent qu'ils puissent remplacer bien longtemps les père et mère de leurs filleuls; ne vaudrait-il pas mieux, pour les enfants, leur assurer des protecteurs *jeunes*, soit parmi les parents, soit en dehors de la famille, tels que des cousins à tous degrés, des amis, des égaux, des supérieurs, si c'est possible?

Mais il ne faudrait toutefois, faire cette proposition, qu'après avoir fait sonder le terrain, afin d'être bien sûr qu'on ne contrariera personne, et qu'on ne s'exposera pas à un refus humiliant.

Le parrain et la marraine doivent être choisis dans le même monde, cela va sans dire; quand toutes choses sont convenues, le père de l'enfant va présenter le parrain à la marraine une huitaine de jours avant le baptême, ou il le fait à son arrivée si le parrain habite ailleurs.

Dès l'arrivée de l'enfant, ou tout au moins dans les trois jours, le père va à la mairie faire sa déclaration, assisté de deux témoins, et retire l'acte de naissance de son fils ou de sa fille, pour le présenter dans les cas où cela sera nécessaire.

Baptême. — Cette cérémonie a généralement lieu dans les premiers jours qui suivent la naissance; dans beaucoup de familles on attend, pour faire baptiser l'enfant, que la jeune mère soit rétablie; si, pour une cause ou pour une autre, cette cérémonie est trop reculée, on doit faire ondoyer l'enfant immédiatement.

Parrain, marraine. — Le parrain et la marraine ont à remplir des obligations morales et pécuniaires qui ne laissent pas que d'être très sérieuses :

moralement, ils s'engagent à remplacer le père et la mère au cas où ceux-ci viendraient à mourir, c'est-à-dire à aider les enfants orphelins de leurs conseils, à user au besoin de leur autorité pour les maintenir dans la voie de l'honneur et de la vertu ; à leur venir en aide pécuniairement si l'occasion se présente.

Le filleul en grandissant, s'habituera à considérer son parrain et sa marraine comme un second père et une seconde mère ; leur écrira au premier de l'an des lettres très affectueuses, leur fera part de tous ses succès, de toutes ses joies, de ses espérances ; ceux-ci, de leur côté, lui feront un cadeau à chaque premier de l'an, à sa première communion, et enfin à son mariage, plus souvent même s'ils le peuvent, leur autorité morale y gagnera, et leur filleul ne s'en plaindra pas.

Si ce sont des parents, en leur écrivant il pourra commencer sa lettre par : « Mon cher parrain, ma chère marraine, » mais s'ils ne lui sont pas parents, et sont dans une position supérieure à celle qu'il occupe lui-même, il devra commencer par : « Monsieur et cher parrain, Madame et chère marraine. »

Au point de vue pécuniaire, les obligations pour le baptême sont assez onéreuses : la marraine offre généralement à l'enfant la robe et le bonnet de baptême brodés par elle, si son temps et ses capacités le lui ont permis, et cela, sans préjudice des autres cadeaux qu'elle voudrait faire soit au bébé, soit à la maman.

Quant au parrain, il lui faut ouvrir sa bourse toute grande.

Tout d'abord, il doit à la jeune mère un cadeau, puis de belles boîtes de dragées dont le nombre peut être plus ou moins grand, mais pas moindre qu'une douzaine : plus, pour elle, une boîte plus grande et plus belle, attachée comme toutes les autres, avec des faveurs bleues pour un garçon, roses pour une fille.

A la marraine, il donnera un joli bouquet blanc, un souvenir, généralement une boîte de gants à la mode, une demi-douzaine au moins, puis une boîte de dragées semblable à celle remise à la mère, et une douzaine de moins grandes, qu'elle pourra envoyer à ses amies; lui-même, le parrain, en adressera à ses plus proches parents, et à ses amis intimes.

A son filleul, il fera cadeau d'une petite timbale en argent à son chiffre, d'un petit rouleau de serviette, d'un hochet également en argent ou de tout autre joli objet à son usage personnel.

Il est d'usage aussi de remettre une boîte de bonbons à la sage-femme, un sac à la nourrice s'il y en a une, et un pour les domestiques de la maison ; dans certains pays, on en jette au sortir de l'église, et on distribue quelques pièces de menue monnaie aux pauvres; c'est au parrain de s'informer des usages du pays et de s'y conformer largement.

Mais ce n'est pas tout, le parrain, avant de sortir de l'église, offrira au curé qui aura fait le baptême, une belle boîte de bonbons contenant, dans un papier blanc soigneusement plié, une pièce d'or ou d'argent, suivant sa fortune; à moins que le baptême ne soit fait par un prélat, évêque, archevêque, cardinal, auquel cas la boîte de baptême ne contient que des dragées. mais il est offert par le parrain un objet servant au culte, et aussi beau que le permet sa position de fortune. Puis il aura encore à donner au suisse, au sonneur, aux enfants de chœur, mais, je le répète, suivant l'usage du pays et la position sociale des parents.

On voit que la charge de parrain est assez lourde pour donner à réfléchir ; quand cet honneur vous est fait, on n'est pas obligé de l'accepter, mais l'ayant accepté, on est tenu de le remplir convenablement ; on peut, d'ailleurs, ne pas refuser immédiatement, et s'informer des usages du pays ; si on ne peut, ou ne veut pas s'y conformer, on trouve un prétexte poli pour refuser.

Le père se charge des frais de baptême proprement dits, ainsi que des voitures nécessaires pour le transport à l'église ; c'est lui qui s'entend avec le curé pour l'heure du baptême, heure à laquelle le cortège devra être exactement arrivé.

Cérémonie. — Le père va lui-même en voiture chercher le parrain qui doit être en habit et en gants blancs, et la marraine qui sera en grande toilette ; il les amène à la maison, chercher l'enfant, puis on se rend directement à l'église. Le suisse, qui se trouve à la porte, se dirige alors vers les fonts baptismaux, suivi de la sage-femme portant l'enfant ; puis viennent le parrain et la marraine, le père et les autres invités.

Le père doit indiquer avec beaucoup de soin *l'ordre* des prénoms de l'enfant, et l'orthographe de son nom, de façon à éviter des erreurs qui pourraient avoir plus tard des conséquences très graves pour les enfants.

Le parrain et la marraine doivent répondre distinctement aux demandes du prêtre ; réciter le *Pater* et le *Credo*, en français, quand il le leur dit, et exécuter toutes les formalités usitées dans cette circonstance dans le pays où ils se trouvent.

La cérémonie terminée, tout le monde passe à la sacristie pour signer les registres où est consigné l'acte du baptême, puis le cortège remonte en voiture, et se dirige vers la maison, afin que ce nouveau chrétien aille immédiatement rendre visite à sa mère, c'est le premier devoir de politesse qu'il accomplit.

Au repas de baptême, le parrain et la marraine occupent les premières places, et tous les honneurs de la soirée sont pour eux; au dessert, le parrain portera à son filleul ou à sa filleule un toast préparé à l'avance et dans lequel il lui souhaitera, en termes les plus gracieux, toutes les qualités possibles et le bonheur le plus complet.

Le dîner de baptême est généralement rendu, quand la santé de la mère le permet, par le parrain ou ses parents, qui invitent, outre le père et la mère du bébé, la marraine et ses parents, son mari si elle est mariée; ces derniers rendnt à leur tour cette invitation quelque temps après.

Première communion. — La vie chrétienne commence bien à vrai dire le jour du baptême, mais ce n'est qu'à partir de la première communion que l'enfant devient catholique pratiquant. Cet acte, très sérieux puisqu'il est le commencement d'une vie nouvelle, donne lieu à des cérémonies solennelles qui se gravent ineffaçablement dans l'esprit de l'enfant et des parents.

Ceux-ci, dans ce moment-là surtout, doivent seconder de tout leur pouvoir les soins des prêtres chargés de l'éducation spirituelle de leurs enfants, s'abstenir avec le plus grand soin devant eux, de toute critique ou plaisanterie contre la religion, et veiller à ce que les devoirs et exercices religieux soient exactement remplis pendant la période préparatoire.

De deux choses l'une en effet : ou bien les parents pensent que l'éducation religieuse peut améliorer le caractère et la nature de leurs enfants, et alors ils doivent faire leur possible pour que cette éducation soit bien faite ; ou bien, au contraire, ils pensent que la religion peut leur nuire, et alors ils seraient conséquents avec eux-mêmes en ne leur faisant pas donner cette éducation ; cela vaudrait peut-être mieux, que de leur faire apprendre des choses qu'ils s'efforceront de leur représenter comme mauvaises et nuisibles.

« Dans les familles où les principes austères se « sont conservés, écrit Mme la baronne Staffe, dans « celles où le *bon sens* règle toutes les actions, la « jeune fille admise à la première communion est « vêtue avec une extrême simplicité en ce jour so- « lennel : une toilette élégante, des garnitures, des « bijoux témoigneraient contre les parents de cette « enfant.

« Quand on serait sans foi, on devrait penser que « cet acte de religion n'est pas fait pour servir de « prétexte à la coquetterie innée des jeunes filles : « on les habillera donc très modestement, mais si « on peut convertir en aumônes la somme ainsi « épargnée, on achètera la robe blanche d'une fil- « lette pauvre.

« La fête de la première communion se passera

« dans la plus stricte intimité; les parents proches « sont seuls invités au repas qu'on est dans l'habi- « tude de donner, soit après la messe, soit à l'heure « ordinaire du dîner. Répétons-le, quelles que soient « les opinions religieuses des parents, ils doivent « craindre de troubler, de distraire en ce jour l'en- « fant qui a peut-être senti s'éveiller en lui quelques « graves, quelques hautes pensées ; il est inutile « d'ajouter qu'il est encore moins permis de *promener* « les communiantes à travers les rues. »

Cette dernière phrase veut dire évidemment que, le jour de la première communion, il faut ne mener les communiants à pied dans les rues, que tout autant que l'exigent les nécessités des cérémonies religieuses, et les garder à la maison dans les intervalles.

Le reste de cette citation ne peut pas toujours non plus être pris au pied de la lettre, car les parents sont astreints à certaines obligations, à certains devoirs, à telles habitudes du pays qu'ils ne pourraient enfreindre sans manquer aux convenances.

La première communion est encore une occasion de cadeaux : les parents, outre les remerciements qu'ils adresseront au prêtre qui a préparé leur enfant, lui offriront un cadeau, objet utile ou agréable, autant que possible approprié à l'âge et aux goûts de ce prêtre.

Il est d'usage maintenant que les communiants offrent à leurs camarades et amis un souvenir, image ou petit livre, avec une dédicace écrite à la main, et la date de ce jour mémorable.

Les membres de la famille, les amis du père et de

la mère, offrent aussi à cette occasion, au jeune communiant, un joli souvenir : chapelet, médaille, christ, bénitier, livre de prières ou tout autre objet de piété.

Les parents vont avec l'enfant, dans la huitaine, remercier les personnes qui ont envoyé des cadeaux; la visite est remplacée par une lettre de remerciement envoyée également dans la huitaine, si ces personnes habitent au loin.

Il y a des pays où il est d'usage d'envoyer aux amis et connaissances des brioches ou autres gâteaux bénits le jour de la première communion des enfants. Il est bon, quand on arrive s'installer dans un endroit, de s'informer de ce qui s'y fait dans les différentes occasions, et de se conformer aux usages adoptés.

Mariage. — Un jeune homme peut, en France, se marier à dix-huit ans révolus, une jeune fille à quinze ans accomplis : un frère ne peut jamais épouser sa sœur, et le chef de l'État seul peut, pour des motifs sérieux, autoriser le mariage entre un oncle et une nièce, une tante et un neveu, un beau-frère et une belle sœur.

Le fils avant vingt-cinq ans, la fille avant vingt et un ans, ne peuvent se marier sans le consentement des parents, dont le refus n'a pas besoin d'être motivé; en cas de dissentiment, le consentement du père suffit; une femme veuve peut légalement autoriser son fils.

Quel que soit d'ailleurs l'âge auquel on se marie, le consentement des parents, s'ils existent, est obligatoire; un veuf et une veuve même, sont soumis à cette règle.

Les orphelins doivent avoir le consentement des aïeuls et aïeules ; s'il y a dissentiment entre les deux branches, cela équivaut à un consentement.

Le mariage d'orphelins n'ayant pas non plus d'aïeuls et aïeules, doit être approuvé par un conseil de famille, composé de trois parents ou amis du côté paternel, et de trois du côté maternel ; il est présidé par un juge de paix.

Sommations (actes respectueux ?). — Le fils à vingt-cinq ans, la fille à vingt et un ans, qui n'ont pu obtenir le consentement de leurs parents, peuvent, s'ils persistent à vouloir se marier, leur faire présenter par un notaire un acte appelé *sommation*, ayant pour but d'obtenir leur consentement. Si après trois sommations, faites à un mois d'intervalle, les parents n'ont pas accordé le consentement, les enfants peuvent passer outre, et le mariage peut être célébré un mois après la dernière sommation ; on nomme cela des actes *respectueux !* Mais à partir de trente ans pour les garçons et de vingt-cinq ans pour les filles, une seule sommation suffit, et le mariage peut avoir lieu un mois après.

Pièces à produire. — Le mariage civil a lieu généralement à la mairie de la commune habitée par la mariée ; voici les pièces à remettre à cette mairie :

1° L'acte de naissance des deux futurs ;

2° Un acte authentique du consentement des parents, des aïeuls s'ils ne peuvent assister au mariage, ou du conseil de famille, ou les procès-verbaux des actes respectueux, l'acte de décès du père ou de la mère s'il y a lieu ;

3° Les certificats des différentes mairies où les

publications ont été faites, et la constatation qu'il n'y a pas eu d'opposition;

4° Un certificat du propriétaire de l'habitation de chaque futur, constatant qu'il y est depuis six mois; au cas contraire, les publications doivent être faites également à la mairie d'où dépendaient les anciennes habitations;

5° Un certificat constatant que le *futur* a satisfait à la loi du recrutement; si c'est un veuf ou une veuve, l'acte de décès de son conjoint;

6° Une expédition authentique de dispense d'âge ou de parenté, si on en a obtenu une;

7° Les mains-levées des oppositions qui y ont été faites;

9° Le certificat du notaire constatant qu'il y a eu un contrat de mariage.

Toutes ces pièces doivent être remises à la mairie de chaque futur, au moins quinze jours avant celui fixé pour la cérémonie, car un mariage ne peut se célébrer que, au plus tôt, onze jours après sa publication à chacune des mairies où il pourrait avoir lieu, de façon à laisser se produire les oppositions.

Les publications sont nulles si le mariage n'a pas été effectué dans l'année qui suit l'expiration du délai de publication.

Il est prudent de bien se procurer toutes ces pièces avant de fixer le jour du mariage, faire les invitations, locations, achats, etc.; une fois tout bien en règle, les parents de la mariée s'entendent avec le maire de la commune au sujet du jour et de l'heure où doit être célébré le mariage civil.

Formalités vis-à-vis de l'église. — Les publications à l'église doivent être faites trois dimanches de suite aux paroisses des futurs ; les curés doivent donc être prévenus au moins un mois à l'avance.

On peut faire supprimer deux des publications (bans) de l'église, moyennant une somme d'argent qui varie, mais qui doit être payée dans chacun des diocèses auxquels appartiennent le marié et la mariée.

La cérémonie du mariage religieux a généralement lieu dans la paroisse de la future, elle peut également être célébrée dans celle du futur, ou dans toute autre église, mais avec le consentement des curés des paroisses des futurs, auxquels il est d'usage, dans ce cas, d'offrir un dédommagement.

Les degrés de parenté qui exigent une dispense civile sont également soumis à la dispense religieuse ; on la demande à l'évêché, et elle se paie suivant la fortune des futurs ; en plus des dispenses déjà citées, il en faut une aussi pour se marier pendant l'Avent jusqu'à l'Épiphanie, et pendant le Carême jusqu'à l'octave de Pâques.

Un curé ne peut faire un mariage que s'il a en mains les pièces suivantes :

1° Les certificats de publication des bans ;

2° Le billet de confession des deux futurs ;

3° L'extrait de baptême ou de confirmation des deux futurs ; à leur défaut, il est indispensable de se faire baptiser ;

4° Les dispenses s'il y en a.

Quelques jours avant le mariage, les parents de la mariée vont rendre visite au curé de la paroisse, et s'entendre au sujet de la classe de la cérémonie, du jour et de l'heure, pour lesquels l'exactitude est de rigueur.

Préliminaires. — Maintenant que j'ai fait connaître les obligations civiles et religieuses qu'impose le mariage, je vais dire dans quelles conditions il *peut* se conclure, sans prétendre, bien entendu, qu'il ne peut pas s'en faire autrement.

Le jeune homme qui, guidé par le désir de fonder une famille, cherche à se marier, peut, s'il ne veut pas s'en rapporter à son propre choix, confier soit à ses parents, soit à des amis le soin de lui trouver une compagne bonne, douce, aimante, bien élevée, qui lui présente toutes les chances de faire une bonne épouse et une vertueuse mère de famille.

Cette jeune fille trouvée, on peut charger des amis de s'informer discrètement s'il n'y a pas un mariage projeté, si les parents sont désireux de marier leur fille, et dans quelles conditions de fortune ; et si un jeune homme dans telle et telle situation aurait chance d'être agréé.

Si les renseignements reçus permettent de penser que la jeune fille serait accordée, on charge un ami commun de faire des ouvertures à ses parents ; il peut même y avoir, d'un commun accord, rencontre des deux familles dans une soirée musicale ou dansante ou dans toute autre circonstance, sans que la jeune fille, bien entendu, en connaisse le motif, mais afin qu'elle voie le jeune homme, et qu'il ne soit pas un étranger pour elle quand on lui en parlera.

Le jeune homme devra agir avec beaucoup de réserve et de tact pour se faire voir à la jeune fille sans attirer l'attention des étrangers.

Si les jeunes gens se sont déjà rencontrés dans le monde et se connaissent, cela avance les choses.

Après mûres réflexions, huit jours au moins, quinze jours au plus, les parents de la jeune fille rendent réponse à ceux du jeune homme ; si elle est favorable, celui-ci prie ses parents, ou un ami, un supérieur, de vouloir bien aller demander pour lui l'entrée de la maison à titre de fiancé et de traiter les questions de convenances et de fortune.

A cette première entrevue n'assistent naturellement ni le jeune homme ni la jeune fille.

La cour !!! — Lorsque l'entente est établie entre les deux familles, le prétendant va, avec ses parents, faire sa première visite officielle à sa future famille ; celle-ci accorde au jeune homme l'autorisation de venir faire sa cour à sa future et l'invite au repas de fiançailles.

A partir du moment où le jeune homme est accepté à titre de fiancé, il a son entrée dans la maison et son couvert y est toujours mis, mais il doit user de cette latitude avec la plus extrême réserve, tout au moins dans les premiers temps, seulement il doit rendre à sa future de très fréquentes visites.

Il se présentera toujours très correctement et très proprement vêtu, en ayant soin d'envoyer avant son arrivée, ou d'offrir lui-même, un bouquet, une fleur, des bibelots, de la musique, etc., qui venant de lui, seront toujours reçus avec le plus grand plaisir.

Le jeune homme vient au dîner de fiançailles en habit, tandis que la jeune fille y porte une toilette jolie, soignée, claire, mais relativement simple. C'est à ce dîner que le fiancé apporte à sa future la bague de fiançailles, choisie à son goût, autant que possible, et la lui passe à l'annulaire de la main gauche, au commencement du dessert ; il demande galamment le droit de déposer un baiser sur cette main qui vient de se donner à lui, ce qui lui est accordé volontiers. Il aura ce jour-là fait précéder son arrivée d'un beau bouquet blanc qui devra figurer sur la table, en face des deux fiancés placés l'un auprès de l'autre.

Si les parents du jeune homme habitent la même ville que ceux de la jeune fille, ils rendent, quelques jours après, le dîner qu'ils ont reçu, mais ces deux réceptions sont absolument entre familles, sauf exception, s'il y a lieu, en faveur des personnes qui ont fait le mariage, ou de quelques parents ou intimes d'un côté ou de l'autre.

Vers ce même moment, les parents de la jeune fille font part du mariage aux parents et aux amis qui feront partie de la noce, ainsi qu'aux connaissances qui seront invitées à la bénédiction nuptiale ; et la cérémonie est fixée généralement à une époque aussi rapprochée que possible de l'époque des fiançailles.

C'est alors aussi que sont supprimées les réceptions chez les parents de la jeune fille ; celle-ci de son côté ne se montre plus en public, c'est-à-dire au bal, au concert, au théâtre, etc., elle se consacre sérieusement aux préparatifs de son entrée en ménage, et aux visites de son fiancé, visites qui ont toujours lieu au salon, en présence de parents, père, mère, frère ou sœur, tante, etc.

Il peut arriver que le jeune homme sorte en compagnie de sa fiancée et de sa future belle-mère ; c'est évidemment à cette dernière qu'il offrira son bras si la promenade a lieu à la ville ; tandis qu'à la campagne ou dans une propriété privée, la maman se fera un plaisir de voir auprès d'elle les deux futurs marcher au bras l'un de l'autre.

Les questions d'intérêt ayant été réglées par les parents, sans que les futurs, du moins en apparence, y aient pris part, le contrat se signe chez le père de la mariée. Ce jour-là, a lieu la remise de la corbeille de noces, apportée le matin, et qui se compose généralement de bijoux, vêtements, dentelles, étoffes en pièces, châle, et dans certains pays quelques pièces d'or toutes neuves ; le tout bien entendu en rapport avec la fortune du futur. La corbeille qui contient les cadeaux peut affecter toutes les formes, pourvu qu'elles soient gracieuses.

A ces cadeaux viennent se joindre ceux qui sont offerts par les parents et les amis invités de la noce, et qui consistent généralement en objets susceptibles de monter le ménage des jeunes époux, de meubler ou d'orner leur salon ; la fiancée range ces cadeaux dans sa chambre, et les fait voir aux amies qui en manifestent le désir ; elle peut également montrer son trousseau à *ses amies intimes.*

Cependant je dois dire qu'il y a certaines tendances à faire disparaître cet usage de montrer à tout le monde les cadeaux, le trousseau, le linge ; mais ces tendances ne me semblent pas très accentuées, car on voit encore souvent, dans les vitrines des marchands de lingerie, des trousseaux magnifiques et portant des couronnes de comte ou de marquis.

Or l'exemple part d'en haut, et puis c'est si joli tout cela !

Mariage civil. — Le mariage à la mairie peut avoir lieu le même jour que le mariage religieux, immédiatement avant, mais il peut aussi le précéder de plusieurs jours ; dans ce dernier cas, il y a ce jour-là un dîner de famille auquel assisteront, en plus des parents, les témoins des deux futurs ; puis vers huit heures tout le monde se rend à la mairie en toilette de ville.

Si le trajet de la maison à la mairie se fait en voiture, la mariée se place dans celle de son père et de sa mère, mais elle y occupe la place d'honneur, ayant sa mère à sa gauche et son père devant elle. Le fiancé vient dans une autre voiture avec ses parents, puis les autres invités ; ces frais, comme ceux de la noce, sont *en général* supportés par les parents de la mariée, mais il peut y avoir dérogation à cette règle suivant conventions entre les deux familles.

La mariée et le marié écoutent avec recueillement la lecture des devoirs réciproques des époux, et répondent d'une voix bien intelligible aux questions du maire ou de l'adjoint, puis la mariée signe la première les actes de mariage et passe la plume à son mari qui lui dit : « Merci, madame », titre que vient de lui conférer sa signature et sous lequel lui seul devra la saluer, jusqu'après la cérémonie religieuse ; tout le monde alors l'appelle Madame.

Avant de se retirer, le marié s'incline devant l'officier de l'état civil en le remerciant brièvement, puis tout le monde rentre à la maison ; la soirée s'achève en conversations, ou bien on fait *un peu* de musique ; on peut même danser un peu s'il y a de la jeunesse ; pas de règle générale à ce sujet.

Les invitations à la noce se font d'un commun accord entre les deux familles et de façon qu'il y ait, si cela est possible, autant de messieurs que de dames ; elles doivent être faites *au moins* quinze jours avant la date fixée pour le mariage ; les invitations à la bénédiction nuptiale sont adressées après la signature du contrat, qui a lieu généralement dans la huitaine qui précède le mariage.

Demoiselles d'honneur. — La jeune fille choisit comme première demoiselle d'honneur sa sœur, ou si elle n'en a pas, une cousine ou une amie intime, voire même, dans certains cas, une proche parente du futur. Le jeune homme prendra comme garçon d'honneur son frère, son cousin ou un ami intime ; ou bien aussi, un frère ou un cousin de la mariée.

Il arrive même fréquemment qu'il y a plusieurs garçons et demoiselles d'honneur, ce qui fait beaucoup de plaisir aux uns et aux autres, donne un certain cachet à la noce, et y ajoute incontestablement de la gaieté.

Garçons d'honneur. — Chaque garçon d'honneur offre à sa cavalière un joli bouquet blanc garni de rubans ou de dentelles ; mais il ne peut lui faire de cadeau que tout autant qu'il est fiancé avec elle, et encore avec l'autorisation de ses parents ; mais là aussi l'usage du pays fait loi pour les étrangers.

Tout garçon d'honneur, à son arrivée chez le marié, le prie de vouloir bien le présenter aux parents de sa future et à elle-même, puis il se fait présenter par ceux-ci aux parents de la demoiselle d'honneur.

Enfin, la noce finie, il doit encore à ces deux familles une visite, pour remercier les parents de la demoiselle d'honneur, d'avoir bien voulu l'accepter pour cavalier de leur fille ; et les parents de la mariée, de leur aimable réception.

Avant de partir, il prendra aussi congé des jeunes époux en leur souhaitant toutes sortes de prospérités et... beaucoup d'enfants à leur image.

Le premier garçon d'honneur a, le jour de la noce, une tâche très compliquée à remplir ; il commence par aller en voiture chercher sa demoiselle d'honneur qu'il amène, accompagnée de ses parents, à la maison de la mariée ; puis au fur et à mesure que les invités arrivent, il les reçoit à la porte de la maison, accueillant tous les hommes d'un air aimable, aidant les dames à descendre de voiture et les introduisant au salon, présentant au besoin les invités les uns aux autres, rendant aux parents de la mariée et du marié tous les services possibles ; il ne devra pas abandonner sa demoiselle d'honneur et la reconduira chez elle, avec ses parents, après la noce.

Mais tout cela avec calme, sans gestes brusques, sans éclats de voix, avec la dignité que comporte la gravité de la circonstance et toute la gracieuseté d'un homme bien élevé.

Les invités sont reçus au salon par le père et la mère de la mariée ; les premiers rendus doivent être naturellement le marié, son père et sa mère, qui présentent les membres de leur famille à ceux de la famille de la mariée.

Départ pour l'église. — Quand la mariée est prête, elle descend au salon où les dames viennent l'embrasser et les messieurs la saluer. Au moment de partir pour l'église, le garçon d'honneur se met à la porte du salon et appelle les messieurs, puis les dames qui doivent être leurs cavalières; le monsieur salue sa cavalière, qui s'incline ; puis ils vont monter en voiture; la dernière contient la mariée avec son père et sa mère.

A l'arrivée à l'église, tous les invités se rangent dans l'allée, à partir de la porte, les cavaliers d'un côté, les dames de l'autre, de façon à laisser le passage libre entre eux; la mariée descend la dernière, et prend alors la tête du cortège au bras de son père; derrière elle, la mère du marié conduisant son fils, la mère de la mariée avec le père du marié, les demoiselles et les garçons d'honneur, et enfin les autres invités dans l'ordre qui leur a été assigné au départ de la maison.

Cette façon de procéder a été adoptée dans certains endroits, pour ne pas obliger la mariée à attendre pendant un certain temps la formation du cortège, exposée aux courants d'air, au froid et... aux regards des curieux et des invités de la bénédiction nuptiale.

Les invités de la mariée se placent à gauche, ceux du marié à droite. A l'arrivée de la mariée, tous les invités de la bénédiction nuptiale se lèvent, et... naturellement, examinent le cortège.

Cérémonie. — A l'arrivée à l'autel, la mariée s'assied dans le fauteuil de gauche, le marié dans celui de droite ; derrière le marié se place le premier garçon d'honneur, ayant à sa gauche sa cavalière, qui veille à la toilette de la mariée. La mère du marié et son père se placent à sa droite, la mère et le père de la mariée se placent à sa gauche pendant la cérémonie.

Aux questions du prêtre, les mariés doivent répondre d'une façon intelligible, et les anneaux une fois bénis, le marié prend, de sa main droite dégantée, celui destiné à la mariée, et le lui passe à l'annulaire de la main gauche, également dégantée.

Le marié aura soin de mettre dans le plateau qui se trouve auprès de la sainte table, l'offrande, pièce d'or ou d'argent, qu'il destine au curé.

Pendant la messe, le garçon d'honneur offre la main à sa demoiselle d'honneur pour la conduire quêter, et pendant ce temps, il tient à la main son bouquet; la quête terminée et avant de s'asseoir, ils se retournent tous les deux et saluent le public à droite et à gauche, remerciement très gracieux.

La quêteuse aura bien soin de ne pas regarder ce que chacun met dans son aumônière, mais bien la personne qui donne, en lui adressant un gracieux merci.

La demoiselle d'honneur met la première son offrande dans la bourse, et commence la quête par son garçon d'honneur; celui-ci, son offrande remise, prend le bouquet de sa cavalière, et la conduit directement aux mariés, puis à leurs parents, aux gens de la noce et enfin, aux invités de la bénédiction nuptiale. Si deux demoiselles d'honneur font la quête, l'une la fait à droite, l'autre la fait à gauche.

La messe terminée, le passage à la sacristie se fait dans l'ordre suivant : le père du marié, la mariée; le marié avec la mère de la mariée; le père de la mariée avec la mère du marié; c'est encore la mariée qui signe la première sur les registres de l'église, puis le marié, les pères, mères, témoins, et tous ceux qui veulent.

Les formalités remplies, commence alors la réception des invités de la bénédiction nuptiale, qui viennent présenter aux jeunes époux leurs compliments et leurs vœux ; ces présentations terminées, les jeunes époux et leurs parents prennent congé du curé, qui est souvent un membre de la famille de la mariée ou du marié ; s'il a fait un discours, il ne faut pas oublier de l'en remercier, de lui exprimer le plaisir qu'il a fait, et de lui manifester tout le désir que l'on a d'en avoir une copie manuscrite.

Pour sortir de la sacristie, le marié offre son bras à la mariée, puis viennent : le père de la mariée avec la mère du marié, le père du marié et la mère de la mariée, les garçons et demoiselles d'honneur, les témoins et les autres invités. En passant au milieu des invités de la bénédiction nuptiale, le marié et la mariée saluent gracieusement, d'un signe de tête, les connaissances qu'ils voient, puis tout le monde remonte en voiture, et c'est celle de la mariée et du marié qui prend la tête du cortège ; à l'arrivée à la maison où a lieu le déjeuner, c'est aussi la mariée qui descend la première de voiture.

Repas. — Quand il y a noces, un déjeuner copieux suit généralement la cérémonie religieuse, et les mariés sont placés auprès l'un de l'autre ; mais au grand dîner du soir, la mariée y assiste ayant à sa droite le père de son mari, à sa gauche son père, puis en face d'elle, le marié ayant à sa droite sa belle-mère, à sa gauche sa mère ; les autres invités sont placés à droite et à gauche du marié et de la mariée par ordre de parenté ou d'importance, les garçons et demoiselles d'honneurs, jeunes gens, jeunes filles, garçons, fillettes sont placés au bout.

Bien que cette règle soit générale, il peut être adopté telles dispositions qui plaisent aux parents de la mariée.

Si la noce est remplacée par un voyage, il y a simplement, à l'issue de la cérémonie religieuse, un « lunch », sorte de déjeuner froid avec des mets substantiels, vins fins, gâteaux, bonbons glacés, etc., et auquel ne prennent part, que les personnes qui y sont spécialement invitées, soit de vive voix, soit par lettre spéciale, soit enfin par une mention particulière écrite sur la lettre d'invitation à la bénédiction nuptiale, ou même à ce moment-là.

Bal. — Si, à la suite du dîner, il y a bal, la mariée *peut* remplacer son corsage montant par un corsage décolleté, et se pare, *pour la première fois*, des bijoux qui lui ont été donnés à l'occasion de son mariage ; les dames et les demoiselles qui veulent danser, vont également, ou changer de toilette, ou bien simplement prendre des corsages décolletés ou échancrés, mais toutes ont généralement des fleurs dans les cheveux, au corsage, sur leur robe ; pour les messieurs, pas de changement de toilette.

Quelques amateurs des excentricités anglaises ont essayé d'imposer la mode de la redingote, voire même de la simple jaquette et du chapeau mou pour les mariages, mais cela n'a pas pris, heureusement ! Nous laissons à nos voisins d'outre-Manche ce sans-façon irrespectueux, et nous continuons à assister à une cérémonie aussi solennelle, dans la tenue généralement adoptée en France.

Le premier quadrille est dansé par la mariée avec

le monsieur auquel elle tient à faire le plus d'honneur, et par le marié avec la dame dont la situation vis-à-vis de la famille commande également cette invitation. Les mariés dansent ensemble le second quadrille et font leur possible pour danser au moins une fois avec chacun des invités; la mariée envoie inviter de sa part les cavaliers qu'elle désire avoir comme partenaires, et n'accorde des valses qu'à son mari ou aux hommes de sa famille.

Dans certains pays, le bal commencé à neuf ou dix heures finit à deux heures du matin environ, alors la mariée clôture le bal; dans d'autres pays, il est de règle que les bals de noce durent jusqu'à quatre, cinq, six heures, et alors la mariée se retire vers minuit ou une heure, sans rien dire, à moins qu'elle ne désire danser toute la nuit, ce qui donne assurément plus d'animation au bal. Là encore font loi : les habitudes du pays, les désirs de la mariée et de ses parents, auxquels doivent se soumettre sans murmurer *tous* les invités, quels qu'ils soient.

Souvent, dans les familles catholiques, une messe d'actions de grâces est dite le lendemain du mariage, de dix à onze heures; les invités qui ne sont pas partis montrent du savoir-vivre en allant joindre leurs prières à celles des parents, pour le bonheur des jeunes époux.

Il est inutile de dire qu'il est du plus mauvais ton de faire aux jeunes mariés des plaisanteries, des réflexions ou des farces déplacées, soit le jour, soit le lendemain de la noce.

Décès. — Aussitôt qu'un décès se produit dans une maison, on ferme les portes, devantures, fenêtres, persiennes, contrevents, on allume des bougies sur la cheminée ou sur des tables et on procède à la toilette dernière du défunt; on lui croise les mains sur la poitrine et on le couvre jusqu'à la tête d'un drap blanc. On met généralement un petit crucifix sur le drap, si le défunt était catholique, et auprès du lit, de l'eau bénite et du buis bénit.

Le corps est gardé, soit par les membres de la famille, soit par des personnes étrangères, jusqu'au moment où il part de la maison; la mise en bière a lieu quelques heures avant la levée du corps, et pendant cet intervalle, le cercueil est entouré de cierges, en quantité plus ou moins considérable, suivant l'état de fortune du mort, et la position de ses héritiers.

Formalités. — La déclaration de décès se fait à la mairie aussitôt qu'il a eu lieu; un médecin est envoyé constater le décès, et, sur le vu des ordonnances du médecin qui l'a soigné, fait un certificat mentionnant la maladie à laquelle a succombé le défunt.

Un des membres de la famille, accompagné d'amis, va à l'église et à l'administration des pompes funèbres régler le cérémonial et l'heure de l'enterrement; les choses, dans cette circonstance, doivent être faites aussi convenablement que possible.

Quelques heures après le décès, et quand les appartements sont disposés à cet effet, les parents et les amis peuvent être admis dans la chambre mortuaire, pour dire un dernier adieu au défunt, et déposer auprès de lui les fleurs que leur pieuse amitié leur conseille d'offrir; chez les grands personnages, la chambre mortuaire est souvent transformée en chapelle ardente, et le mort exposé sur un lit de parade tout entouré de cierges ; tout le monde est alors admis à venir le saluer.

Une heure ou deux avant le départ du cortège, le cercueil est descendu sous le porche ou dans le vestibule de la maison : là, il est entouré de cierges allumés, et auprès de lui sont déposées les couronnes offertes par les parents et les amis ; toutes les personnes qui entrent, saluent le cercueil et jettent dessus en passant, si c'est l'usage, un peu d'eau bénite. Les hommes passant dans la rue devant un cercueil exposé, saluent en levant leur chapeau ; les dames, en s'inclinant.

Enterrement. — Quand on reçoit une lettre de faire part avec invitation à un enterrement, on doit autant que possible y assister ; dans ce cas-là on porte des vêtements noirs, ou tout au moins très sombres ; on fait en sorte d'arriver à la maison mortuaire, de façon à pouvoir, avant la levée du corps, entrer dans la maison ; les messieurs serrent la main à ceux des membres de la famille chargés de recevoir et de conduire le deuil ; les dames vont dans une autre pièce saluer le deuil des dames.

Au moment du défilé, les plus proches parents se placent derrière le corbillard, par ordre de parenté ; souvent on choisit les amis intimes de la famille pour conduire les parents ; ce sont aussi les amis ou les supérieurs, ou les égaux en grade que l'on prie de vouloir bien tenir les cordons du poêle ; la vraie tenue dans ce cas-là est pour les civils : habit, gilet noir demi-ouvert, cravate blanche et gants blancs ; pour les militaires, la grande tenue ; mais en général, pour tenir les cordons du poêle dans les enterrements ordinaires, les vêtements noirs et gants noirs ont prévalu.

On suit le cortège tête nue, avec recueillement; et, pas plus en marche que dans la maison mortuaire, on ne doit causer, à moins que ce soit à voix basse et sans que personne puisse vous remarquer; jusqu'au cimetière la tenue doit être digne et calme comme l'exige la circonstance.

Les prières sur la fosse terminées, chaque invité, à la suite du deuil, jette de l'eau bénite sur le corps, puis avant de se retirer, serre de nouveau la main aux membres de la famille rangés à la porte du cimetière; les amis *intimes* seuls, peuvent rentrer à la maison mortuaire et ne quitter les parents qu'après leur avoir offert quelques consolations parties de leur cœur.

Il n'est pas admis qu'on puisse, en arrivant à la maison mortuaire, rester dehors sans aller saluer le deuil, à moins qu'on arrive juste au moment de la levée du corps, auquel cas on se dissimule, pour prendre place dans le cortège sans être remarqué; de même il est du plus mauvais ton de rester hors de l'église pendant la cérémonie. Le père, la mère, le mari, la femme du défunt n'assistent *généralement* pas à l'enterrement, ils sont remplacés par un fils, un frère, ou un parent très proche qui conduit le deuil.

Si à la suite des funérailles il y a un repas, il sera très court, on n'y causera qu'à demi-voix, sans discussions, ni conversations bruyantes; le menu devra être très simple, et ne comportera ni dessert, ni vins fins, ni liqueurs.

Quand meurt un grand personnage, avec lequel on a été en relations, on va immédiatement à la maison mortuaire, s'inscrire sur un registre *ad hoc*, placé soit dans le vestibule, soit dans une pièce préparée à cet effet. S'il occupait une position officielle, le cérémonial est réglé par l'État ; si au contraire il occupait une haute position comme fortune, comme titre, le corbillard, recouvert d'un drap à ses armoiries, de ses décorations, insignes, marques de distinction, couronnes, etc., est suivi immédiatement de toute sa *maison*, de sa voiture, dont les lanternes sont allumées et les stores baissés; puis vient la famille, et ensuite les invités. Les voitures de la maison et des voitures de deuil, louées pour la circonstance, suivent le cortège : dans ces voitures montent les dames surtout, qui après l'enterrement sont ramenées à la maison mortuaire ou, si elles le désirent, à leur domicile, mais directement.

Un homme rencontrant un enterrement, lève son chapeau dès qu'il se trouve en face de la tête du cortège et ne le repose sur sa tête que quand le deuil des parents hommes est passé.

Une dame fait le signe de la croix, et reste la tête inclinée pendant le même laps de temps.

Deuil. — Le deuil, marque extérieure de la douleur causée par la perte d'un parent, peut être divisé en trois périodes : Grand deuil, petit deuil, demi-deuil.

Les lois qui régissent la *durée* du deuil dans les différents degrés de parenté n'étant pas *uniformément* établies, je m'abstiens de les énoncer, laissant à chacun la liberté d'agir comme cela se fait dans le pays qu'il habite et dans le monde qu'il fréquente.

Je puis cependant dire que le grand deuil se porte seulement pour : mari, femme, père, mère, beau-père, belle-mère, grand-père, grand'mère, frère, sœur, beau-frère, belle-sœur, oncle, tante (frère, sœur de père ou de mère.)

Le petit deuil, pour cousins germains, issus de germains, parrain, marraine.

D'ascendant à descendant, le deuil ne se portait pas autrefois, il est même encore facultatif, mais néanmoins, le père et la mère portent le deuil de leurs enfants, plus ou moins prolongé, suivant l'intensité des sentiments d'affection.

Une grand'mère porte généralement le deuil de son petit-fils, un oncle de son neveu, et la durée est proportionnée au degré d'affection qu'on portait au défunt.

Vêtements. — Je ne crois pouvoir mieux faire que de reproduire ce qu'écrit à ce sujet Mme la baronne Staff dans son beau livre : *Usages du monde.*

« Le deuil de veuve, le plus long de tous, dure « deux ans. Le grand deuil austère toute une année : « robe de laine unie ou couverte de crêpe anglais ; « chapeau à long voile tombant sur le visage ; châle « en pointe ; bas noirs fil ou laine ; gants pareils ; à « la maison un bonnet ou coiffe de veuve (les che- « veux doivent être couverts) ; les bijoux sont inter- « dits, même ceux de bois durci. Pendant les six « premiers mois de la seconde période, le crêpe est « remplacé par la gaze, le mérinos par des étoffes « moins sévères : grenadine unie, voile, lainages « légers ; les garnitures sont encore simples ; on « prend les gants de soie et de peau ; au lieu de « châle, une jaquette, un mantelet de même étoffe

« que la robe ; bijoux de jais. Les derniers six mois « admettent les divisions suivantes : La dentelle « noire, la soie, les ruches, les broderies de jais « pendant trois mois ; les étoffes blanches et noires, « les dentelles blanches pendant six semaines ; puis « jusqu'à la complète expiration, le gris, le prune, « le pensée, le lilas (il faut bien observer la grada- « tion des nuances) ; dans les derniers quinze jours « des fleurs : scabieuses, violettes, pensées, perven- « ches ; des bijoux, perles et améthystes.

« Le deuil terminé, il y aura encore une légère « transition avant de s'habiller comme tout le « monde ; on commence par des nuances discrètes « neutres ou foncées ; les hyacinthes, les diamants, « sortent des écrins et on peut placer dans ses che- « veux le chrysanthème (de toutes couleurs), car « c'est une fleur de veuve (?) »

Pour les hommes le grand deuil exige un crêpe de toute la hauteur du chapeau, des gants de peau mate, vêtements de nuance complètement noire et mate s'ils sont en coupe de fantaisie ; bottines ou souliers veaux mégis ou chevreau mais non verni.

En demi-deuil le crêpe est réduit, et on porte des vêtements gris ou noir et blanc. La chaîne de montre en or ou en argent est supprimée, et remplacée pendant le grand deuil par un cordon en laine noire ; puis en demi-deuil par une chaîne en cheveux ou en jais.

Les officiers en deuil portent un crêpe au bras ou au pommeau de l'épée ; les ecclésiastiques le portent au bras.

Convenances. — Un homme veuf peut légalement se remarier quand il veut, mais il est de bon ton d'attendre au moins un an.

La femme veuve ne peut *légalement* se remarier avant un an ; un veuf ou une veuve remarié ne porte plus le deuil de l'époux décédé, ni celui de ses parents.

Dans le grand deuil on ne rend les *visites de condoléance* qu'au bout de trois mois et on ne se montre ni au théâtre ni au concert. A partir du demi-deuil, on peut recommencer à recevoir et à rendre des visites, assister à quelques réunions intimes ; on peut aller à des concerts de charité, recevoir à dîner sans grand apparat ; mais on va au théâtre, seulement quand le deuil est complètement fini.

Dans les grandes maisons les domestiques quittent la livrée, prennent et gardent le deuil aussi longtemps que leurs maîtres.

Les convenances veulent qu'on ne dise ni n'écrive : Madame veuve une telle, mais bien : Madame une telle qui est devenue veuve ; les cartes d'une veuve portent seulement le nom de Madame..... mais elles sont, pour le grand deuil, bordées de noir de un centimètre de large, ainsi que le papier et les enveloppes ; en demi-deuil, bordure moins large.

Une dame noble veuve, ayant un fils, prend le titre de douairière, qu'il est de bon ton de mettre sur la suscription des enveloppes des lettres qu'on lui écrit : Madame la marquise douairière de...

A l'église. — S'il est un endroit où le savoir-vivre soit de rigueur, où la tenue correcte s'impose, c'est assurément à l'église, au temple, à la pagode, car ce n'est plus là une maison ordinaire, mais celle de Dieu, du créateur de toutes choses ; vous êtes libres de ne pas y mettre les pieds, mais du moment où vous y entrez, à quelque culte ou religion que vous apparteniez, et quand bien même vous ne voudriez en admettre aucun, vous devez vous conformer aux usages du pays, et ne pas oublier les lois de la politesse vis-à-vis des personnes avec lesquelles vous vous trouvez, et du pays sous la protection des lois duquel vous vivez dans le moment.

En entrant dans une église catholique, un homme se découvre et offre de l'eau bénite aux dames qu'il accompagne.

S'il visite simplement le monument, il marchera doucement, regardera tout : tableaux, vitraux, sculptures, statues ; sans faire de réflexions moqueuses, ou blessantes pour des personnes présentes ayant d'autres croyances que les siennes ; il parlera à voix basse, s'abstiendra de rire, de cracher, de se moucher avec bruit, de façon à ne pas troubler les offices, ou même simplement les personnes qui prient. En se retirant, il offrira de nouveau l'eau bénite et ne se couvrira que quand il sera dehors.

Un homme qui assiste à une cérémonie quelconque, messe ordinaire, messe de mariage, d'enterrement, etc., doit se conformer à ce qui se fait en pareil cas, s'asseyant et se levant comme tout le monde ; et ne pas se faire remarquer par des gestes, des paroles, des actions, ou même des abstentions qui ne prouveraient que son manque d'éducation.

Aux bains de mer. — La mode, et peut-être aussi le besoin de repos, entraîne aujourd'hui *tout* le monde aux bains de mer, de sorte qu'on se trouve quand on y va, au milieu d'une quantité de gens, d'un abord très facile, très avenant, et ne demandant pas mieux que de se créer promptement des relations.

Il est très facile au bout d'un ou deux jours, d'être à peu près fixé sur le degré d'éducation des personnes que vous voyez ; il suffit de les examiner au bain, au moment de l'entrée dans l'eau et de la sortie, à la promenade s'il y en a, au casino, à table d'hôte, à l'église ; il vous est loisible de faire un choix judicieux des personnes que vous pouvez voir et de celles dont vous devez vous tenir éloigné, étant donnés votre genre d'éducation, vos goûts et les leurs.

Cette prudence est surtout obligatoire de la part de parents ayant des garçons et des filles d'un certain âge, car les connaissances que vous cultiverez là pendant un mois, peuvent être très préjudiciables à l'éducation morale de vos enfants ; tout le monde sait d'ailleurs qu'il est plus facile de ne pas se lier, que de se débarrasser de certaines amitiés trop facilement contractées.

La tenue aux bains de mer ne doit *jamais* s'éloigner de la correction et du bon goût ; ni dans ses *vêtements*, ni dans ses paroles, ni dans ses actes, on ne peut montrer un laisser-aller, une liberté, un débraillé, qu'on réprouverait chez soi ; il ne faut rien faire en un mot, qui puisse vous faire considérer comme des personnes mal élevées.

A la campagne. — J'ai parlé des invitations et réceptions à la ville, je ne crois pas inutile de dire quelques mots des réceptions à la campagne, car chacun dans ces circonstances aura à remplir des devoirs qu'il est bon de connaître.

Les hôtes. — Les hôtes doivent entourer leurs invités, de soins qui leur fassent retrouver à la campagne le bien-être qu'ils ont habituellement chez eux, et leur procurer des distractions qui rendent ce court séjour aussi agréable que possible.

La première chose à faire, c'est d'aller les recevoir à leur arrivée.

S'ils viennent par le chemin de fer, trouvez-vous à la gare avant le train qui les amène, accueillez-les par des paroles gracieuses leur faisant comprendre le plaisir que vous éprouvez.

Occupez-vous de faire décharger leurs bagages et de les faire charger sur votre voiture ; ces soins incombent surtout au maître de la maison ou à son fils. Aussitôt rendus à la maison, vous faites rafraîchir ou restaurer les arrivants suivant la saison et l'heure de l'arrivée, puis vous les conduisez à leur appartement dans lequel seront rendus leurs bagages.

La maîtresse de la maison aura dû avant l'arrivée, bien veiller à ce que la chambre de chaque invité soit propre et qu'il puisse installer commodément ses effets à des porte-manteaux, dans des tiroirs, des placards.

Le cabinet de toilette contiendra tous les objets nécessaires, plus une boîte de savons intacte et plusieurs serviettes et essuie-mains ; sur une table, un verre d'eau, plus un petit carafon de cognac ou de rhum, un petit flacon d'eau de mélisse ou de fleur d'oranger, et enfin une boîte de biscuits ou de petits gâteaux secs.

Quant au lit, je n'ai pas besoin de dire qu'il doit avoir été l'objet de tous les soins possibles, et fait d'après les goûts, que l'on connaîtra, de ses invités, couette ou matelas en dessus, nombre de couvertures suffisant, édredons s'il y a lieu ; feu dressé ou même allumé dans la cheminée si le temps est froid.

Il sera bon de s'informer auprès de vos invités de leur goût ou de leurs habitudes pour le petit déjeuner, et de leur faire porter dans leur chambre, potage, café au lait, chocolat ou thé avec pain grillé et beurre, à moins qu'ils ne préfèrent le venir prendre à la salle à manger, en votre compagnie, ce qui est plus agréable ; mais alors, s'il y a une heure convenue, que tout et tout le monde soient prêts, sinon en tenue d'habillé, du moins en un négligé de matin propre et coquet.

Dans les réceptions à la campagne, les invités ont la plus grande liberté ; ils doivent se sentir chez eux ; les voitures, domestiques, chevaux, fusils, canots, lignes, filets, jeux de toutes sortes, sont à leur disposition ; et des distractions et parties de plaisir seront organisées, tant à l'intérieur qu'à l'extérieur, pour leur rendre le séjour le plus agréable possible.

Les hôtes engageront leurs invités à se promener dans les jardins, les vergers, les bois ; à examiner les tableaux, les statues, objets d'art, bibelots, meubles curieux ou riches, mais sans forcer leur admiration par des descriptions enthousiastes et par l'énumération de la valeur de chaque chose.

Au moment où les invités parleront de leur départ, les hôtes insisteront gracieusement pour les retenir ; s'ils ne l'obtiennent pas, ils les muniront au départ de fleurs, de fruits, de gibier, de poisson, si la chasse et la pêche ont été fructueuses, et enfin de provisions pour le voyage, s'il a quelque durée.

Les invités de leur côté, doivent reconnaître les bons soins et les prévenances dont ils sont l'objet, par une bonne humeur constante ; manifester tout le plaisir que leur cause un séjour dans un lieu si enchanteur ; complimenter leurs hôtes sur la beauté de la propriété, des fleurs, des arbustes, des arbres ; sur la bonté des fruits, des légumes, du gibier qu'on leur servira ; sur le choix, la valeur des tableaux, statues, etc. ; en s'appliquant toutefois à ne dire que des choses vraies. Cela prouve tout au moins que l'on a réellement eu le bon goût de remarquer ce qui était beau et bon ; on n'a pas menti à ses sentiments intimes, et on a su faire plaisir ; double et excellent résultat.

Si les invités ont toute liberté, ils n'en sont pas moins obligés de n'en user qu'avec la plus grande réserve et de ne se servir des domestiques, chevaux, voitures de la maison que s'ils en ont absolument besoin, de telle façon encore que cela ne gêne pas le service et n'entrave pas les occupations habituelles ; ils devront combiner leurs promenades et parties de plaisir de façon à être toujours, si cela dépend d'eux, exacts aux heures des repas et si, après ces exercices, ils sont fatigués, qu'ils ne s'en plaignent pas, on les leur a procurés pour leur être agréable.

Il faut bien, quand on est à la campagne, se rendre compte de ce que peuvent avoir à faire le maître et la maîtresse de la maison, et ne pas les accaparer au point de les empêcher de vaquer à des occupations urgentes, de donner des ordres et d'en surveiller l'exécution ; il faut au contraire leur rendre tous les petits services que l'on peut, soit au salon, soit dans les jeux, soit de toute autre façon ; être aussi aimable que possible avec les enfants de la maison, avec les autres invités, s'il y en a ; en un mot prouver à ses hôtes qu'on leur est reconnaissant de ce qu'ils font pour vous.

On ne doit pas prolonger son séjour au delà du temps annoncé à l'arrivée, il vaut mieux se faire regretter que faire désirer son départ.

Au moment de quitter ses hôtes, on leur exprime en termes chaleureux tout le plaisir que l'on a eu au milieu d'amis si charmants : puis au bout de quelques jours, une semaine au plus, on adresse une lettre de remerciements pour l'aimable réception qui vous a été faite et les bons soins dont on a été l'objet.

Il est bien entendu qu'avant de partir on aura dédommagé la femme de chambre, la cuisinière, le cocher du surcroît de travail que leur aura causé votre séjour.

Quelques grandes maisons prennent ce soin elles-mêmes, et défendent à leurs domestiques de rien accepter des invités ; cet usage tend à se généraliser, car cette habitude de donner des *pièces* fait établir, par les domestiques, des comparaisons toujours blessantes pour ceux des invités dont la fortune est limitée, ou qui, tout en agissant généreusement, ne jettent pas l'argent par les fenêtres ; cependant jusqu'à nouvel ordre, il est plus convenable de se conformer à cette habitude.

Les réceptions d'amis à la ville comportent les mêmes devoirs réciproques des hôtes et de leurs invités, mais les distractions à procurer varient; ce sont alors des visites aux monuments curieux, musées, églises, bibliothèques, châteaux anciens ou modernes, beaux sites, grands établissements industriels, magasins remarquables. Puis les concerts, le théâtre si on joue dans ce moment-là des pièces intéressantes; on peut aussi improviser des soirées chez soi, ou en provoquer chez ses amis, des parties de campagne, de patinage, des excursions, etc. En un mot il faut faire en sorte que les invités soient absolument contents de tout ce que vous aurez fait pour rendre leur séjour chez vous aussi gai et amusant que possible.

Ceux-ci de leur côté sont tenus à la même réserve, à la même discrétion que j'ai indiquées pour les réceptions à la campagne et ne manqueront pas en se retirant de manifester leur satisfaction et de remercier chaleureusement leurs hôtes de la charmante réception qui leur aura été faite.

Il ne leur sera pas défendu d'offrir à la maîtresse de la maison des bouquets, des plantes d'appartement, des bibelots, friandises, etc., ainsi qu'aux *petits* enfants.

Les domestiques recevront aussi avec plaisir la preuve *sonnante*, que vous avez été satisfait des soins qu'ils ont eus pour vous pendant votre séjour.

Cartes. — J'ai dit déjà comment la carte devait s'envoyer à propos d'une invitation à un dîner, à un bal, à une soirée, à un enterrement, du premier de l'an; j'ajouterai que pour cette dernière circonstance, les jeunes doivent, les premiers, envoyer leur carte aux personnes plus âgées : parents, amis ou connaissances; de même un veuf et un célibataire l'adressent les premiers à un ami marié, qui *seul* leur renvoie sa carte. C'est le contraire quand un homme *marié* adresse une carte à une femme, âgée ou non, mais vivant seule, c'est lui qui doit commencer ; et celle-ci renvoie sa carte, ce qu'elle n'est pas tenue de faire vis-à-vis d'un homme *non marié*, à moins qu'il ne soit *très* âgé. Un homme met sur sa carte son nom de famille précédé de l'initiale de son prénom, ou de ce prénom tout entier si cela est utile pour le faire distinguer d'autres personnes ayant le même nom de famille. Une femme met sur sa carte le nom de famille de son mari précédé du mot « Madame », sans adresse, mais elle peut y faire imprimer dans le bas à droite, son jour de réception, si elle ne préfère le mettre à la main, tandis que celle de son mari peut porter son adresse et même sa profession. Une jeune fille n'a pas de cartes avant trente ans ; quand elle fait, avant cet âge, des visites avec sa mère, celle-ci ajoute au crayon le nom de sa fille sous le sien.

La carte s'envoie encore à des connaissances, au sujet d'un événement heureux ou malheureux que l'on sait leur être arrivé ; cet envoi se fait immédiatement, et prouve l'intérêt qu'on leur porte ; on peut y ajouter quelques mots de condoléance ou de félicitations, en n'oubliant pas dans ce cas-là, de timbrer l'enveloppe à 15 centimes au lieu de 5 centimes ; de façon à éviter au destinataire les ennuis qui résulteraient d'une insuffisance de timbre.

Si au moment d'une absence d'une certaine durée, on n'a pas le temps d'aller en faire part soi-même à ses amis et connaissances, il sera bon de les en prévenir par une carte portant en bas, à droite, les trois lettres tracées à la main P. P. C. (pour prendre congé) ; au retour, on les prévient encore, soit par une carte, soit par une visite.

Le bon ton pour les personnes *posées* est d'avoir des cartes sur bristol blanc plus ou moins fort, mais sans ornement ; quant à la mode, elle peut, là comme ailleurs, imposer ses lois à qui veut les suivre.

Il est d'usage de joindre sa carte à un cadeau que l'on envoie, ou que l'on fait porter par un domestique ou par des fournisseurs ; la personne qui le reçoit pourra en accuser réception, par l'envoi immédiat d'une carte portant de brefs remerciements, en attendant la visite qu'elle fera ou la lettre qu'elle écrira dans les deux ou trois jours. Si on se trouve chez soi au moment où un domestique apporte un cadeau, il est d'usage de lui donner un petit pourboire pour sa peine.

La carte peut encore servir dans beaucoup de circonstances où une lettre n'est pas nécessaire ; une mère écrira sur sa carte au professeur de son fils : Madame X... prie Monsieur B... de vouloir bien mettre sur le carnet de Jules, les notes quotidiennes de conduite, et lui adresse tous ses remerciements.

Présentations. — Les présentations ont pour but de faire connaître réciproquement leur nom à deux personnes inconnues l'une à l'autre ; la règle générale consiste à présenter l'inférieur au supérieur, la personne jeune à la personne âgée, l'homme à la femme, un parent à un étranger. Dans ces cas-là le présenteur dira : « J'ai l'honneur de vous pré« senter Monsieur un tel » ; puis, en présentant le second : « Monsieur un tel ». Chacun des présentés s'incline à son tour, et *s'il y a lieu*, la conversation peut être engagée par celui qui a le plus d'autorité pour le faire. Quand on présente l'une à l'autre deux personnes de conditions et d'âges à peu près semblables, on peut supprimer la formule, et dire simplement en les désignant alternativement l'une à l'autre : « Monsieur un tel » ; mais si on désire mettre à l'aise ces deux personnes, on peut ajouter quelques mots qui les fassent connaître sommairement l'une à l'autre, par exemple : « Monsieur un tel, mon beau-frère, habitant la belle ville d'Angers », puis : « Monsieur un tel, avocat à la Cour d'appel de de Caen ». La conversation peut alors s'engager de cette façon : « Je suis enchanté, Monsieur, de faire votre connaissance, j'en avais le plus grand désir », ou bien encore : « Je suis heureux, Monsieur, que l'occasion se présente de vous serrer la main ».

C'est généralement la personne habitant le pays qui adresse ce petit compliment de bienvenue à l'étranger ; celui-ci y répondra naturellement de la façon la plus aimable, car une présentation n'engage à rien, qu'à être poli.

Quand on arrive dans un salon où se trouvent des personnes avec lesquelles on a le désir de faire connaissance, on peut prier le maître ou la maîtresse de la maison de vous présenter à elles. Il est admis, dans certains salons, qu'avant de danser avec des dames qu'il ne connaît pas, un jeune homme doit se faire présenter à elles, c'est un ami les connaissant, qui se charge de ce soin, en le nommant tout simplement à chaque dame ; deux saluts réciproques terminent cette présentation, et la glace est rompue.

Impairs. — Ces présentations sont excellentes en ce sens, qu'elles vous indiquent à qui vous adressez la parole, et vous permettent de ne pas vous exprimer d'une façon..... fâcheuse sur le compte de ces personnes en leur parlant à elles-mêmes. Combien en effet, n'a-t-il pas été, et n'est-il pas encore, commis de maladresses dans la conversation parce qu'on ne sait pas à qui, ou devant qui, on fait telle réflexion ?

« Pourriez-vous me dire, Monsieur, quelle est cette « grande jeune fille qui a l'air d'un manche à balai « habillé ? — C'est ma fille, Monsieur ! » Vous voudriez avaler votre langue, mais la sottise est faite !!! « Oh ! Mademoiselle », dit un jeune danseur, « voyez « donc ce vieux Monsieur décoré, on dirait un sapajou ! — C'est mon père, Monsieur ! » Et ce danseur et cette danseuse finissent le quadrille en se regardant comme chien et chat ; il y a de quoi !

Le mieux, pour éviter ces « *impairs* », est de ne jamais dire du mal de *qui que ce soit* à des personnes qu'on ne connaît pas, ni même à celles qu'on connaît ; car une parole malsonnante, répétée et... amplifiée, peut quelquefois causer les plus grands désagréments.

Il n'est pas indispensable pour montrer son intelligence de critiquer son prochain, de le déchirer à belles dents ; ce n'est pas difficile à trouver ces idées-là et les personnes qui les émettent prouvent la pauvreté de leur esprit, en même temps que... leur méchanceté.

Mais combien aussi sont punies par où elles ont péché ? Ne serait-il pas mieux, à tous les points de vue, de faire ressortir les qualités physiques et morales de ses connaissances? tout le monde s'en trouverait mieux, et ce serait un sujet de conversation aussi fécond... et bien moins dangereux.

Jeux. — Dans quelque société qu'on se trouve, à quelques jeux que l'on prenne part, il faut se conformer sans murmurer, aux règles adoptées dans le pays où l'on se trouve, savoir perdre sans mauvaise humeur apparente, et gagner sans montrer une joie qui pourrait être pénible aux perdants; si on joue comme partenaire d'un autre joueur, il faut mettre toute son attention à bien jouer, de façon à ne pas être, par maladresse, cause de la perte. Si on joue de l'argent, il est de bon ton de ne ramasser son gain qu'à la fin de la partie, et encore convient-il de le faire avec dignité et sans précipitation.

Le jeu pouvant devenir une *passion*, un jeune homme agira sagement en s'y livrant le moins possible pour éviter que le monde lui fasse la réputation de joueur, ce qui, à certains moments, pourrait lui être très préjudiciable. Il est bon d'éviter aux perdants des plaisanteries qu'on sait leur être désagréables, et qui pourraient amener des ripostes froissantes.

Les jeunes filles ou jeunes femmes, s'abstiennent généralement de pénétrer dans les salons de jeu, préférant les causeries, la danse, la musique, voire même les petits jeux d'esprit; et les jeunes gens feront bien d'en faire autant.

Les jeux de cartes, en effet, quels qu'ils soient, peuvent passionner, procurer des émotions, fatales quelquefois, mais ne développent pas l'intelligence, et n'entretiennent pas les relations de bonne société comme la fréquentation, la conversation, et la pratique journalière des habitudes du monde.

Langage des domestiques. — Les domestiques appellent leur maître « Monsieur, » la maîtresse de la maison « Madame, » les fils « Monsieur René, Monsieur Jacques, » etc. ; la fille aînée « Madeselle » et s'il y en a plusieurs : « Mademoiselle Jeanne, Mademoiselle Isabelle, » etc... Il est bon d'habituer tous les domestiques à parler aux maîtres à la troisième personne : « Monsieur veut-il prendre son café », « Madame voudrait-elle me donner des serviettes ? » « La robe de Mademoiselle est brossée ! » « Monsieur prie Monsieur Jacques d'aller le trouver dans son cabinet. »

Si le chef de la famille meurt, les domestiques ne changent pas de manière de s'exprimer vis-à-vis de leur maîtresse, ni même vis-à-vis du fils aîné de la maison qu'ils n'appelleront pas « Monsieur », ce titre étant réservé au mari de la maîtresse de la maison.

Le mari dit aux domestiques : « *Madame* est-elle sortie ? » la femme dira : « *Monsieur* est-il rentré ? » et les enfants : « mon père, ma mère ; » ou comme cela se fait dans les familles bien unies : « papa, maman. » C'est moins cérémonieux, mais plus facile à dire et plus agréable à entendre.

Il est inutile de dire que la tenue des domestiques doit être propre sans être coquette, et non coquette sans être propre ; la réputation de la maison ne peut qu'y gagner.

Le langage des maîtres. — En présence des domestiques, les maîtres font bien de surveiller leur langage comme forme et comme fond. En effet, des paroles déplacées ou grossières prononcées par des maîtres, sont un mauvais exemple pour les serviteurs, tendent à rabaisser dans leur esprit la valeur de leurs maîtres et à diminuer d'autant le respect qu'ils doivent avoir pour eux.

Quant au fond même de la conversation, il faut encore faire en sorte, que ce que l'on dit devant les domestiques, ne soit pas susceptible d'être répété par eux à vos amis, à vos connaissances.

Si c'est du bien, soyez sûr qu'ils garderont le secret le plus absolu ; si au contraire vous avez dit du mal, de simples observations malveillantes, tenez pour certain que vos amis en seront informés, et avec force commentaires et amplifications, perfides, bien entendu.

Beaucoup de domestiques n'ont même pas besoin d'entendre dire du mal pour en répéter ; ils se chargent d'en inventer sur leurs maîtres et aussi sur ceux chez lesquels ils ont été, transformant, au besoin, leurs travers, leurs petits défauts, en vices abominables.

Il est donc prudent et intelligent de ne pas croire *un mot* de ce que disent les domestiques, il faudrait même leur fermer la bouche aussitôt qu'ils abordent ce sujet, de façon à leur faire perdre l'envie d'y revenir. Il ne faut pas oublier, du reste, que le défaut d'instruction et d'éducation, leur fait comprendre et rapporter tout de travers, ce qu'ils voient et entendent. En général d'ailleurs, il ne faut *jamais* croire le mal qui vous est dit de vos amis et connaissances, qu'il faut au contraire défendre vigoureusement contre les mauvaises langues. Vous aurez raison à un double point de vue : d'abord ce mal qu'on vous aura dit sera, ou faux, ou tout au moins considérablement exagéré ; puis vous aurez montré de la grandeur d'âme, du cœur, de la dignité, en défendant vos amis absents.

Un mari dira, parlant à des amis ou à des étrangers : *ma femme* est sortie ; une femme dira : *mon mari*. En parlant d'une femme *autre* que la sienne, un homme dit : « J'ai rencontré madame Bertrand « avec ses filles » : ou bien, s'il s'adresse au mari : « Comment se porte madame Bertrand, mesdemoi- « selles vos filles, messieurs vos fils ? » Un père, une mère disent : mon garçon, ma fillette, quand ils sont petits ; puis : mon fils, ma fille quand ils sont grands.

Toutes les prescriptions du « savoir-vivre », les lois de la « politesse » ne sont pas *difficiles* à observer ; mais il faut le *vouloir* et avec *persévérance*. Cette volonté de bien parler et de bien agir, en fait contracter l'habitude, qui devient alors une seconde nature.

ÉPILOGUE

J'ai déjà dit que cet aperçu de la « politesse » et du « savoir-vivre » était forcément incomplet, parce que chaque minute de la vie amène un fait nouveau, cause une situation différente, qu'il est impossible de prévoir, et pour lesquels on ne peut par conséquent donner de règle pour s'y conduire.

Mais il y a une chose certaine, c'est qu'avec du cœur, du tact, de la réflexion, l'habitude de la politesse, le désir de plaire, et la volonté d'éviter ce qui peut contrarier les autres, on se tire très bien de situations souvent fort délicates.

Que ceux qui veulent passer pour des gens bien élevés et l'être réellement, lisent, relisent, *apprennent par cœur* ce petit abrégé, ou *d'autres plus complets*, et ils pourront eux-mêmes constater avant peu, la supériorité qu'ils acquerront, sur ce qu'ils étaient auparavant, et aussi sur ceux qui ne voudront pas s'astreindre à ces règles du « savoir-vivre ».

Car enfin, il en est de cette science comme de toutes les autres, elle n'est pas innée, *elle s'acquiert*, et mieux on la connaît, plus on est sûr de soi-même pour parler et pour agir ; et d'ailleurs si la connaissance de cette science ne fait pas de bien, elle ne peut pas faire de mal, assurément.

Si ceux qui m'ont lu sont de bonne foi, ils peuvent s'avouer à eux-mêmes (ils ne sont pas forcés de l'avouer à d'autres) qu'il y a dans ce livre beaucoup de choses qu'ils ignoraient complètement, et qu'ils sont heureux de savoir ; ils se sentiront plus forts pour marcher dans la vie, parce qu'ils se reconnaîtront eux-mêmes, à chaque instant, supérieurs à d'autres moins bien éduqués. Le plaisir qu'ils éprouveront à faire cette constatation, sera la récompense de la peine qu'ils se seront donnée pour acquérir cette *éducation*, et un précieux encouragement à continuer à marcher dans cette voie.

Je ne crois pas inutile de redire une dernière fois, que je ne suis pas l'inventeur des préceptes formulés dans cette troisième partie ; j'ai expliqué pourquoi je l'ai mise à la fin de mon livre ; et à ceux qui me reprocheraient d'avoir écrit ceci ou cela, je citerais des écrivains faisant autorité, l'ayant dit avant moi et mieux que moi ; je leur en laisse tout le mérite et aussi toute la responsabilité. Je le répète, ceci n'est qu'un abrégé de tous les livres que j'ai lus sur cette science si utile : « l'éducation. »

Je recevrai avec plaisir les renseignements, les critiques même de mes lecteurs, persuadé à l'avance qu'elles auront pour but, de m'aider à faire une autre édition plus complète, et par conséquent plus instructive.

FIN

TABLE DES MATIÈRES

PREMIÈRE PARTIE

LA REPRÉSENTATION COMMERCIALE

Définition de la représentation

DEUXIÈME PARTIE

LES VOYAGEURS DE COMMERCE

TROISIÈME PARTIE

LE SAVOIR-VIVRE ET LA POLITESSE FRANÇAISE

Le savoir-vivre en famille

Pages.

Angers, imprimerie Lachèse et Dolbeau, chaussée Saint-Pierre, 4.

Documents manquants (pages, cahiers...)

NF Z 43-120-13

www.ingramcontent.com/pod-product-compliance
Ingram Content Group UK Ltd.
Pitfield, Milton Keynes, MK11 3LW, UK
UKHW012154240726
13966UKWH00002B/329